LE VISAGE ET L'EXPRESSION FACIALE : APPROCHE NEUROPSYCHOLOGIQUE

 *PSYCHOLOGIE ET SCIENCES HUMAINES*

Raymond BRUYER

le visage et l'expression faciale :

approche neuropsychologique

PIERRE MARDAGA, ÉDITEUR
2, GALERIE DES PRINCES, BRUXELLES

© Pierre Mardaga, éditeur
37, rue de la Province, 4020 Liège
2, Galerie des Princes, 1000 Bruxelles
D. 1983-0024-7

*Par-delà les inévitables divergences interprétatives ou conceptuelles, tout neuropsychologue reconnaîtra en **Henry Hécaen** un incontestable chef de file de la neuropsychologie contemporaine, et ce dès la fin de la seconde guerre mondiale.*

C'est un fâcheux incident de santé de dernière minute qui, en février 1981, l'empêcha de siéger dans le jury de ma thèse de doctorat en psychologie. L'ouvrage que voici est dédié à celui qui, sans conteste, peut être appelé un Maître.

Introduction*

> « *Comment est-il possible que certains, qui n'ont aucune connaissance, puissent croire, profondément, qu'ils détiennent la vérité ?* »
> (Lewis-Dôme, La Meurtrido ou ceci-dit, Bruxelles: Paul Ide éd., 1982, p. 1).

Cet ouvrage se propose d'offrir au public de langue française une initiation, dont l'ambition est d'être à la fois scientifique et largement accessible, aux connaissances actuelles sur le rôle du cerveau dans la perception des visages et de leurs expressions affectives.

On verra donc converger différents thèmes qui sont l'objet de bon nombre de réflexions, débats et recherches actuels. Le rôle du cerveau dans le comportement, les connaissances actuelles dans la manière dont nous percevons et reconnaissons des visages (stimulus important s'il en est) et ce que l'on sait des fonctions cérébrales de ce point de vue, la perception et la production d'expressions faciales émotionnelles et le rôle du cerveau en ces matières, tous ces thèmes constituent les sujets de réflexion auxquels ce livre est consacré (ce texte procède d'une thèse de doctorat en psychologie présentée par l'auteur à l'université de Louvain (105)).

Cerveau, visage, émotion: il s'agit donc d'un débat à trois partenaires. Dans une première partie, on présente les participants à ce débat, en trois chapitres introductifs. Une seconde partie examine — en trois chapitres également — les diverses relations deux à deux

---

* Les notes sont groupées en fin d'ouvrage (pp. 167 à 174). Une bibliographie sélective (« lectures conseillées ») a été ajoutée aux très nombreuses références (« bibliographie ») auxquelles le lecteur est renvoyé par des nombres.

entre ces partenaires. La troisième partie est consacrée à la confrontation des trois protagonistes.

Il est vraisemblable que l'on soupçonne à peine aujourd'hui, bien que les recherches qui lui sont consacrées ne puissent plus être comptées, le rôle du cerveau en général, dans le contrôle du comportement en particulier. Il s'agit néanmoins d'un champ scientifique en rapide expansion et pour lequel l'intérêt du grand public va croissant. De même, si le visage humain constitue un élément particulièrement important de notre environnement quotidien, les études de psychologie expérimentale sont encore bien réduites quant aux processus perceptifs mis à contribution; on reconnaîtra cependant que le visage constitue un stimulus particulièrement complexe. Enfin, l'émotion est l'objet d'un débat aussi (voire plus) âgé que la psychologie et qui n'est pas près de se terminer. Qu'on ne s'attende donc pas à la présentation d'un modèle ou d'une théorie solide et bien établie : dans tous ces aspects de la recherche, l'époque est encore davantage celle du recueil minutieux des faits que celle de la construction de théories.

On espère néanmoins informer le plus clairement et le plus complètement possible le lecteur, voire même l'intéresser à la neuropsychologie en tant que telle. Que le spécialiste en ces matières nous pardonne les raccourcis parfois saisissants qu'il sera amené à emprunter.

Soyons enfin clair. Si l'ouvrage porte sur les relations cerveau-visages-émotion, les intérêts de l'auteur font en sorte que le ton général du texte sera principalement d'ordre neuropsychologique [1], à la différence de l'ouvrage de Davies *et al.* (202) qui porte avant tout sur la psychologie expérimentale. Quant à la bibliographie, son ampleur devrait permettre à l'ouvrage de constituer un outil utile à tout qui se propose de travailler dans ces matières.

PREMIERE PARTIE
LES PARTICIPANTS

Chapitre 1
Le cerveau, du point de vue neuropsychologique

Introduction

Ce chapitre est réduit dans son ambition: informer le lecteur des éléments de fonctionnement du cerveau, en particulier dans son activité de contrôle des processus comportementaux élaborés. Ceci nécessitera préalablement quelques rappels ou principes généraux sur l'organisation du système nerveux central.

D'autre part, il va s'agir d'une présentation orientée. Nous n'allons pas décrire le cerveau du point de vue de l'anatomiste, du biochimiste, de l'histologiste ni même du physiologiste, mais bien du neuropsychologue. On ouvrira donc ce chapitre par une présentation rapide de la neuropsychologie.

I. L'approche neuropsychologique du comportement

Ce point n'a pour objectif que d'initier très sommairement le lecteur à la démarche neuropsychologique; il ne s'agit donc ni d'un traité, ni d'un manuel pratique. Pour des présentations de ce type, les ouvrages abondent et des revues spécialisées ont vu le jour[2].

1. Analyse du comportement

La neuropsychologie étudie le comportement; elle est donc, à ce titre, une forme de psychologie.

On sait le débat qui agite les psychologues lorsqu'on propose de rechercher les mécanismes ou les « causes » du comportement. Les uns cherchent ces causes à l'intérieur de l'organisme; c'est le cas de la psychanalyse ou de la psychologie traditionnelle, mais également d'approches comme l'éthologie. Si l'on y reconnaît éventuellement un certain rôle déclencheur des événements extérieurs, on leur refuse néanmoins un rôle causal : la cause du comportement se situe à l'intérieur de l'individu, qu'on la nomme pulsion, instinct, désir, besoin, personnalité, trait, caractère ou aptitude. Il y aurait une sorte d'individu caché à l'intérieur, et les faits observables seraient des expressions extérieures de l'activité de ce dernier (la psychologie, dès ses débuts, fut d'ailleurs essentiellement constituée de l'école structuraliste dont l'objet avoué était les états de conscience, leurs éléments simples et les lois de composition de ces derniers). Pour les autres, ces diverses appellations des facultés intérieures ne peuvent référer qu'à des processus inférentiels menant à des entités qui, du moins actuellement, n'ont qu'un statut hypothétique. Ces psychologues reprennent à leur compte la démarche proprement scientifique et ne considèrent que des observables, les faits de comportement. Certains d'entre eux tentent alors d'en expliquer les lois mais en faisant à leur tour appel aux processus inférentiels qu'ils ont d'abord rejetés, ou en mettant l'accent sur les mécanismes neurophysiologiques qui les sous-tendent : l'homme intérieur est remplacé par le cerveau mais, au vocabulaire près, le cheminement théorique est similaire et aboutit à une conception mentaliste des comportements. Certains, comme Skinner (par exemple 752), veulent rester dans le registre proprement psychologique et rendre compte du comportement par l'analyse minutieuse des contingences de renforcement : si le donné biologique et génétique est un fait incontestable, il ne peut expliquer le comportement actuel qui relève de toute l'histoire du sujet. Le principe d'économie est appliqué : si les faits observés sont explicables par d'autres faits observés, nul besoin d'ajouter des variables intermédiaires inobservables, hypothétiques et dont l'effet est pratiquement un postulat (ou une construction *ad hoc*).

2. *Neurologie, psychophysiologie, neurophysiologie, neuropsychologie*

La *neuropsychologie* s'occupe donc du comportement. Cependant, il s'agit d'un comportement particulier dans la mesure où il est souvent le fait d'individus porteurs de lésions cérébrales. En d'autres termes, le neuropsychologue se propose de participer à une meilleure connaissance du comportement (normal), en observant les modifications qu'induit la situation lésionnelle: la lésion cérébrale constitue une sorte d'expérimentation forcée. La neuropsychologie est, en ce sens, très proche de la *psychophysiologie*. Cette dernière propose de comprendre le comportement normal à partir des modifications introduites par les variations cérébrales, et la différence entre ces deux disciplines est qu'à la lésion forcée que rencontre le neuropsychologue correspond une lésion (ou stimulation ou manipulation chimique) parfaitement contrôlée par le psychophysiologiste: ce dernier choisit le moment, le lieu et les caractéristiques techniques de la modification cérébrale, tandis que le premier est placé devant un fait accompli. Cette différence entraîne une conséquence importante: le psychophysiologiste peut analyser correctement les paramètres comportementaux prélésionnels, tandis que le neuropsychologue ne peut le faire (ou rarement).

Le neuropsychologue et le psychophysiologiste sont donc, l'un et l'autre, *psychologues*. Leur objet d'analyse est le comportement (normal) et non le cerveau; ce dernier constitue tout au plus la variable indépendante ou quasi indépendante, même si le psychophysiologiste recourt à l'arsenal technique sophistiqué de la *neurophysiologie*. Cette discipline a pour objet propre le fonctionnement du système nerveux central, et non le comportement. Elle est donc strictement biologique même si, dans un certain nombre de situations, elle doit passer par une analyse précise du comportement: la neurophysiologie, par des méthodes de stimulation et de lésion, cherche en effet à établir le fonctionnement intime du tissu nerveux. Dans le même ordre d'idées, la *neurologie* se propose, en tant que discipline médicale, de comprendre les effets des atteintes pathologiques du système nerveux en vue d'élaborer une stratégie thérapeutique (neurochirurgicale ou chimiothérapique). Sur le plan du contrôle de la lésion et des connaissances de l'état prélésionnel du sujet, la neurologie est donc à la neurophysiologie ce que la neuropsychologie est à la psychophysiologie.

3. La neuropsychologie

Les activités de la neuropsychologie peuvent être décrites sous trois grandes rubriques (113). La *neuropsychologie clinique* vise à examiner cliniquement et individuellement la conduite de patients porteurs de lésions cérébrales, dans la plupart des registres comportementaux; en un second temps, et de manière relativement accessoire, on se propose d'examiner les corrélations entre les déficits observés et la localisation anatomique précise de la lésion cérébrale. La *neuropsychologie expérimentale* teste des hypothèses quant au mode de fonctionnement du comportement lorsque l'individu est porteur d'une atteinte cérébrale; au moyen de procédures spécifiques et en vue de réduire le poids des facteurs individuels, on examine en parallèle des groupes de sujets porteurs de lésions similaires quant à la localisation anatomique et des groupes contrôles de sujets qui ne sont pas porteurs de telles lésions; l'étude de cas isolés est par ailleurs d'un intérêt indéniable en neuropsychologie expérimentale (737). Un autre versant de la neuropsychologie expérimentale étudie les mêmes questions chez des sujets sans lésion au moyen de procédures qui permettent de comparer les performances hémisphériques gauches ou droites (tachistoscope à champs latéraux, écoute dichotique)[3]. Enfin, tout un domaine de la neuropsychologie expérimentale s'attache aux relations cerveau-comportement chez l'animal; on se situe ici aux confins de la psychophysiologie et les démarcations deviennent très malaisées. En troisième lieu, la neuropsychologie vise l'élaboration et l'application de *stratégies rééducatives* (733) en vue de pratiquer une démarche thérapeutique auprès de sujets ayant subi des déficits comportementaux à la suite de lésions cérébrales; Seron *et al.* (734, 735) distinguent les écoles empiriques, l'école soviétique de Luria, la tendance sociothérapeutique et l'école operante auxquelles on peut joindre (731) l'école neurolinguistique.

Les principaux thèmes d'étude et d'observation de la neuropsychologie sont superposables aux grandes préoccupations de la psychologie comme telle: le langage et ses troubles (aphasies), l'organisation des gestes et les déficits correspondants (apraxies), la reconnaissance des choses de l'environnement et ses troubles (agnosies), la mémoire ou l'apprentissage et leur pathologie (amnésies, troubles de l'apprentissage), les troubles des conduites émotionnelles, motivationnelles ou intellectuelles, le niveau de conscience. Elle y met en évidence des différences latérales (asymétries) et cherche la mesure dans laquelle les asymétries fonctionnelles cérébrales (ci-dessous) suffisent à en rendre compte.

Au plan *anatomique,* la plupart de ces déficits seront corrélés à des lésions du cortex cérébral, en particulier du cortex associatif. Luria (531) considère que les zones corticales peuvent être fonctionnellement différenciées en trois unités. Les aires primaires correspondent à une représentation topographique précise de l'organe périphérique récepteur (aire visuelle primaire, auditive primaire, sensitive primaire) ou effecteur (aire motrice primaire); au niveau comportemental, elles renvoient aux notions de sensations ou activités musculaires élémentaires. Elles sont entourées d'aires associatives secondaires qui, pour chaque modalité sensorielle ou pour le registre moteur, sont probablement impliquées dans l'organisation d'unités plus élaborées mais toujours spécifiques («perceptions», «gestes»). Enfin, les aires associatives tertiaires correspondent aux interactions entre les modalités sensorielles et motrices (coordination vision-audition, vision-tact, vision-motricité, etc.).

La neuropsychologie est donc essentiellement confrontée aux dysfonctionnements des aires associatives secondaires et tertiaires. Il est en effet d'usage de ne retenir l'existence d'un symptôme que si le déficit ne peut être expliqué par un trouble du système périphérique, jusques et y compris l'aire corticale primaire (on ne parlera pas d'agnosie visuelle chez un sujet dont l'atteinte des nerfs optiques, par exemple, peut expliquer le déficit; on ne parlera pas d'apraxie chez un patient dont le trouble est explicable par une lésion de l'aire corticale motrice primaire qui le rend hémiplégique). Un autre usage est de ne considérer que des déficits: on suppose que la fonction perturbée était efficace avant la lésion (cette restriction exclut les déficits congénitaux ou les retards de développement). Enfin, l'affirmation de l'existence d'un symptôme spécifique suppose que ce dernier ne peut être expliqué par les signes neuropsychologiques associés[3].

II. Le cerveau, structure et fonction

1. *Constituant élémentaire du système nerveux: le neurone*

Le cerveau est un organe et fait donc partie d'un système (comme l'organe «poumon» fait partie du système «respiratoire»). Ce système nerveux a pour unité constitutive la cellule nerveuse (ou neurone). Des milliards de neurones composent le système, soutenus et nourris par d'autres cellules (la neuroglie).

Le neurone possède tous les éléments qui composent une cellule et est en outre hautement adapté à sa fonction, à ce point spécialisé qu'il ne peut se reproduire. Le neurone est en fait une cellule qui va recevoir une information par voie biochimique et la transmettre ensuite vers d'autres neurones de la même manière. Il est doté pour cela d'un organe qui capte l'information, le dendrite, et d'un organe de sortie, l'axone[4]. Chaque neurone reçoit des informations de plusieurs autres (le dendrite se divise en un grand nombre de branches) et transmet le message à plusieurs neurones: ceci constitue le substrat organique de la fonction d'intégration, analyse et traitement du système nerveux. L'endroit de rencontre entre l'axone d'un neurone et le dendrite d'un autre neurone s'appelle une synapse.

L'information nerveuse peut être globalement assimilée à un courant électrique qui se propage de l'origine dendritique vers l'extrémité de l'axone, généralement par sauts; elle est générée par un potentiel d'action, c'est-à-dire une modification momentanée de la résistance électrochimique de la paroi du neurone. Au niveau de la synapse, ce courant provoque l'expulsion de susbtances chimiques (les médiateurs ou neurotransmetteurs) qui traversent la fente et viennent se fixer sur la tête du dendrite de la cellule adjacente où un nouveau potentiel d'action prend ainsi naissance.

Il est utile de rappeler que ce courant électrique n'a que deux valeurs possibles: nulle (pas de courant) ou présente (c'est la loi dite du «tout-ou-rien»). Ainsi, l'intensité de l'activité d'un nerf par exemple ne se mesurera pas par l'intensité de décharge de ses neurones mais plutôt par le nombre de neurones en train de décharger.

2. *Système nerveux central et périphérique; nerfs*

Le système nerveux contrôle l'activité de l'ensemble de l'organisme et on y distingue *deux grandes régions*. La région où s'effectuent ces traitements très élaborés et bien mal connus forme le système nerveux central. Il comprend la moëlle épinière (logée dans la colonne vertébrale) et l'encéphale (logé dans la boîte crânienne). Ces structures délicates sont fortement protégées: structures osseuses très solides (colonne vertébrale et crâne), membranes en plusieurs couches (les méninges), liquide autour et à l'intérieur pour amortir les ondes de choc (liquide céphalorachidien). L'encéphale à son tour comprend deux structures principales: le tronc cérébral (qui contrôle la plupart des fonctions automatiques de l'organisme comme la respiration, l'activité du cœur ou l'équilibre) et le cerveau. La moëlle épinière, pour sa part, assure surtout les fonctions réflexes et sert d'intermédiaire entre les fonctions du corps et l'encéphale.

Cette unité centrale de commande, le système nerveux central, est reliée aux organes du corps au moyen des *nerfs*. L'ensemble des nerfs forme le système nerveux périphérique. On parlera de nerfs rachidiens s'ils connectent les organes à la moëlle (il y en a 31 de chaque côté) et de nerfs crâniens s'ils relient les organes à l'encéphale, particulièrement au tronc cérébral (12 de chaque côté). Les nerfs rachidiens et la plupart des nerfs crâniens sont à double sens: ils comprennent des éléments qui conduisent des informations du système central vers les organes dits «effecteurs», généralement des muscles (fonction motrice), et des éléments qui amènent au système central les informations provenant des organes dits « récepteurs » (fonction sensorielle). Un nerf est composé d'un grand nombre d'axones, issus de neurones situés dans une même région du système central (motoneurones), ou de dendrites provenant d'une même région de la périphérie et appartenant à des neurones dont les corps cellulaires sont groupés en bordure du système central (neurones sensoriels).

Des échanges d'informations ont également lieu à l'intérieur même du système nerveux central. Ces sortes de « nerfs » portent le nom de faisceaux ou voies et composent ce qu'il est convenu d'appeler la substance blanche. Les corps cellulaires sont généralement groupés pour former des noyaux, la substance grise.

3. *Structure du cerveau*

Dans l'encéphale le *tronc cérébral* comprend trois régions, de bas en haut: le bulbe rachidien (à la jonction de la moëlle et de l'encéphale), la protubérance annulaire (ou pont de Varole) et le mésencéphale (à la limite du cerveau); le cervelet est attaché au tronc cérébral.

Le *cerveau* est composé de deux grosses masses similaires, gauche et droite: les hémisphères cérébraux. Chaque hémisphère comprend un amas de substance blanche formant des voies, et une couverture très plissée de substance grise, le cortex cérébral. A l'intérieur de la substance blanche, on trouve de gros noyaux de substance grise servant de relais pour les informations qui arrivent au cortex (thalamus) ou qui en partent (noyaux extra-pyramidaux). Les hémisphères sont connectés entre eux par des faisceaux de substance blanche, les commissures, dont le plus important est le corps calleux. Au centre de chaque hémisphère, on trouve des cavités contenant du liquide céphalorachidien, les ventricules cérébraux.

Le cortex cérébral constitue un élément essentiel du système. Structurellement, il est à la fois le point d'aboutissement et le dernier niveau de traitement des informations recueillies en périphérie, le point de départ des commandes dirigées vers la périphérie et le lieu de coordination entre les entrées et les sorties. On comprend donc aisément que la neuropsychologie s'occupe principalement des « fonctions corticales ».

Le cortex reçoit les informations périphériques par des grandes voies de conduction (après relais dans le thalamus): radiations optiques pour la vision, voies auditives, voies spino-thalamiques puis thalamo-corticales pour la plupart des autres informations. De même, les informations qui quittent le cortex en direction de la périphérie empruntent les voies motrices pyramidale et extra-pyramidale (faisant des relais dans les noyaux extra-pyramidaux).

4. Structure du cortex cérébral

Lorsqu'on observe un hémisphère cérébral de côté en vue extérieure (figure 1), on voit le cortex de la face externe de cet hémisphère; il existe également une face interne, à la jonction avec l'autre hémisphère (figure 2).

Le cortex humain est constitué d'une mince couche de neurones fortement plissée, ce qui en augmente la surface totale (on estime à

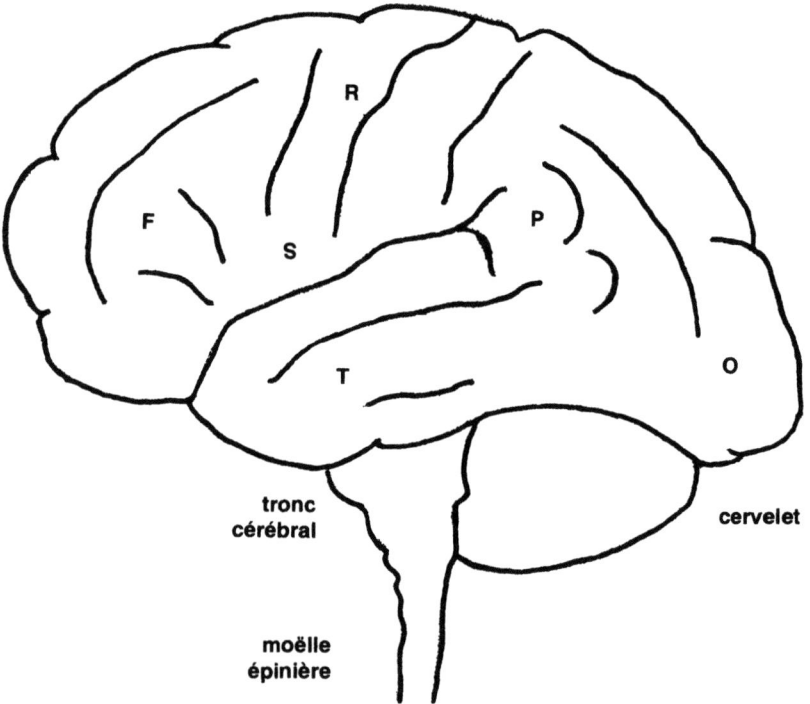

Figure 1. Vue latérale gauche de l'hémisphère gauche (face externe): à gauche le pôle antérieur (frontal), à droite le pôle postérieur (occipital). Principaux sillons ou scissures: R = Rolando; S = Sylvius; Lobes cérébraux: F = frontal; P = pariétal; O = occipital; T = temporal.

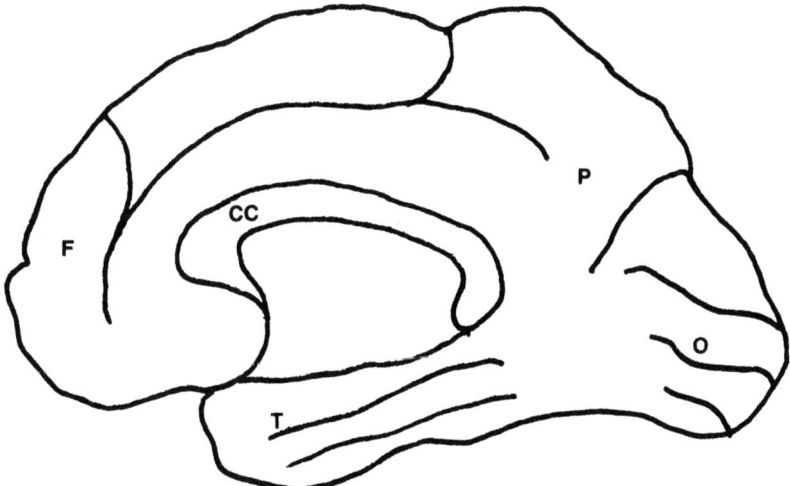

Figure 2. Vue latérale gauche de la face interne de l'hémisphère droit. CC = corps calleux; autres abréviations : voir la figure 1.

environ 15 milliards le nombre de neurones du cortex). Ces plis s'appellent des sillons ou scissures. Les principaux sillons (Rolando, Sylvius et perpendiculaire externe) délimitent quatre grandes zones corticales ou lobes: frontal, pariétal, occipital et temporal. Chaque lobe est à son tour divisé en lobules (ou gyri ou circonvolutions) par des sillons plus petits.

5. *Description fonctionnelle du cortex*

Les informations sensorielles provenant des diverses régions du corps aboutissent dans ce qu'on appelle les *aires primaires du cortex* (figure 3): aire visuelle primaire occipitale, aire auditive primaire temporale, aire sensitive primaire pariétale. De même, la voie motrice prend naissance dans l'aire motrice primaire (devant la scissure de Rolando)[5].

On notera ici la règle générale — mais elle n'est pas absolue — de la contralatéralité: chaque hémisphère contrôle la moitié opposée du corps, tant au point de vue moteur que sensoriel. Les voies nerveuses croisent en effet la ligne médiane durant leur trajet (en général dans le tronc cérébral): ainsi par exemple, les mouvements précis de la main droite sont contrôlés par l'aire motrice primaire gauche.

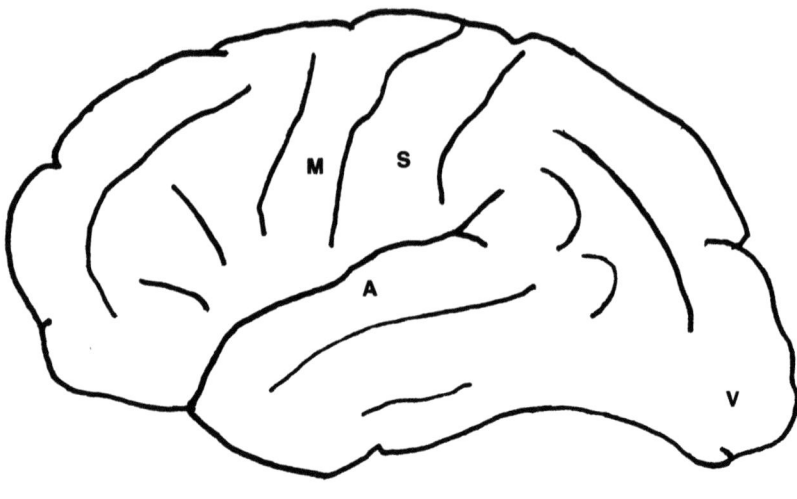

face externe

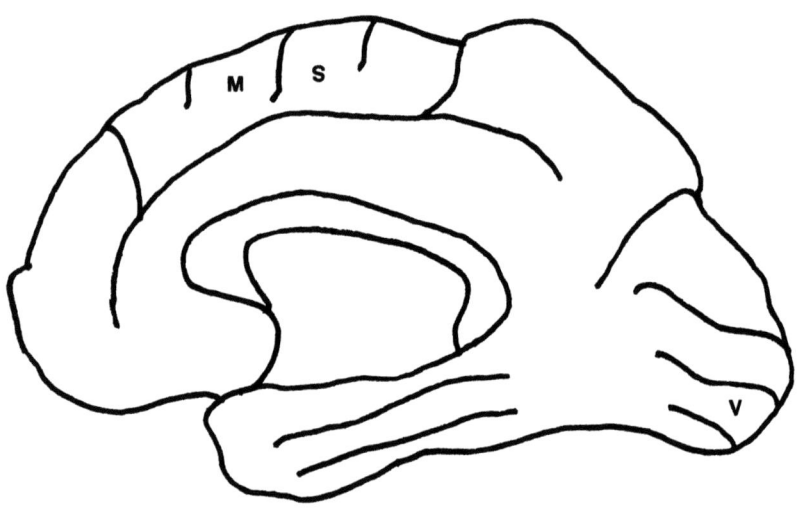

face interne

Figure 3. Aires primaires du cortex: A = auditive; V = visuelle; S = sensitive; M = motrice.

Mais les aires primaires ne constituent pas l'essentiel de la surface corticale. Elles n'assurent en fait que les composantes élémentaires de la conduite (sensation tactile, thermique, douloureuse, de position ou de mouvement d'une région bien précise du corps; sensations visuelles ou auditives très spécifiques; mobilisation d'un muscle ou d'un groupe musculaire bien délimité). C'est dire que tout le reste du comportement, même dans ses processus les plus élaborés, est assuré par le reste du cortex.

Ces régions sont les *aires associatives*. On en a distingué deux catégories. Les aires associatives spécifiques sont limitées chacune à une modalité sensorielle ou motrice propre et entourent l'aire primaire correspondante (aires associatives visuelles, auditives, sensitives, motrices). Elles assurent les coordinations et associations des informations d'une modalité donnée. Par exemple, l'analyse visuelle d'un objet se fait par association et intégration des diverses informations visuelles élémentaires (« primaires ») recueillies sur cet objet. Tout le reste du cortex est composé des aires associatives plutôt amodales. Elles assurent une coordination entre diverses modalités sensorielles ou motrices. Ainsi, l'analyse visuelle de l'objet peut déboucher sur la dénomination de cet objet, la saisie manuelle de celui-ci ou son utilisation concrète. Ces aires occupent (globalement parlant) la jonction occipito-temporo-pariétale, les zones pariétales postérieures et la jonction fronto-temporale; les aires préfrontales paraissent contrôler plus particulièrement la programmation et la réalisation de la conduite de manière générale.

La règle de contralatéralité s'applique essentiellement aux aires primaires: ce sont des zones analogues de l'aire motrice primaire qui, à gauche et à droite, assurent la motricité du pouce droit et du pouce gauche. Pour les aires primaires, il y a donc symétrie hémisphérique; ce n'est pas le cas des aires associatives. Il semble bien que les processus comportementaux plus élaborés soient assurés par des régions corticales — gauches ou droites — spécialisées dans un type particulier de tâche: il y a asymétrie hémisphérique pour ces processus, en ce sens qu'un hémisphère est « dominant » (ou « spécialisé ») quelle que soit la moitié du corps qui exécute la tâche. Ainsi, les aires associatives gauches sont généralement dominantes pour les fonctions linguistiques, les droites pour les fonctions requérant une analyse globaliste (qu'elle soit visuelle, auditive, spatiale ou autre). La question n'est pas résolue de savoir si cette asymétrie tient à la nature du matériel à traiter ou à celle du type de tâche requise; les hypothèses contemporaines penchent actuellement pour la seconde alternative. Le lecteur trouvera dans Moscovitch (580) une bonne revue de ces questions[6].

Il semble en tout cas, et telle est l'opinion de Luria dans ses nombreux ouvrages, qu'une «fonction» psychologique donnée n'est pas localisée en telle région précise du cortex mais largement distribuée. Cependant, chaque région précise de cette distribution joue un rôle particulier dont la pathologie peut témoigner.

6. *Pathologie*

Compte tenu des descriptions qui précèdent, on conçoit qu'une lésion cérébrale aura des effets différents sur le comportement selon sa localisation.

Ainsi, une atteinte des aires primaires provoque un trouble de la fonction motrice ou sensorielle correspondante, limité à une région précise de la moitié opposée du corps. Une lésion des aires associatives aura par contre un effet sur les composantes plus élaborées de la conduite; la neuropsychologie clinique s'occupe des troubles engendrés par ce second type d'atteinte. Avant d'établir l'existence d'un déficit proprement neuropsychologique, l'examen neurologique doit d'abord rechercher s'il n'est pas secondaire à une perturbation de la fonction primaire : on ne parlera pas de trouble de la reconnaissance («agnosie») visuelle des objets chez un patient devenu aveugle par lésion des aires visuelles primaires ou des voies qui y parviennent.

Les principales catégories de troubles neuropsychologiques sont les aphasies (troubles du langage), les apraxies (troubles de la réalisation gestuelle), et les agnosies (troubles de la reconnaissance), auxquels on ajoutera les amnésies, les troubles intellectuels et les anomalies du comportement ou de l'humeur. Il s'agit toujours de troubles acquis et consécutifs à une lésion cérébrale.

En guise d'épilogue, on ne peut qu'insister sur le caractère sommaire et caricatural de ce chapitre. Il ne visait qu'à initier rapidement le lecteur non averti à la neuropsychologie et lui présenter schématiquement le cerveau.

Que le lecteur averti nous pardonne ce détour superficiel.

Chapitre 2
Le visage et la perception du visage

> « *Pour un peu de tendresse,
> je changerais de visage* »
> (*J. BREL*, La tendresse, *1959*)

Introduction

Le visage constitue un stimulus visuel qui fait l'objet d'études depuis très longtemps (cfr 525). Cette ancienneté tient sans doute au caractère social de l'objet, à tout le halo de mystère dont on l'a toujours entouré et au fait que le visage a, dans ses constituants, plusieurs systèmes sensoriels efficaces (yeux, oreilles, ...).

La littérature ancienne sur ce thème relève de trois orientations différentes : la philosophie, l'art et l'anatomophysiologie. La plupart de ces études, on va le montrer brièvement, ont surtout été consacrées à l'expressivité du visage (qui sera l'objet du chapitre 4).

Dès l'Antiquité, Aristote consacre une partie de son œuvre à la physiognomonie (*in :* « *Histoire des Animaux* ») et d'autres auteurs antiques seront également intéressés par la question : Platon, Hippocrate, ... Les périodes antique et médiévale verront la rédaction de textes divers, surtout marqués de superstitions et croyances : A. Achillinus (« *De chiromantiae principiis et physiognomiae* »), Scotus (« *Physiognomia* »), J. ab Indagine (« *Introductiones apotelesmaticae in physiognomiam* »), B. Cocles (« *Anastasis chiromantiae et physiognomiae* »), G. Ingegneri (« *Fisionomia naturale* »). Kanner (458), qui cite ces auteurs, conseille la consultation de l'ouvrage de Laehr (485) pour cette période préscientifique. Della Porta (211) montre l'erreur des interprétations astronomiques et indique la manière de percevoir ce que les traits faciaux peuvent signifier par leurs caractéristiques physiques; bien qu'il s'élève contre l'obscurantisme des textes médiévaux, il demeure lui-même fortement imprégné d'interprétations populaires et personnelles. Lavater (498, 499), poète, théologien et artiste suisse, se propose de démontrer que la physionomie peut constituer une science comme les autres (sauf les mathématiques). Il distingue la physionomie qui observe le caractère au repos, de la pathognomie qui l'étudie en action. L'homme a des sensations physiognomoniques, c'est-à-dire des sensations produites en réalisant certaines contenances et les conjectures exprimant les états d'âme. Ces conjectures s'originent dans l'état de ces contenances ou de leurs représentations artistiques. L'auteur tente enfin une description des mouvements musculaires en correspondance avec les traits de caractère; Lichtenberg (524) réagira de manière satirique à cet essai. Camper (136) étudie la manière de représenter les différentes émotions et propose, assorti de considérations anatomiques, un système de représentation des émotions faciales par variations des angles du profil. Le texte de Bell (36) marque selon Landis (488) la fin du charlatanisme; il propose une distinction entre les émotions positives (où les sourcils, les paupières, les angles de la bouche et les narines se relèvent) et les négatives. Il considère en outre que les muscles faciaux, en situation émotionnelle, sont activés par l'intermédiaire du système circulo-respiratoire. L'auteur compose des graphiques de la musculature faciale et étudie le rôle de l'expression faciale dans l'art. Hegel (411, 412) considère que le visage, expression de l'esprit, ne peut en être dissocié (comme l'intérieur et l'extérieur d'une chose); toutefois, il n'en est qu'une expression contingente, donc non fiable. La preuve en est que l'expression faciale peut être manipulée. Ainsi, « vouloir ériger la physiognomie (...) au rang de science, ce fut là une des plus creuses lubies (...) » (412). Piderit (637, 638) tente d'établir une géométrie de l'expression faciale en vue d'aider les artistes, et utilise des mannequins dont les régions faciales sont interchangeables; il réalise également une étude des muscles faciaux de ce point de vue. Duchenne de Boulogne (229) effectue des stimulations faradiques sur un sujet dont la face était anesthésiée et recherche les *patterns* musculaires faciaux propres à chaque émotion. Gratiolet (366) établit un recueil de très nombreuses mimiques mais y mêle la gestualité non faciale. Lemoine (506) s'oppose à l'idée selon laquelle les sujets humains auraient un pouvoir instinctif de reconnaître les expressions faciales. Du texte bien connu de Darwin (186), on peut retenir quelques idées maîtresses. Au-delà des variations culturelles, l'auteur pense que nous avons un pouvoir instinctif de reconnaître les expressions émotionnelles et propose trois principes qui rendraient compte de l'innéité des expressions faciales: le principe des habitudes disponibles associées et transmises de génération en génération, nées de mouvements émis une fois dans la série animale au moment où des conditions génératrices d'émotions étaient présentes; le principe d'antithèse selon lequel l'apparition d'un état d'esprit opposé induit une tendance puissante et involontaire à réaliser les mouvements opposés même s'ils sont inutiles; le principe de la décharge nerveuse directe qui énonce que certaines expressions correspondent à un trop-plein de l'énergie nerveuse au travers de tout circuit pouvant être ouvert à ce moment. Mantegazza (541) pense que les expressions faciales automatiques sont les mêmes dans tous les groupes ethniques, bien que s'y ajoutent quelques expressions culturellement déterminées et difficiles à reconnaître pour des observateurs d'autres groupes. Hughes (431) étudie la musculature faciale du point de vue expressif au moyen des graphiques de Piderit, ainsi que sur des photos et diagrammes. Frappa (296) tente de construire toutes les expressions faciales à partir de trois *patterns* de base (tristesse, joie, étonnement).

Le visage, en tant que tel (et non son expression), n'apparaît que plus récemment dans la littérature scientifique (bien que certains textes remontent au début de ce siècle). Les mécanismes en jeu dans le processus de perception de visages sont probablement très complexes. Actuellement, on ne dispose d'encore aucune théorie bien installée pour en rendre compte; c'est une époque de recueil de faits et de délimitation des variables en jeu. Pour des raisons de clarté, nous allons dissocier ces variables en trois classes: les variables du stimulus, celles du sujet et celles de la tâche ou de la procédure. Dans la plupart des études, toutefois, c'est une interaction entre ces variables qui est mise en évidence. Nous tenterons ensuite de décrire les principales lignes de recherche en cours sur ce sujet, et l'essentiel des acquis. Nous dirons enfin un mot de pathologies (non neurologiques) de la perception du visage humain. La première partie comporte un caractère technique qui la rend ardue, lié à l'ampleur des publications.

I. Variables

«C'est par le visage que l'on se distingue les uns des autres, en général», fit remarquer Alice d'un ton pensif. «Cela n'est malheureusement pas vrai en ce qui vous concerne, répliqua Humpty Dumpty. Votre visage ne se distingue en rien de celui d'une quelconque personne... un œil à droite, un œil à gauche... (il les situa dans l'espace à l'aide de son pouce), le nez au milieu de la figure... la bouche au-dessous du nez. C'est toujours pareil. Si vous aviez les deux yeux du même côté du nez, par exemple... ou la bouche à la place du front... cela m'aiderait un peu».

«Cela ne serait pas joli, joli» objecta Alice. Mais Humpty Dumpty ne fit rien que fermer les yeux et dire: «Attendez d'avoir essayé». (L. Carrol, *De l'autre côté du miroir*, chap. VI).

Ce que feint d'ignorer Humpty Dumpty, c'est la distinction entre ce qui fait qu'un stimulus peut être appelé «visage» et ce qui relève de particularités individuelles: la structure générale présente une telle possibilité de variations qui respectent néanmoins cette organisation globale, que l'individualisation est possible. Le sujet humain est en effet capable de discriminer des milliers de visages, d'en mémoriser un grand nombre, d'en identifier beaucoup et d'en dénommer encore un nombre appréciable; en outre, l'expérience de la vie quotidienne tend à montrer que ces possibilités ne sont guère affectées par les modifications de certains aspects du stimulus (se couper les cheveux, se laisser pousser la barbe, vieillir, etc.).

Enumérant les diverses variables susceptibles de moduler la reconnaissance visuelle du visage, Ellis (249) insiste sur le fait qu'on ne dispose pas aujourd'hui de structure théorique cohérente pour rendre compte de ce processus. L'auteur considère toutefois que la perception du visage est un processus probablement sériel et que sa reconnaissance semble un phénomène exclusivement visuel; il en décrit des exemples d'ordre ontogénétique et neuropsychologique de même qu'à partir des études procédant à une inversion du stimulus; il en tire des arguments du fait que la médiation verbale n'est pas très efficace. Pour l'auteur, le visage n'est pas un objet qui nécessite des mécanismes perceptifs propres. L'opinion de Fagan (269), dans une revue consacrée au développement, est similaire: il ne paraît pas nécessaire de considérer des mécanismes de perception du visage qui lui soient spécifiques. D'autres défendent une position inverse. Les recherches de Tzavaras (chapitre 6) le conduisent à considérer une spécificité des processus de perception du visage, encore que cet avis soit plus nuancé dans une revue théorique (800) où l'auteur insiste sur les difficultés méthodologiques. Yin défend l'hypothèse de la spécificité des processus et, dans une revue théorique (854), présente des arguments divers. Le visage présenterait comme particularité qu'on puisse en discriminer et mémoriser plusieurs centaines et qu'un seul stimulus soit source d'une grande quantité d'informations (à partir d'un nombre pourtant restreint de différences physiques). En particulier, l'auteur trouve des arguments en faveur de cette thèse dans la pathologie neurologique, dans les études qui tendraient à indiquer une stratégie perceptive propre aux visages, et dans les recherches développementales (la discrimination des visages et l'attractivité pour ces derniers présenteraient un développement ontogénétique plus précoce que les processus en jeu pour les autres stimuli). Davies (193) montre les limites de l'argumentation de Yin : il n'est pas évident que le développement ontogénétique obéisse à une séquence indépendante des autres stimuli (voir aussi 269), l'effet expérimental de l'inversion des stimuli (*infra*) n'est peut-être pas propre aux visages (676) et la pathologie neurologique ne présente qu'exceptionnellement des cas où le déficit est limité aux visages.

Davies (193) indique par ailleurs que tant l'hypothèse « analytique » de la perception du visage (perception, sérielle ou non, par les détails) que l'hypothèse « globaliste » ne peuvent être ni révoquées ni solidement assises au stade actuel de nos connaissances.

Les auteurs s'accordent en tout cas à montrer le nombre important de variables auxquelles est sensible la perception du visage. Nous envisagerons d'abord les variables propres au stimulus.

1. Variables du stimulus

La *race* du stimulus semble exercer une influence sur la perception du visage. Comme on le verra plus loin, cette variable interfère néanmoins d'une manière importante avec d'autres, en particulier la race du sujet[7].

Pour les populations de race blanche, la majorité des recherches indiquent une performance supérieure lorsqu'il s'agit de visages blancs par rapport à d'autres visages. Cette différence est observée dans des épreuves de reconnaissance immédiate (155, 182, 248, 356, 358, 460, 538, 539), mais également lorsqu'un long intervalle de rétention est imposé (155, 742). Si les visages noirs sont davantage décrits (253), ils sont moins facilement reconstruits (259) que les blancs. Enfin, des visages japonais sont jugés plus semblables entre eux que des visages blancs entre eux (355). Hirschberg *et al.* (422) ont procédé à l'analyse des traits physiques et/ou inférés sur des stimuli blancs ou noirs : dans les deux cas, l'analyse multidimensionnelle révèle la même organisation et les résultats suggèrent que la perception (comparaisons pairées) est davantage influencée par les traits inférés que par la structure physique du visage.

Les études de McKelvie (563, 564) semblent indiquer un effet « régional » à l'intérieur même d'une race donnée selon que des sujets canadiens perçoivent des visages d'Anglais ou de Canadiens. De plus, Carpenter (148) n'observe pas de différence chez des bébés selon que le stimulus est le visage d'un mannequin occidental ou africain. Ces données pourraient appuyer l'importance du caractère acquis des réactions au visage en fonction du groupe culturel de celui-ci.

Le «*sexe*» du stimulus, dans certaines études, exerce une influence sur la perception ou la mémorisation de visages. Dans la suite du chapitre, on verra que cette variable interagit en outre avec d'autres paramètres.

Il apparaît généralement que les visages féminins sont mieux perçus ou reconnus que les visages masculins et qu'ils sont jugés plus similaires entre eux que les visages masculins (62, 182, 277, 344, 355, 532). Goldstein (350, 351) observe une plus grande variabilité anthropométrique parmi les visages féminins japonais que dans les autres groupes. Inversement cependant, McKelvie (563) observe une supériorité des visages masculins dans une tâche de reconnaissance différée mais ces données ne sont pas clairement confirmées dans une recherche ultérieure (564). On peut supposer que cet avantage des visages féminins est secondaire à l'importance que revêt, dans les premières semaines de la vie, le visage de la mère.

Notons tout de même que des auteurs n'observent pas d'influence du sexe des stimuli, dans des tâches de reconnaissance ou d'appariements visages-noms chez les adultes, au début d'un apprentissage discriminatif chez les enfants ou dans des mesures d'intérêt (par les fixations oculaires) chez des bébés (62, 182, 455, 532, 552, 563, 564, 742, 850, 852, exp. 2).

Les études dans lesquelles les sujets sont invités à produire une inférence quant à l'*âge* des stimuli seront indiquées dans les variables de procédure. D'autre part, on ne peut passer en revue, tant elles sont nombreuses, les recherches sur la perception des visages par des enfants, en dissociant celles qui portent sur des visages d'enfants de celles qui concernent des visages d'adultes.

Il demeure que l'âge apparent du stimulus semble être une variable effective dans les processus de perception, mémorisation ou reconnaissance des visages. Cet âge intervient dans l'établissement de similitudes physiques entre des visages (199, 201); il semble d'autre part que l'âge apparent d'une silhouette soit imputable à deux paramètres topologiques et que la reconnaissance d'une tête demeure possible après «vieillissement géométrique» du stimulus par la manipulation de ces paramètres (642): ceci appuyerait les observations quotidiennes dans lesquelles nous continuons à reconnaître des personnes vieillies. L'étude anthropométrique de Goldstein (351) indique de plus une plus grande hétérogénéité des visages d'enfants que ceux des adultes. Notons enfin que les adultes âgés ont tendance à surestimer l'âge apparent des stimuli (473) et que des groupes d'enfants d'âges différents reconnaissent mieux les visages des enfants les plus jeunes (352).

On ne peut, dans le cadre limité de cette présentation, confronter l'ensemble des travaux portant sur des visages inconnus (et qui composent la majorité des recherches) à ceux qui utilisent des *stimuli connus* du sujet. Le caractère «connu» peut lui-même être dissocié en un certain nombre de classes: visages dénommables, c'est-à-dire dont on connaît le nom, parce qu'il s'agit de personnes célèbres, de familiers de la vie quotidienne ou de stimuli auxquels le sujet a appris à associer un nom en début d'expérimentation; visages familiers, c'est-à-dire qui ne sont plus des étrangers au moment du test, mais qui ne sont pas nécessairement identifiables verbalement par un nom. On reviendra plus loin sur la procédure même d'encodage verbal des visages.

D'une manière générale, bon nombre de ces études retrouvent, à propos des visages connus ou familiers, les caractéristiques perceptives des visages inconnus. Il existe cependant des exceptions ou des particularités.

Evoquons d'abord rapidement les (nombreuses) recherches qui examinent, chez le bébé, l'attraction exercée par le visage (de la mère et d'autres personnes): elles convergent généralement dans leurs conclusions. A titre d'exemple Koch (471), dans un processus de conditionnement chez des bébés de deux à cinq mois, observe une extinction très rapide suivie d'une aversion si le visage de la mère est utilisé comme renforcement. Watson (828) note qu'un visage familier est plus attractif de face que sous une autre orientation, ceci jusqu'à l'âge de 18 semaines. Carpenter (148), chez des bébés de deux à sept semaines, observe une attention plus marquée au visage de la mère qu'à d'autres visages.

Chez les enfants plus âgés, Goldstein (348) étudie la reconnaissance de visages familiers présentés à l'endroit et à l'envers et note que les performances les meilleures sont le fait des tranches d'âge intermédiaires (9-14 ans). Chance *et al.* (154) soumettent différents groupes d'enfants à une tâche de reconnaissance des condisciples: la durée de familiarisation est sans effet sur la performance et, chez les plus jeunes (3 ans), il apparaît une meilleure reconnaissance des stimuli préalablement définis comme des « amis » lorsqu'on présente des visages dont seulement une partie est visible. Comparant des enfants et des adultes, Chi (158) ne note un effet de la familiarité sur la reconnaissance que chez les adultes et, chez ces derniers, un effet de récence uniquement pour les stimuli non familiers[8].

Nous verrons plus loin les travaux qui examinent, pour des visages célèbres, l'importance respective des parties du visage dans les mécanismes de perception ou de reconnaissance. Observons dès ce niveau que la corrélation entre la reconnaissance de visages présentés à l'endroit et de visages présentés à l'envers est plus élevée s'il s'agit de visages connus que de visages inconnus (631); l'identification de visages connus est perturbée si on présente les photographies en négatif (628); la reconnaissance de visages célèbres est la meilleure s'il s'agit de photos, intermédiaire s'il s'agit de dessins avec beaucoup de détails et la moins bonne pour des dessins simplifiés, tandis que l'effet de familiarité ne joue que dans les deux premiers cas (196).

Phillips (629) montre, en ce qui concerne les visages célèbres, que le processus de reconnaissance obéit à des règles et présente une efficacité qui diffèrent de celui du rappel[9]. Howells (427) soulignait déjà que les sujets les meilleurs en rappel des détails du visage ne sont pas nécessairement les meilleurs identificateurs; Goldstein *et al.* (359) n'obtiennent d'ailleurs pas de corrélation entre la qualité de la description verbale et la reconnaissance; Yarmey (849) indique que les visages connus sont mieux reconnus que des visages nouveaux, quel que soit le délai. On rappellera enfin que l'étude de Witryol et Kaess (845), indiquant une meilleure performance des sujets féminins, portait sur l'apprentissage du prénom de personnages ainsi que la familiarisation avec des visages et le nom associé.

Dans une triple expérience de reconnaissance à choix multiple, Bruce (93) observe :
a) que le temps de recherche d'un visage célèbre (ou son nom) parmi plusieurs est une fonction logarithmique binaire du nombre de cibles à chercher;
b) que ce temps est d'autant plus élevé que les distracteurs sont similaires aux cibles;
c) que ce temps est plus important lorsque les visages sont familiers et davantage s'il s'agit de politiciens que d'acteurs;
d) que la différence entre les politiciens et les acteurs n'est le fait que des visages familiers.

Enfin, Beardsworth et Buckhner (32) montrent que la reconnaissance de personnes familières qui se déplacent dans l'obscurité avec des sources lumineuses fixées aux articulations est moins efficace que la reconnaissance de soi. Pour les auteurs, ces faits s'interprètent comme suit: bien qu'on ne se perçoive soi-même jamais en mouvement, d'une part on reçoit sans cesse des informations proprioceptives sur les gestes que l'on fait et d'autre part on perçoit les autres visuellement mais jamais de cette façon.

Les auteurs recourent, selon les expériences, à des visages réels, des films de visages, des photographies (en couleurs ou non), des dessins ou des visages assemblés par adjonction des parties (comme dans un puzzle). Ces différences dans la *nature du substrat* peuvent avoir induit les différences dans les performances. Mentionnons simplement les quelques études qui ont examiné spécifiquement cette variable.

Davies *et al.* (196) montrent une meilleure reconnaissance dénominative de visages célèbres s'il s'agit de photos que s'il s'agit de dessins détaillés et, surtout, de dessins schématiques; par contre, la performance est semblable dans les deux premières conditions si on procède en choix multiple. Dans une seconde expérience, les auteurs retrouvent, avec des visages inconnus, cet avantage pour les photos. Par ailleurs, il apparaît une meilleure reconnaissance de la cible si elle a été présentée sous la forme d'une photo que s'il s'agit d'un film, surtout si un délai de rétention est imposé (497), mais pas de différence selon que la cible est une photo ou le personnage réel (496). Ellis *et al.* (256) montrent que des visages assemblés sont moins bien reconnus que les visages photographiés, et la différence ne tient ni à la présence de lignes entre les pièces assemblées ni à la position de ces lignes. Patterson et Baddeley (623) montrent que la reconnaissance de visages après modification est plus facile si le personnage photographié est un acteur de profession.

Chez le bébé de moins de huit semaines, on observe une attraction plus importante du visage réel de la mère que d'un mannequin (148, 149). A 22 semaines, les bébés discriminent le visage réel, la photo de ce visage et la photo d'un autre visage, du moins si les deux personnages ne sont pas très similaires (224). Pour les bébés de 24 semaines, la photo d'un visage est plus attractive que les objets réels familiers (455). A quatre mois, le visage dessiné est aussi attractif que la photo (555; voir aussi 518) et à 13 mois le dessin l'emporte sur la photographie (455).

Beaucoup d'études sont destinées à examiner ce qui, dans la *structure du visage,* en détermine la perception, la mémorisation ou la reconnaissance. Dans la rapide présentation qui suit, nous mettrons l'accent sur quatre thèmes : la complexité du visage, son asymétrie latérale, les parties du visage, les transformations arbitraires qu'on peut lui faire subir.

a) L'effet de la *complexité* est abordé de deux manières : la confrontation des visages avec d'autres stimuli que l'on considère (sans critère précis) comme aussi complexes sur le plan visuel, et la manipulation de cette complexité du visage par un contrôle de la quantité d'éléments qui le composent.

Dans cette dernière modalité, on pourrait sans doute ranger les recherches qui viennent d'être présentées sur les différences entre photos et dessins. On peut également mentionner ici les nombreuses études qui, chez l'enfant en très bas âge, analysent l'attractivité de stimuli dont la ressemblance avec le visage est contrôlée en termes de nombre et disposition des éléments (voir les revues 60, 269, 815). Par exemple, Haaf (377) observe que des bébés de cinq semaines préfèrent des stimuli de complexité moyenne quel que soit leur degré de ressemblance au visage humain, tandis que l'intérêt des enfants de 10 semaines augmente avec la complexité ; chez les bébés de 15 et 20 semaines, il apparaît une préférence maximale pour le dessin le plus semblable au visage et minimale pour le moins complexe (378), tandis qu'à quatre mois l'attirance est directement fonction du degré de similitude avec le visage (379). Les bébés de deux mois et demi étudiés par Koopman et Ames (477) ne se comportent pas différemment devant un visage normal dessiné et un visage où les traits ont été changés de place, qu'il y ait ou non respect des propriétés de symétrie. Les bébés de Kagan *et al.* (456), âgés de quatre mois, ne réagissent pas différemment à des visages dessinés formés de trois éléments, que ces éléments occupent ou non leur position correcte ; l'absence des yeux réduit cependant l'intérêt. Caron *et al.* (147), chez des enfants du même âge, observent également que certaines modifications sont sans effet : ôter le nez et la bouche, les disposer horizontalement, les placer en opposition, mal positionner un œil ; par ailleurs, l'absence d'yeux exerce un effet plus important que l'absence de la zone nez-bouche, cette différence n'étant plus retrouvée à cinq mois. Les enfants de quatre mois examinés par McCall et Kagan (555) sont plus intéressés par les visages que par des figures abstraites, en particulier s'il s'agit de visages dont les éléments occupent leur position normale (qu'il s'agisse de photos ou de dessins). Wilcox et Clayton (838) notent que les bébés de cinq mois fixent davantage des dessins de visages que des lignes. Lewis (518) observe que des enfants de moins de six mois préfèrent, et de manière égale, les photos et les dessins de visages aux visages cyclopéens et, surtout, aux dessins de visages dont les constituants n'occupent pas leur position normale. Fantz (271) observe, chez des enfants de quatre jours à six mois, une préférence pour les visages dessinés par rapport à ceux dont les éléments sont mélangés (surtout chez les plus jeunes) et surtout par rapport à des ovales; l'auteur (273) montre par ailleurs une préférence pour les dessins de visages par rapport à des cercles concentriques et des extraits de journaux qui sont eux-mêmes préférés à des surfaces monochromatiques, chez des enfants de moins de deux jours à six mois. Fagan (269) considère toutefois que chez le bébé la structure complexe des relations à l'intérieur du stimulus est plus importante que les détails ou paramètres élémentaires.

L'autre voie d'approche consiste à comparer les visages à des stimuli dont on pense qu'ils présentent des caractéristiques structurales (en particulier la complexité) similaires à celles des visages. Chez le bébé de moins de six mois, nous avons relevé l'attrait exercé par le visage si on le compare aux autres stimuli (271, 273, 455, 471; cfr également 555, 838). La préférence pour les visages est cependant présente entre 15 et 26 semaines mais non chez les plus jeunes dans l'étude de Thomas (782). Enfin, chez des bébés de sept à vingt-six semaines, Watson (828) observe un effet de l'orientation du stimulus s'il s'agit de visages mais non qu'il s'agit d'objets complexes. Fagan (269) considère carrément qu'entre cinq et sept mois les processus perceptifs sont similaires pour les visages et les stimuli visuels abstraits. Par ailleurs, Yarbus (848) montre que lors de l'exploration visuelle de stimuli complexes des zones sont plus regardées que les autres, des cycles d'observation ont lieu ainsi qu'un effet des consignes, et ces données sont recueillies entre autres au moyen de visages; l'auteur ajoute que dans une scène complexe les visages sont davantage regardés que le reste des stimuli; de même, les hypothèses de Noton et Stark (608, 609), sur lesquelles nous reviendrons, proviennent d'enregistrements des explorations oculaires de divers stimuli, dont des visages. Goldstein et Chance (354) montrent que la reconnaissance de visages est meilleure que celle de taches d'encre et de cristaux de neige, tandis que l'allongement du délai réduit la performance sauf pour les visages; d'autre part, si on invite les sujets à procéder à une description verbale des stimuli, les visages reçoivent plus d'éléments descriptifs que les cristaux. Deregowski *et al.* (213) observent que la reconnaissance de visages après 24 heures est moins bonne que celle des autres stimuli. Yarmey (849) observe que les visages sont mieux reconnus que des chiens ou des maisons; Scapinello et Yarmey (707) n'obtiennent cependant pas de différence de reconnaissance entre des visages, des chiens et des bâtiments. Yin (850) note que des avions sont mieux reconnus que des visages, des maisons ou des silhouettes; par ailleurs, l'auteur (852) observe que seuls les visages sont décrits en utilisant des impressions globales ou des inférences et que l'appariement des stimuli avec leur description est moins bien effectué pour les visages (que les ponts ou les silhouettes), tandis que l'allongement du délai de rétention affecte également la reconnaissance des visages et des autres stimuli. Freedman et Haber (297) montrent que la reconnaissance de stimuli très contrastés est meilleure pour les visages que les figures non significatives, et les données de Wiseman et Neisser (844) vont dans le même sens. Notons enfin le parallélisme établi par Mann *et al.* (540) entre le développement de la reconnaissance des visages et des voix. L'effet de l'inversion du stimulus ou de sa rotation, en comparant des visages à d'autres classes d'objets, est étudié par plusieurs auteurs et de diverses manières en fonction de l'orientation du stimulus lors de sa présentation initiale et lors de sa reconnaissance respectivement. Chez Yin (852), l'allongement de la durée de présentation favorise la reconnaissance de silhouettes, de ponts et surtout de visages, mais cet effet de la durée disparaît si les stimuli sont présentés après rotation de 90 degrés. Plusieurs travaux (297, 707, 849, 850; *cfr* également 619, 631) révèlent que l'inversion du matériel en rend la reconnaissance plus difficile, mais davantage pour les visages que les autres stimuli, y compris chez les macaques (voir cependant 92).

Carey et Diamond (142, exp. 1) montrent que l'effet de l'inversion sur la reconnaissance est semblable pour des visages et des maisons chez des enfants de moins de 10 ans mais plus dramatique pour les visages à 10 ans : les enfants de 10 ans ne l'emportent donc sur les plus jeunes que pour les visages à l'endroit ou les maisons à l'envers. Dans une étude ultérieure, ces auteurs (144, exp. 1) retrouvent la supériorité de reconnaissance des visages à l'endroit sur les visages à l'envers chez des enfants de 10 ans mais non de six ans, et une supériorité des enfants de 10 ans sur ceux de six ans uniquement pour les visages à l'endroit. Watson (828), chez des bébés de 7 à 26 semaines, observe cet effet de l'inversion s'il s'agit d'un visage, mais non pour un point ou un T dans un cercle.

b) Si le visage présente une complexité relativement élevée parmi les objets de l'environnement habituel, il dispose d'une structure des composantes qui s'organise autour d'un *axe vertical de symétrie*. En quelque sorte, cette caractéristique réduit la complexité perceptive du stimulus.

Walker-Smith *et al*. (820) semblent d'ailleurs montrer que le sujet tient compte de cette donnée dans son exploration oculaire du visage : chaque individu aurait une séquence personnelle de fixations visuelles qui se limite, pour les zones non centrales du stimulus, à un seul côté du visage, le sujet faisant en quelque sorte l'hypothèse d'une symétrie complète et réduisant ainsi économiquement la durée et la longueur de l'examen.

Néanmoins le visage humain n'est que globalement symétrique, ainsi qu'en témoignent diverses études. Wolff (846) construit des chimères photographiques symétriques en apposant une hémiface latérale à sa propre image en miroir[10]; le sujet est soumis à trois photos comprenant, par visage, le cliché original et les deux chimères; il est invité à choisir la chimère qui ressemble le plus au visage initial. Les réponses montrent que l'hémiface droite est jugée un reflet plus fidèle (que la gauche) de l'expression du visage original. Pour l'auteur, comme pour Abraham (3), la partie droite du visage révélerait la personnalité intime du personnage tandis que la gauche refléterait plutôt «l'être social». McCurdy (557) puis Lindzey *et al.* (526) confirmeront ces observations, de même que Kolb et Milner (*en préparation*, cité *in* 227) et d'autres (voir la troisième partie). Dans la recherche de Fisher et Cox (286), il apparaît que le bord externe droit du visage est plus informatif que le gauche et que cette asymétrie est la plus nette si l'œil est visible (ces données ont été recueillies à partir de visages célèbres). On notera l'observation incidente des mêmes auteurs indiquant que les hommes présentent spontanément plus volontiers le côté droit de leur visage, les femmes le gauche. On lira enfin avec intérêt l'étude historique de Hufschmidt (430) sur la présentation gauche ou droite du profil dans les œuvres picturales qui, dès l'aube de l'humanité, ont été consacrées au portrait.

Cette asymétrie présente des limitations. Ainsi Koopman et Ames (477), chez des bébés de deux mois et demi, n'observent pas de différence d'attraction entre un visage normal, un visage où les éléments sont changés de place avec maintien de la symétrie, et un visage où la symétrie n'est pas respectée.

Ces travaux indiquant la similitude entre le visage et l'hémiface droite seront repris, avec d'autres, dans la troisième partie de cet ouvrage.

c) Des études extrêmement nombreuses sont consacrées à l'importance des *éléments qui composent un visage* pour la perception, la mémorisation ou la reconnaissance de ce dernier (voir 745).

Généralement, les stimuli ont la particularité de n'être ni des visages réels ni des visages photographiés. En effet, en vue de contrôler l'effet des différentes parties du visage, les auteurs recourent le plus souvent à des visages simplifiés. D'une part, cependant, la réalisation des stimuli diffère selon qu'il s'agit de constructions par assemblages (pour une revue sur cette procédure, voir 164, 464, 467) ou de dessins, d'autre part le nombre de traits utilisés varie d'une recherche à l'autre selon des choix relativement arbitraires. Ces limitations rendent malaisées les comparaisons.

Un certain nombre de travaux nous apportent des informations quant aux régions faciales les plus importantes dans le processus perceptif. Howells (427) signale que la reconnaissance est plus perturbée si on cache le bas du visage que si le haut est masqué, mais la plupart des autres recherches vont montrer la prépondérance des zones supérieures pour divers types d'épreuves, de stimuli, de sujets, ou de méthodes de mesure (174, 197, 201, 255, 286, 353, 820). Outre ces différences entre les zones supérieure et inférieure du stimulus, il apparaît des dissociations relevant d'autres modes de distinction. Ainsi, la forme (201) ou la structure générale (199) du visage est un élément qui peut être pris en compte par les sujets. Chez Haith *et al.* (382), le bord du visage intéresse le plus les bébés de 3-5 semaines mais non les bébés plus âgés; de même, chez des bébés de un mois mais non de deux, Maurer et Salapatek (552) observent plus d'intérêt pour le contour (et, dans ce cas, davantage pour le menton et les cheveux que les oreilles) que pour les traits intérieurs; Luria et Strauss (532) observent que les sujets examinent davantage les zones périphériques du visage (particulièrement la coiffure) si celui-ci est présenté en négatif, et ce dès le début de l'exploration. Chez Phillips (630), la reconnaissance du contour devient meilleure que celle des traits centraux si le visage est présenté à l'envers et le contour est plus facilement associé à un indice verbal que les traits intérieurs. Néanmoins, l'attrait pour les zones périphériques ne paraît lié qu'à ces conditions particulières que sont le caractère négatif de la photo, l'inversion du stimulus ou l'âge extrêmement jeune des sujets. En effet, les traits centraux du visage sont prédominants dans la plupart des études. Dans ces travaux de Maurer et Salapatek ou Haith *et al.*, la supériorité du contour disparaît dans la seconde moitié du deuxième mois de la vie; chez Ellis *et al.* (258), les traits intérieurs donnent lieu à de meilleures reconnaissances que le contour; Walker-Smith *et al.* (820) relèvent que la majorité des fixations oculaires porte sur la zone comprise entre les sourcils et la bouche, tandis que Gloning *et al.* (339) montrent que l'appariement est le plus aisé si la portion faciale disponible est le tiers vertical central; Goldstein et McKenberg (353) montrent enfin, chez des enfants, qu'une moitié latérale de cette zone centrale est encore très informative.

D'autres travaux recherchent de manière plus spécifique l'importance différentielle des traits faciaux proprement dits. On peut d'abord avancer trois remarques: en premier lieu, la recherche de Smith et Nielsen (755) tend à indiquer que la reconnaissance d'un visage diminue à mesure qu'augmente le nombre de traits qui diffèrent de ceux du modèle et le rappel diminue à mesure qu'augmente le nombre de traits à juger; en second lieu, plusieurs études semblent montrer qu'il existe une additivité des effets de chaque trait dans le processus perceptif (81, 293, 560, 798; voir aussi 551) bien que des effets d'annulation réciproque soient également montrés par McKelvie (560); en troisième lieu enfin, divers auteurs s'attachent à montrer qu'il existe une séquence caractéristique et reproductible d'exploration oculaire d'un visage donné par un sujet donné (608, 609, 820) avec souvent des retours à des traits déjà fixés.

Plusieurs études ont été menées chez des bébés de moins de 6 mois (128, 147, 382, 456, 518, 552). D'une manière générale, elles conduisent à penser que les yeux — ou la région des yeux — constituent la portion faciale la plus attractive dans la perception du visage. Il semble cependant que cette prépondérance s'installe après au moins un mois de vie. Cette supériorité de la région oculaire a été retrouvée chez des enfants plus âgés (353, 597).

En ce qui concerne le sujet adulte, les études consacrées aux mouvements oculaires au cours de la perception du visage (174, 532, 848) confirment cette prépondérance de la zone oculaire, mais également de toute partie mobile du visage; de plus, dans certains cas les visages présentent une caractéristique physique inhabituelle qui devient alors le trait privilégié.

La construction de visages par assemblages des traits (254) pose problème au sujet pour le nez et le menton et non pour le front et la bouche, mais ces différences disparaissent lorsque le sujet doit reconstruire le visage de mémoire. Dans les études de Davies *et al.* (199, 201), on interroge les sujets sur un nombre important de traits physiques appartenant aux visages présentés, et l'analyse des données laisse apparaître l'importance des cheveux et des yeux. Lorsqu'ils invitent les sujets à décrire des visages, Ellis *et al.* (254) notent une prépondérance d'utilisation des yeux et cheveux; par ailleurs, McKelvie (560) note que la facilité à caractériser un visage par un adjectif descriptif s'accroît nettement si la bouche ou les sourcils sont horizontaux; enfin les sujets de Bradshaw (81), invités à émettre des inférences, utilisent surtout la hauteur du front et rarement l'écart entre les yeux pour établir leur jugement. Dans des épreuves de comparaison pairée de visages, les sujets de Friedman *et al.* (301) commettent l'erreur de ne pas percevoir une dissimilitude si elle porte sur la bouche, puis le front, puis les yeux, puis le nez et ne perçoivent pas une identité si la similarité concerne le nez, puis les yeux, puis la bouche, puis le front; or, ces mêmes sujets estiment explicitement que le trait le plus important est la bouche, puis le front, puis les yeux, puis le nez : les réponses les plus biaisées portent donc sur les traits jugés importants. Dans les comparaisons pairées de visages (551), la performance est la meilleure si la différence concerne les cheveux, le menton ou les yeux, viennent ensuite les sourcils, le nez et la bouche qui ne diffèrent pas; s'il y a deux éléments qui diffèrent, les difficultés apparaissent s'il s'agit des sourcils et de la bouche, du nez et de la bouche ou du menton et de la bouche; si la différence concerne quatre traits à la fois, les plus faibles résultats proviennent des combinaisons sourcils-nez-menton-bouche et cheveux-sourcils-bouche-nez; enfin, les combinaisons à cinq éléments les plus complexes sont sourcils-yeux-nez-bouche-menton et cheveux-yeux-nez-bouche-menton. Davies *et al.* (195) observent que la comparaison de visages est surtout sensible aux cheveux et au front, puis aux yeux ou la bouche, puis au menton et enfin au nez; d'autre part, la comparaison de deux visages simultanés est meilleure que la comparaison de deux visages sucessifs uniquement lorsque la différence porte sur le menton; si les comparaisons portent sur des visages définis comme semblables, elles sont surtout sensibles au nez, mais si les visages sont considérés comme dissemblables dans les prétests, ce sont le nez, les yeux et le front qui constituent les traits «difficiles». McKelvie (561) note qu'un visage est plus facilement reconnu s'il a les yeux et le nez du modèle que si ce sont la bouche et les sourcils. Laughery *et al.*(496) notent que les traits se rangent comme suit par ordre d'effet décroissant sur la reconnaissance : structure générale, yeux, nez, peau, bouche, menton, cheveux, oreilles, ce rangement étant cependant sensible au type de consignes. McKelvie (562) propose aux sujets l'examen préalable de visages puis un test de reconnaissance; dans les deux séries, les stimuli sont entiers ou non; lorsqu'ils ne le sont pas, il manque la bouche ou les yeux. Il n'y a pas de différence entre deux séries de visages complets et deux séries de visages incomplets si la lacune concerne la bouche, et il apparaît une supériorité de la condition dans laquelle une série est incomplète et concerne la bouche sur la condition où une série est incomplète et concerne les yeux.

Au total il semble bien, du moins après les premières semaines de la vie, que la partie interne du visage (la «face») soit plus importante que le contour, en particulier le haut du visage ou la zone comprenant les sourcils, les yeux, le nez et la bouche, et que les yeux ou leur région comportent un élément particulièrement important dans les processus de perception, mémorisation ou reconnaissance de visages.

Enfin, certains travaux examinent le poids de ces traits faciaux pour des visages célèbres (174, 258, 286, 789). Il semble bien que les yeux demeurent une zone prépondérante pour la perception comme pour la reconnaissance. La zone yeux + nez paraît en tout cas plus utile que la région bouche + nez et les traits centraux plus efficaces que le contour (voir également la spectaculaire illusion créée par Thompson: 787).

d) Une variable qui affecte la perception ou la reconnaissance du visage est l'ensemble des *modifications* que l'on peut lui faire subir. Beaucoup de recherches mentionnées jusqu'ici ont eu recours à cette procédure et nous n'y reviendrons pas dans le détail. On peut distinguer les transformations qui respectent et celles qui ne respectent pas la complexité ou la symétrie du stimulus; dans les deux cas, la transformation est employée dans des tâches de perception ou de reconnaissance.

Quelques travaux non encore mentionnés ont pour objet spécifique l'effet des transformations. Buhler (124) reprend et discute, au moyen d'observations conduites chez des bébés de deux ou sept mois, les études de Kaila (457) sur les réactions au changement d'expression du visage; Cornell (175) montre que les bébés de 23 semaines mais non de 19 semaines sont sensibles à l'introduction d'un nouveau visage qui diffère du familier par le sexe ou la pose. Chez des sujets de six ans, huit ans ou adultes, Saltz et Sigel (701) étudient l'appariement d'un visage avec, parmi quatre possibilités, le même visage mais différant du modèle par la pose ou l'expression: la performance est inversement reliée à l'âge, en particulier à cause de l'abondance des «surdiscriminations» (omissions de désignations correctes) chez les plus jeunes. Ekman *et al.* (245) observent que les visages sont jugés plus plaisants si leur taille est accrue et Harmon (391) examine diverses dégradations possibles du visage par ordinateur et leurs effets sur la perception (voir aussi 789). Read (661) étudie l'effet des intervalles de rétention et des instructions dans une tâche de reconnaissance de visages sous diverses possibilités d'orientation (*infra*); il observe d'autre part que si l'examen du modèle consiste en deux présentations successives du même visage sous deux orientations différentes, la reconnaissance ultérieure sera moins bonne que si l'examen consiste en un seul stimulus suivi d'un délai au cours duquel le sujet est invité à « voir mentalement » le visage.

En ce qui concerne la procédure d'inversion (déjà présentée), ajoutons que Fagan (267) observe que vers 23 semaines les bébés préfèrent les visages à l'endroit aux inversés et que l'effet classique de nouveauté (lorsqu'un nouveau visage est présenté) n'est valable que pour l'orientation normale. Murray et McGuinn (596) notent, chez des enfants de 5 à 7 ans, que la rotation de 270° affecte beaucoup leurs jugements de similarité. Hochberg et Galper (423) montrent que les visages examinés à l'envers puis à reconnaître à l'envers donnent lieu à une moins bonne performance que s'ils sont à l'endroit dans les deux cas; la performance la plus faible est néanmoins observée lorsque le sujet doit examiner le modèle à l'envers puis le retrouver parmi des visages à l'endroit. Galper (318), semblablement, montre que des visages examinés en positif puis à reconnaître dans cette même modalité donnent lieu aux meilleures performances; viennent ensuite les visages examinés puis reconnus en négatif; enfin, les visages examinés en négatif et à reconnaître en positif donnent lieu aux scores les plus faibles. Galper et Hochberg (320) observent que la reconnaissance différée (cinq jours) de visages est la meilleure s'ils sont présentés en positif lors des deux présentations; ensuite vient la condition où ils sont présentés les deux fois en positif mais sous des expressions différentes, enfin la situation dans laquelle ils sont présentés les deux fois en négatif. Bradshaw et Wallace (82) combinent l'inversion et le caractère négatif des stimuli dans une épreuve de comparaison pairée de visages dessinés. Il apparaît que la performance diminue avec le nombre de différences ou lorsque les visages sont inversés, tandis que le caractère positif ou négatif est sans effet; d'autre part, l'effet de pratique (entraînement) est surtout net pour les visages inversés; enfin l'allongement du temps de réaction consécutif à l'inversion des stimuli est particulièrement marqué lorsque les deux visages diffèrent peu. On rappellera par ailleurs que Phillips (630) observe une meilleure reconnaissance des contours que des traits centraux lorsqu'on présente les stimuli à l'envers mais que cette différence n'a pas lieu lorsque les photos sont en négatif; ces effets de l'inversion semblent en outre imputables au stimulus et non au sujet: si c'est la tête du sujet qui réalise la rotation, il n'y a plus de différence (676). Luria et Strauss (532) notent que les visages en négatif reçoivent un plus grand nombre de fixations oculaires qu'en positif, du moins dans la phase d'examen du stimulus et en particulier les zones périphériques. Chez des bébés de 7 mois, Fagan (268) observe que l'apparition d'un nouveau visage produit un accroissement d'attention inversement proportionnel à sa ressemblance avec l'ancien visage, sauf s'il lui est à la fois vraiment très semblable et présenté en profil; d'autre part, le changement de pose du même visage induit une nette augmentation d'attention.

2. *Variables du sujet*

Un certain nombre de paramètres du sujet lui-même semblent exercer, à leur tour, un effet sur les processus de perception, mémorisation ou reconnaissance de visages. Ces variables seront à nouveau souvent en interaction avec celles du stimulus.

L'effet de la *race* du sujet[7] sur les performances est généralement obtenu en interaction avec celle du stimulus. La règle est que le sujet perçoit ou reconnaît mieux des visages de sa propre race (*cfr.* 740). Cette «loi», cependant, souffre d'exceptions: effet de la race du sujet mais sans interaction, ou pas d'effet de la race des sujets. Pratiquement toutes ces études ont utilisé des épreuves de reconnaissance.

Plusieurs travaux ont attesté cette supériorité de performance pour les stimuli appartenant au même groupe ethnique que le sujet (155, 182, 255, 259, 277, 319, 460, 500, 529, 539, 742). L'effet paraît reproductible dans divers groupes, encore que d'une part les travaux portent surtout sur des sujets «blancs», d'autre part un effet de familiarisation avec «l'autre race» réduise cette différence, enfin cet effet ne soit pas mis en évidence par Malpass et Kravitz (538) ni Deregowski *et al.* (213). On se souviendra également des effets «régionaux» au sein du même groupe ethnique (563, 564).

Par ailleurs, il n'est pas interdit de penser que le groupe ethnique d'appartenance du sujet détermine les stratégies perceptives utilisées (253, 461, 539).

A nouveau, le *sexe* du sujet exerce, en fonction des études, un effet en tant que tel, un effet en interaction avec d'autres variables ou aucun effet. De plus, des auteurs n'ont pas examiné l'influence du sexe et certaines recherches enfin ont été soumises à des sujets qui sont tous du même sexe.

Beaucoup de travaux ne concluent pas à une différence liée au sexe du sujet à partir de procédures, stimuli ou sujets très divers [11]; cette absence d'effet est également observée pour la reconnaissance des voix (540). D'autres travaux présentent un effet, mais qui fluctue en fonction de la nature des tâches (62, 496, 630) ou des mesures effectuées (182).

Certaines recherches mettent néanmoins en évidence un effet clair du sexe des sujets sur leurs performances. Chez l'adulte et l'enfant, la tendance qui se dégage clairement est celle d'une supériorité des femmes sur les hommes dans diverses épreuves de perception ou reconnaissance de visages, du moins si ces derniers sont présentés normalement (153, 252, 277, 347, 427, 845, 847, 850). Ces faits semblent moins clairs chez les bébés : l'attraction pour le visage humain est, en fonction des études, plus nette tantôt chez les garçons (147, 456, 518), tantôt chez les filles (167, 455).

Enfin, un certain nombre d'études ne montrent qu'un effet conditionnel (interaction) du sexe des sujets. Dans le travail de Goldstein et Chance (354), les sujets féminins reconnaissent mieux les visages que les sujets masculins, mais les stimuli sont des visages féminins. Dans l'étude de Going et Read (344), les visages féminins sont mieux reconnus que les masculins, mais cette différence est imputable aux sujets féminins. Dans l'étude de Deregowski *et al.* (213), les visages sont moins bien reconnus que les tasses par le sous-groupe des sujets féminins. Dans la recherche de Odom et Lemond (613), les hommes font moins d'erreurs dites « dimensionnelles » (c'est-à-dire portant soit sur la dimension « identité du personnage », soit la dimension « expression faciale ») que non dimensionnelles, cette différence n'étant pas rencontrée chez les femmes. Comme on le verra plus loin, Hoffman et Kagan (426) relèvent un effet de la *« field dependance »* sur la reconnaissance et il est le plus net chez les hommes. Dans l'étude de Malpass *et al.* (539), le femmes décrivent davantage les visages que les hommes, ces derniers émettant cependant des descriptions plus complexes que les femmes pour justifier leurs jugements. Dans l'étude de Fagan (267), l'émergence vers 5-6 mois d'une préférence pour des visages à l'endroit se produit d'abord chez les filles. Dans le travail de McKelvie (564), il apparaît : aucun effet du sexe des sujets ni des stimuli dans une première expérience de reconnaissance, un effet bénéfique de la durée d'exposition chez les seuls sujets féminins dans une seconde, aucun effet du sexe du sujet dans une tâche d'inférence (exp. 3) ou dans une épreuve de reconnaissance (exp. 4); dans la 5ᵉ exp., la reconnaissance des visages est moins bonne chez les hommes que chez les femmes uniquement pour les visages féminins et à condition que ces stimuli soient des photographies d'adultes.

Beaucoup d'études dans lesquelles l'*âge* est analysé ont déjà été présentées; d'autre part, on ne peut confronter ici toutes les études conduites chez l'adulte à celles qui concernent les enfants ou les nouveaux-nés. Nous nous limiterons donc à un bref survol de ces problèmes (voir 141).

Voyons d'abord les études effectuées auprès de bébés (voir les remarques anciennes de Guillaume: 376) dans lesquelles, le plus souvent, on pratique des mesures d'attention préférentielle (généralement au moyen des mouvements oculaires). Ces recherches sont nombreuses, variées dans leur procédure ou sujets, et semblent pouvoir être résumées de la façon suivante[12]. L'intérêt pour le visage humain est observable extrêmement tôt, dès le(s) premier(s) jour(s) après la naissance; cependant ce n'est que vers 3-4 mois, et pour une période transitoire semble-t-il, que le visage est préféré aux autres objets; cette préférence est d'ailleurs corrélée à un gain d'intérêt pour les stimuli complexes. Les opérations perceptives sur des visages, quant à elles, s'installent très tôt également mais à des moments différents du développement selon la nature de ces opérations, et elles vont en s'affinant avec le temps au cours de ces premiers mois de la vie : dès la seconde semaine, le bébé est capable de réaliser une discrimination entre les visages humains encore que, jusqu'à trois mois, il reste tributaire de traits de contour comme les cheveux; vers deux mois l'examen des traits centraux, et plus particulièrement des yeux, l'emporte sur l'intérêt pour le contour ou le contexte; c'est à ce moment également que le visage parlant devient plus intéressant que le visage silencieux. L'intérêt pour un visage mobile semble paraître vers 4 mois et la préférence pour les visages à l'endroit vers 6 mois.

Les mécanismes de perception (597) et reconnaissance des visages, tôt installés, continuent néanmoins à s'améliorer au cours de l'enfance. La plupart des recherches concernent la reconnaissance[13] et s'accordent globalement à cette conclusion. Quelques remarques cependant. En premier lieu, ce processus ontogénétique est quelque peu différent lorsqu'il s'agit de visages familiers : dans ce cas, on observe d'une part un optimum de performance vers 10-14 ans, d'autre part que la familiarité n'a un effet bénéfique sur la performance que chez les plus jeunes. En second lieu, l'amélioration de la reconnaissance avec l'âge semble principalement résulter d'une diminution des erreurs par surdiscrimination et les différences liées à l'âge disparaissent lorsqu'on accroît la difficulté de la tâche. En troisième lieu, cette évolution en fonction de l'âge n'obéit pas à une fonction parfaitement linéaire; trois éléments conduisent à cette nuance. Tout d'abord, il semble bien que cette amélioration avec l'âge s'arrête vers l'âge de 10-12 ans, tend même à se détériorer quelque peu, pour rejoindre enfin les performances des adultes vers 14-16 ans. Cette brisure, observée également à propos de la reconnaissance des voix (540), est interprétée (*e.a.* par Carey et ses collaborateurs) comme une modification dans les stratégies perceptives; nous reviendrons sur ces questions, mais l'idée générale est que l'enfant utilise surtout une perception des visages qui procède par détails, mécanisme qui s'améliore avec l'âge (jusque vers 10 ans) mais qui n'est pas le plus efficace: la stratégie la plus utile, employée par l'adulte, consiste en une appréhension plutôt globaliste ou d'ensemble. La période 10-16 ans correspondrait à une phase d'abandon de la stratégie analytique initiale et à l'acquisition de la procédure globaliste (voir 140, 141). Le deuxième élément est que la supériorité de performance des adultes sur celle des enfants est loin d'être absolue: elle semble interagir avec le sexe des sujets, les adultes sont plus sensibles que les enfants aux délais de rétention, la présentation inversée des visages accroît plus nettement la difficulté chez les adultes que chez les enfants [14]; enfin, la difficulté à traiter les visages d'un autre groupe ethnique est davantage observée chez l'adulte que chez l'enfant. Cet ensemble de faits a conduit à l'hypothèse suivante (356, 357): l'ontogenèse de la perception des visages consiste principalement, à partir de l'expérience quotidienne avec des visages du même groupe ethnique et perçus normalement, en l'élaboration d'un «schéma facial», sorte de prototype du visage qui servira de référence. Ce schéma se construit progressivement à mesure qu'augmente le nombre d'expositions aux visages, et devient même rigide. Ceci expliquerait les difficultés, chez l'adulte, à traiter les «autres races» ou les visages inversés. Le troisième élément à souligner concerne les effets de l'âge chez l'adulte lui-même: d'une part, la reconnaissance des visages — pourtant tellement performante — peut encore être améliorée par diverses procédures d'entraînement (voir 537); d'autre part, le processus continue son évolution tout au long de la période adulte: les inférences que l'on fait sur un visage se modifient avec l'âge (473, 721) et les possibilités de rétention décroissent lentement (79, 754, 841) comme c'est d'ailleurs le cas de la plupart des activités cognitives.

En résumé donc, il apparaît:
a) que les processus de perception et reconnaissance des visages s'installent extrêmement tôt après la naissance;
b) s'affinent au cours de l'enfance;
c) acquièrent une efficacité optimale grâce au passage, vers 10-15 ans, de la stratégie analytique à la stratégie globaliste;
d) évoluent encore au cours de l'âge adulte;
e) sont par contre plus résistants à l'inattendu chez l'adulte.

Quelques études montrent enfin l'influence de *variables plus nettement «psychologiques»* sur la perception ou reconnaissance de visages.

On se souviendra d'abord des études dans lesquelles l'exploration oculaire du sujet est enregistrée: si elles indiquent des régularités de trajets, elles montrent également d'importantes différences individuelles. Ces différences individuelles se retrouvent dans l'étude de Secord et Muthard (721) qui compare des adultes d'âges différents ou celle de Goldstein *et al.* (359) à propos de la capacité à décrire des visages.

On indiquera ensuite allusivement les études dans lesquelles les performances des sujets dans des tâches de reconnaissance de visages sont utilisées afin d'inférer des caractéristiques du sujet lui-même, en particulier son « intelligence » sociale (433, 454, 588, 589, 788).

Buckhout (122) souligne le caractère douteux du témoignage oculaire dans la reconnaissance de personnages liés à un événement social important ou dramatique: elle est en effet une reconstruction, fonction de nombreuses variables telles que l'état de stress ou les attentes du sujet. Ainsi, Schill (710) note que les sujets à haut besoin d'approbation, s'ils font plus d'erreurs, reconnaissent mieux les visages; de même, Mueller *et al.* (591, 592) notent une corrélation entre la reconnaissance de visages et l'anxiété (mais les anxieux produisent moins de désignations fausses et cette relation avec l'anxiété n'est pas obtenue par Courtois et Mueller: 179). Secord *et al.* (724) observent que les sujets les moins favorables aux noirs accentuent les stéréotypes de personnalité imputés aux noirs, alors que les sujets qui leur sont favorables réduisent ces stéréotypes; enfin les sujets extrêmes (les plus et les moins favorables) accentuent les traits physiques typiques des visages noirs. La *«field dependance»* paraît également reliée à la reconnaissance de visages [15]: chez Hoffman et Kagan (426), les sujets *field-dependent* reconnaissent mieux les visages que les autres sujets, en particulier chez les hommes; chez Lavrakas *et al.* (500), les *field-independent* l'emportent sur les autres sujets, du moins si le stimulus n'est pas de leur race; chez Messick et Damarin (567) par contre, les *field-dependent* l'emportent; Beardsworth et Buckner (32) notent que les sujets *field-dependent* sont faibles en reconnaissance de soi mais efficaces en reconnaissance des autres. Nous reviendrons sur cette variable dans les chapitres de neuropsychologie.

On remarquera enfin les observations de Howells (427) où les vendeurs reconnaissent mieux les visages que les étudiants ou les agriculteurs, que les membres de fratries l'emportent sur les autres, et que le score de reconnaissance est légèrement corrélé aux tests d'intelligence. D'autre part, Pintner (639) observait jadis la faible corrélation entre l'intelligence «mesurée» d'enfants et l'intelligence estimée par des juges (y compris des psychologues) auxquels on soumettait les photos de leurs visages.

3. Variables de procédure

De nombreuses variables méthodologiques exercent un effet sur les performances. Nous mettrons successivement l'accent sur les différences entre perception, mémorisation et reconnaissance, les mécanismes de l'encodage et les inférences imposées aux sujets. Dans chaque cas, on se limitera à quelques travaux illustratifs.

Plusieurs travaux marquent les différences qui existent entre *la perception, la mémorisation, la reconnaissance ou le rappel* de stimuli, particulièrement en ce qui concerne les visages.

Ainsi, une discussion est ouverte sur le fait de savoir si l'exploration oculaire d'un visage donné est identique lors de sa perception initiale et au moment du travail ultérieur de reconnaissance (532, 609, 820). De plus, Friedman *et al.* (301) observent un effet différent des traits faciaux individuels en phase de perception (où l'effet est net) et lors de la reconnaissance. Par ailleurs, Yin (852) souligne que les différences entre les visages et les autres stimuli ne sont pas de même ordre dans la reconnaissance et dans l'appariement à une description verbale : c'est seulement dans ce dernier cas que les visages sont nettement moins bien traités. En ce qui concerne la perception chez le bébé, les nombreuses études effectuées indiquent parfois des discordances entre les mesures d'attraction qui sont pratiquées.

Beaucoup d'auteurs montrent combien les sujets diffèrent dans la mémorisation de visages selon que la réponse requise est une reconnaissance ou un rappel. Howells (427) indiquait déjà que les meilleurs au rappel de détails n'étaient pas nécessairement les plus performants à l'identification. Smith et Nielsen (755) montrent que si la longueur de l'intervalle de rétention exerce une influence sur les scores, elle est différente dans la reconnaissance et le rappel; de plus, le rappel est meilleur que la reconnaissance, où le nombre d'erreurs est fonction du nombre de traits faciaux impliqués. Phillips (629) montre les différences entre la reconnaissance et le rappel (cette étude sera considérée ultérieurement : problématique de l'encodage, *infra*) et que le rappel de la lettre associée à un visage est moins bien effectué que si elle est associée à d'autres dessins, alors que les visages sont mieux reconnus que les dessins (630). Davies *et al.* (197) montrent que la reconnaissance des visages est meilleure que leur rappel descriptif; Clarke (164) notait que des visages et des noms étaient mieux reconnus que rappelés, les noms mieux reconnus que les visages, les deux types de stimuli pouvant être rappelés d'une manière égale; Harmon (391) montre que les visages sont mieux reconnus visuellement qu'au travers d'une description verbale (mais Christie et Ellis ne confirment pas : 160). Ces quelques études illustrent donc bien la situation quotidienne de la plupart d'entre nous : « Je me rappelle bien son visage mais pas son nom »; le visage est en effet probablement davantage stocké comme un ensemble composite que comme une collection d'attributs distincts verbalisables; Goldstein (349) insiste d'ailleurs sur la fragilité du témoignage oculaire en ce qui concerne l'identification des personnes. Anderson et Paulson (17) montrent que des adjectifs descriptifs sont moins vite associés que les visages à une profession et, semblablement, qu'un visage et une coiffure sont plus facilement associés à la profession que ne le sont un mot et une coiffure. Cependant, Gordon et Hayward (364) obtiennent des rangements de similitude hautement corrélés entre des visages célèbres et leurs noms; de plus, les visages jugés semblables à partir de leurs noms se voient attribués beaucoup plus de traits physiques communs que les dissemblables. Enfin, dans l'étude de Ellis *et al.* (258), la reconnaissance verbale de visages célèbres est la meilleure si le visage est entier, la moins bonne si le contour seul est présenté et intermédiaire si seuls les traits centraux sont disponibles, tandis que les traits centraux seuls et le visage entier ne diffèrent pas entre eux et demeurent supérieurs au contour lorsqu'il s'agit d'une reconnaissance en choix multiple.

Au niveau des différences entre la mémorisation et la perception, plusieurs travaux témoignent de la nécessité de dissocier les deux processus. Ainsi, Hochberg et Galper (423) montrent que le nombre de visages examinés est sans effet sur la reconnaissance ultérieure; Goldstein *et al.* (359) montrent une grande variabilité entre les sujets dans leur capacité à décrire les visages et l'absence de corrélation entre celle-ci et la reconnaissance; chez Diamond et Carey (218) il n'y a pas de différence selon que le modèle est visible ou non; Ellis *et al.* (254) montrent que des visages sont mieux construits si le modèle est visible que s'il est absent et que ces deux performances ne sont pas corrélées; Davies *et al.* (198) notent également que la reconnaissance et la construction des visages sont peu corrélées. Cependant les processus de perception et de mémorisation ne sont pas indépendants : Yin (852) indique que la reconnaissance est d'autant meilleure que la durée de l'examen a été longue, surtout pour les visages (également 196, 198, 255, 496, 497), et du moins si les stimuli sont en position normale; Ellis *et al.* (254) indiquent que les bons encodeurs pourraient être de bons décodeurs. Patterson et Baddeley (623) montrent un effet défavorable du nombre de visages sur la détection mais non sur le score de reconnaissance. Ellis *et al.* (257) n'obtiennent pas d'effet de la durée d'exposition sur la construction de visages; toutefois, les visages sont mieux dessinés que construits et la différence provient de l'aide qu'apporte la présence du modèle dans le cas du dessin; ces deux modes de réponses ne sont en outre pas corrélés.

Ces effets défavorables du délai de rétention sur la reconnaissance sont attestés dans plusieurs études (153, 297, 301, 591); ils ne sont cependant pas absolus. D'une part, ils peuvent n'apparaître que sous certaines conditions, c'est-à-dire en interaction avec d'autres variables comme l'encodage (*infra*; 661, 741), la familiarité (707), le mode de présentation, l'entraînement, la situation des réponses correctes dans la série des stimuli présentés au test de reconnaissance (496, 497), l'âge des sujets (821) ou l'orientation du visage (819). D'autre part, ils peuvent être plus nets pour les stimuli autres que les visages (354) ou exercer la même influence qu'il s'agisse de visages ou non (852). En troisième lieu, ils peuvent être absents (155, 756), limités aux visages inconnus (849) ou à ce point modérés que 90 % d'appariements corrects mots-visages soient encore obtenus après un intervalle de 15 ans (24). Les travaux qui examinent l'effet de la tâche accomplie pendant ce délai sont peu nombreux : chez des bébés, Cohen *et al.* (167) observent peu d'effets des stimuli d'interférence, même si ce sont des visages; Ellis *et al.* (255) ne notent pas d'interférence, qu'il s'agisse d'une bande sonore comique ou de l'examen des visages; Davies *et al.* (200) observent des effets qui seront considérés plus loin (*infra*, encodage).

Le bénéfice de l'apprentissage sur la performance est noté par différents auteurs. Chez les bébés, le nombre de fixations sur les visages décroît avec l'augmentation du nombre d'essais (147, 167). La discrimination (82) et la reconnaissance (850) s'améliorent avec la pratique. La reconnaissance peut également être différemment sensible aux types de renforcements délivrés durant la phase d'examen des visages (710). Chez Malpass *et al.* (539), la performance est liée au nombre de sessions lors de l'entraînement, au type d'apprentissage et à la nature du renforcement utilisé au cours du test de reconnaissance.

Lors des comparaisons pairées de visages, des chercheurs examinent s'il existe une différence selon que les deux visages sont présentés simultanément ou successivement. Les résultats sont inconstants: Davies *et al.* (199) n'observent pas de différence sur la reconnaissance ni Goldstein et Chance (355) sur le degré de similitude, tandis que Davies *et al.* (195) montrent un avantage de la condition simultanée mais qui est fonction des traits du visage considéré.

L'effet des consignes délivrées au moment de l'examen des visages est étudié à diverses reprises. Ellis *et al.* (255) et Davies *et al.* (199) montrent une meilleure reconnaissance des visages lorsque la consigne est stricte (répondre si l'on est tout à fait sûr) que lorsqu'elle est peu contraignante (ne pas s'inquiéter de faire des erreurs). Par ailleurs, Matthews (551) n'obtient pas de différence selon que l'accent est mis sur la correction, la vitesse des réponses ou ni l'une ni l'autre. Ellis *et al.* (257) ne notent pas de différence selon qu'on demande au sujet de faire attention au visage du personnage, au contenu du texte que ce personnage est occupé à lire à haute voix ou si le son est coupé. Odom et Lemond (613) observent, chez des enfants de 6 ans, plus d'erreurs portant sur l'expression si les enfants ont été préalablement sensibilisés à l'identité des personnages.

Davies *et al.* (199) montrent qu'on peut amener les sujets à discriminer des visages considérés au départ comme similaires. Par ailleurs, Odom et Lemond (613) indiquent que les enfants de six ans retrouvent plus facilement l'ordre de présentation des visages si à chacun est associée une expression différente. Goldstein et Chance (352) voient disparaître l'influence de l'âge sur la reconnaissance lorsque la difficulté est accrue (les visages qui servent de distracteurs dans certains items étant utilisés comme modèles dans d'autres).

L'étude de Deffenbacher *et al.* (207) mérite attention. Les auteurs comparent la mémoire de visages, paysages, objets familiers et mots concrets, quant à leur sensibilité à l'interférence et leur durée de rétention. Les résultats conduisent à distinguer trois systèmes : les objets et les mots sont peu sensibles à l'interférence mais ne résistent pas à la durée, les paysages sont sensibles à l'interférence et ne résistent pas au temps, et les visages sont sensibles aux interférences mais résistent bien à la durée.

Les données déjà présentées jusqu'ici laissent donc penser que des mécanismes différents sont à l'œuvre selon que le matériel à traiter est composé de visages ou de stimuli verbaux décrivant des visages. En effet, d'une part le rappel est moins efficace que la reconnaissance[9] et la reconnaissance visuelle plus efficace que la reconnaissance par le biais d'un *codage verbal*. La transformation des informations visuelles en données verbales ne paraît donc pas très utile à la mémorisation des visages. D'autre part, des éléments présentés suggèrent que les performances sont *sensibles au type de consignes ou au contexte*.

Si, comme on l'a indiqué, la reconnaissance des visages est mieux effectuée que le rappel et la description, il demeure que la reconnaissance de stimuli verbaux est encore supérieure à la reconnaissance des visages (62, 632). Par ailleurs, la description verbale de visages a été utilisée pour les classer sur base, par exemple, d'analyses factorielles des descripteurs employés (exemple : 739). Il apparaît que les descriptions sont plus détaillées pour les visages que pour d'autres stimuli, en particulier lorsque la consigne incite à recueillir un maximum d'informations pour pouvoir ensuite reconnaître les visages (354). Chi (158) indique d'ailleurs qu'une stratégie souvent utilisée consiste à verbaliser au maximum au cours de l'examen du stimulus. D'autre part, la manière de décrire les visages peut être sensible à la race du sujet (253, 254) et la description produite sera d'autant plus utile à la reconnaissance ultérieure que le délai de rétention est court (201). Invitant les sujets à construire une description des stimuli en vue de pouvoir les reconnaître une semaine plus tard en les appariant aux descriptions, Yin (852) note que les visages sont moins bien appariés aux descriptions que les autres stimuli, qu'ils sont les seuls à recevoir des descriptions comportant des informations sur l'impression globale (et des inférences) et que leur appariement bénéficie fortement de leur ressemblance avec des personnes connues du sujet. Notons enfin que McKelvie (560) observe un effet différentiel des traits faciaux sur la possibilité d'encoder verbalement des visages.

McKelvie (561) montre également qu'apprendre à associer un adjectif descripteur au visage est plus efficace que l'observation attentive, essentiellement pour les visages classés « difficiles » en significabilité [16]. Malpass *et al.* (539) observent un effet, sur l'usage du langage dans la reconnaissance (mais sans modification de la reconnaissance elle-même), de différents types d'entraînement dans lesquels le sujet est incité à verbaliser le visage (décrire verbalement les visages, reconnaître les visages depuis leur description, décrire les similitudes et différences dans des triades de visages). Chance et Goldstein (152) observent que les sujets invités à prendre des notes descriptives s'en souviennent mieux (rappel) que ceux qui ont pris des notes sur ce que leur rappellent les visages, mais les premiers font plus d'erreurs de rappel de leurs notes que les seconds, à propos de visages pourtant bien reconnus. Lavrakas *et al.* (500) montrent que les sujets qui apprennent à discriminer les visages au moyen d'un concept descriptif les reconnaissent mieux que les sujets de contrôle, mais cet effet disparaît après un délai de huit jours. Read (661) montre que le type d'instructions au moment de l'examen de visages à reconnaître ultérieurement n'exerce qu'une influence discrète sur la reconnaissance : la variance des temps de latence est simplement plus faible si l'instruction porte sur le registre visuel (ranger les visages par similarité) que si elle concerne le mode verbal d'encodage (attribuer des adjectifs descriptifs); de plus, le type d'activité exercée pendant l'intervalle de rétention exerce un effet différentiel sur la reconnaissance : elle est meilleure lorsque le sujet est amené à penser aux visages (en les « voyant » mentalement ou en les décrivant) que dans la situation contrôle (test de vigilance auditive), et un effet de l'intervalle n'est présent que dans le premier cas. Une autre expérience de l'auteur indique que la reconnaissance est meilleure si, dans l'intervalle, on continue à présenter le visage (ou si le sujet s'efforce de le « voir » mentalement) que si on présente une tâche de vigilance auditive ou une seconde photo du visage sous une autre orientation, ou encore si le sujet essaie d'imaginer le modèle sous deux orientations différentes; de plus, dans ce dernier cas, les deux photos du visage sous des orientations différentes donnent lieu à une reconnaissance moins bonne que l'imagerie mentale du personnage sous deux orientations. Dans l'étude de Davies *et al.* (200), les sujets reconnaissent moins bien les visages si, au cours de l'intervalle de rétention, ils doivent rechercher les cibles parmi d'autres visages que dans trois autres conditions (évaluer des visages quant à leur sympathie, écouter une bande sonore comique, chercher les cibles dans d'autres visages en étant ensuite informés du fait que les cibles n'y étaient pas).

Phillips (629) soumet les sujets à une tâche de reconnaissance d'un visage célèbre placé parmi 11 visages inconnus; un premier groupe de sujets est averti de la présence du visage célèbre et les sujets du second groupe sont informés du nom de ce dernier. La reconnaissance est élevée et semblable dans les deux groupes, et 57 % des sujets du premier groupe trouvent en outre le nom du personnage. On informe alors tous les sujets du nom et ils sont capables de réaliser aisément une image mentale du personnage. Ils sont ensuite invités à produire une description verbale du visage et des juges, amenés à le retrouver parmi 12 au moyen de la description ainsi fournie, n'y arrivent pas facilement quel que soit le groupe auquel appartient le descripteur. La capacité d'imagerie mentale des sujets est d'ailleurs corrélée avec la reconnaissance mais non avec le rappel. Tversky (797) apprend d'abord aux sujets à associer un mot à chaque visage; on procède ensuite à des comparaisons pairées successives de dessins et/ou de mots: il apparaît que c'est la probabilité d'occurrence du deuxième élément de la paire qui détermine le mode d'encodage des sujets. Katz et Seavey (461) montrent d'abord que les sujets apprennent plus difficilement à associer un nom à chaque visage qu'à discriminer deux couleurs ou deux types d'expressions au moyen de deux mots ou de deux syllabes; ensuite, le type d'entraînement exerce un effet différentiel selon que le test de comparaison pairée porte sur l'expression, la couleur ou les deux. Morris *et al.* (578) apprennent à leurs sujets à associer des noms à des visages; l'expérience tendrait à indiquer que cet apprentissage bénéficie de consignes d'imagerie dans lesquelles les sujets sont amenés à transformer le nom en l'image d'un objet qui interagit avec une particularité physique du visage.

Quelques auteurs examinent si la reconnaissance diffère selon que les sujets sont avertis ou non du fait qu'un test de reconnaissance va suivre l'inspection des visages. Les résultats ne montrent pas de différence (75, 774)[17].

L'effet du contexte est abordé par certains auteurs au moyen de la manipulation des distracteurs[18]. Les travaux s'accordent pour montrer qu'un visage est d'autant mieux reconnu (parmi deux alternatives) que le distracteur auquel il est associé est précisément celui auquel il était associé lors de l'examen initial (98, 827, 842); cet effet est valable pour différents types de contexte (visages, phrases, ...). Toutefois, lorsque la perception a été effectuée dans un contexte dramatique (violence, ...), ce dernier peut induire des distorsions au rappel comme à la reconnaissance (122, 206).

En conclusion (et en guise d'introduction au point suivant), on notera la revue consacrée par Secord (720) au processus de «formation d'impressions » qui se déroule au moment de l'encodage des visages. L'auteur indique d'une part que ce phénomène dépend d'attributs du sujet lui-même tels que ses structures cognitives et ses motivations; d'autre part, il analyse les déterminants de ce processus : pression sociale, stéréotypes culturels, valeur différemment expressive des traits faciaux. Enfin, il relève les distorsions auxquelles l'inférence risque d'être sujette : extension temporelle (un caractère momentané est considéré comme durable), généralisation, catégorisation (bases de stéréotypes) et inférences fonctionnelles.

Il existe des études où les auteurs examinent l'effet sur la reconnaissance de *tâches d'inférences ou d'attributions de traits* imposées aux sujets au moment de l'inspection des stimuli[19]. Cette rubrique n'est en fait qu'un cas particulier des problématiques de l'encodage et les études déjà mentionnées sur les adjectifs et descriptions pourraient trouver leur place à ce niveau. Par ailleurs, dans les études déjà mentionnées sur l'effet des contextes (827, 842) ou de tâches distractives durant l'intervalle de rétention (152, 200), une activité d'inférence de traits était une des modalités contextuelles ou interférentielles utilisées.

Shepherd *et al.* (744) observent d'abord qu'un visage présenté soit comme celui d'un criminel, soit comme celui d'un capitaine de navire, est différemment évalué dans une série d'échelles d'inférence : le premier reçoit globalement une évaluation moins favorable (seule exception : ils sont évalués comme « durs » de manière égale); bien plus, lorsque les sujets sont invités à reconstruire ce visage de mémoire, des différences apparaissent si on demande ensuite à des juges naïfs d'évaluer les résultats au moyen des mêmes échelles : le « criminel » est jugé moins intelligent et moins sympathique que le « capitaine » !

Dans l'étude de Davies *et al.* (200), la reconnaissance est plus faible si durant l'intervalle de rétention le sujet évalue la sympathie des visages, que si d'autres tâches sont requises (reconnaissance en choix multiple ou épreuve auditive). Fleishman *et al.* (287) observent que les visages estimés comme moyennement attractifs sont moins bien reconnus que les très attractifs ou les très peu attractifs. De même, Shepherd et Ellis (741) n'observent un effet défavorable d'un long délai de rétention (35 jours, comparé à 6 jours et à quelques minutes) que si les visages ont été évalués comme moyennement attractifs.

Cross *et al.* (182) relèvent que les visages sont d'autant mieux reconnus qu'ils ont été jugés « beaux » au moment de l'examen initial.

Shepherd *et al.* (743) observent que des juges naïfs retrouvent plus difficilement le visage dont on fournit la description verbale si celle-ci consiste à attribuer des traits comportementaux que s'il s'agit de traits physiques, de traits à la fois physiques et comportementaux ou d'évaluation par un questionnaire; par ailleurs, il n'y a pas de différence dans l'appariement de visages avec leur description, que celle-ci soit un relevé de caractéristiques physiques ou la réponse à des questionnaires. Les autres travaux confrontent les effets respectifs des diverses formes d'inférences au moment de l'encodage sur la reconnaissance ultérieure des visages [20]: la conclusion globale est que la reconnaissance des visages bénéficie généralement moins d'inférences sur les caractéristiques physiques (couleur, longueur, poids, taille, nez, sexe, ...) que s'il s'agit d'inférer des traits inobservables (comportementaux, relationnels, de personnalité, ...) comme la sympathie, la beauté, l'honnêteté, la compatibilité ave un partenaire, le côté plaisant ou déplaisant.

D'autres études affinent cette dichotomie en traits physiques — traits comportementaux. Bower et Karlin (75) indiquent que les visages jugés sur base de l'honnêteté sont mieux reconnus que les visages jugés quant à la sympathie, ces derniers l'emportant sur les stimuli dont il fallait identifier le sexe; chez les sujets avertis du test ultérieur de reconnaissance, les jugements de sympathie prennent cependant la première place. Winograd (840) montre que les visages dont il fallait examiner le nez ou la coiffure sont moins bien reconnus que les visages pour lesquels l'inférence concernait d'autres traits physiques, des traits de personnalité, ou la profession; en outre, les visages considérés comme anxieux sont plus mal reconnus que ceux considérés comme appartenant à des acteurs. Les effets de contexte mis en évidence par Winograd et Rivers-Bulkeley (842) interagissent avec les inférences à l'encodage: si le contexte est nouveau, les visages évalués quant à leur compatibilité conjugale avec l'autre personne de la paire sont mieux reconnus que s'ils ont été jugés quant à leur sympathie; de même, le déficit de reconnaissance lorsque le contexte est nouveau n'est dû qu'aux visages évalués quant à leur sympathie. Dans l'étude de Mueller *et al.* (591), les visages évalués pour certains traits physiques sont moins bien reconnus que les visages évalués pour des traits de personnalité, ces derniers ne différant pas des stimuli pour lesquels le sujet a dû évaluer globalement l'aspect général (supposé) du corps. Courtois et Mueller (179) observent que la reconnaissance est la meilleure si les visages ont été évalués par référence au sujet lui-même ou à propos de traits abstraits, et la moins bonne s'il s'agissait d'évaluer un trait physique; une reconnaissance intermédiaire est le fait des visages évalués pour plusieurs traits physiques.

L'étude de Burwen et Campbell (127) porte sur la réaction des sujets à des stimuli présentés comme des autorités : le signal présente différentes valeurs, en particulier des photos de visages, et les auteurs notent d'importantes divergences en fonction du mode de présentation des figures.

II. La perception et la reconnaissance du visage : bilan provisoire

Introduction

Il ressort principalement de la partie précédente que les données recueillies jusqu'à ce jour sont extrêmement nombreuses et que les processus sous-jacents au traitement du visage dépendent d'un grand nombre de variables. Celles-ci relèvent tout autant du sujet que des tâches ou procédures ou encore des visages employés comme stimuli. Nous n'allons pas tenter une synthèse de ces faits : leur nombre est trop élevé, la plupart des paramètres considérés exercent un effet pour le moins ambigu ou équivoque et la recherche en psychologie ne dispose pas, à ce jour, de modèle théorique suffisamment élaboré. Nous allons plutôt survoler d'une manière qui semblera peut-être dispersée, les principales problématiques contemporaines.

1. Compétences et limites du système

Les observations de la vie quotidienne, confirmées par diverses données expérimentales, attestent d'une étonnante aptitude de l'organisme humain : nous sommes capables de discriminer des milliers de visages, nous en reconnaissons plusieurs centaines (y compris après de très longs délais et malgré certaines transformations « naturelles » des parties, l'orientation, le vieillissement, les modifications de coiffure, le port d'ornements pileux, etc.) et nous pouvons en identifier verbalement un nombre encore considérable. Cette capacité est d'autant plus remarquable que les visages présentent une importante diversité (dans une gamme de variations somme toute assez réduite); cette diversité provient à la fois de la complexité structurale de l'objet[21], de sa mobilité et de l'importante variabilité intra-individuelle. C'est sans doute, au plan fonctionnel, pour des raisons de type « écologique » que l'opérateur humain a développé un système perceptif et mnésique tellement performant. Le visage humain dispose en effet, parmi l'ensemble des objets visuels qui nous entourent, d'une importance particulière liée à deux aspects : il est d'une part un des paramètres (peut-être le plus important) fondamentaux assurant l'identification d'autrui ; il est par ailleurs le plus important vecteur de la communication verbale et non verbale. Notons néanmoins que la compétence du système présente des variations ou limitations ; c'était en quelque sorte l'objet de la section précédente. Ces variations ou limitations peuvent d'abord être imputées au stimulus lui-même : pour ne citer que des données suffisamment établies, rappelons par exemple « l'effet de race » ou celui de certaines transformations non naturelles comme l'inversion. Ces variations et limitations sont également observables chez le sujet qui perçoit : pour ne citer à nouveau que des paramètres relativement bien étudiés, on mentionnera le sexe et l'âge. Ces classes de paramètres sont d'ailleurs vraisemblablement à considérer sous la forme d'interactions élaborées ; parmi les plus simples, nous pensons à l'interaction de la « race » du stimulus avec celle du sujet, du sexe de l'un et de l'autre, du sexe du sujet avec les différences cognitives (médiation verbale, etc.), ...

Mais que se passe-t-il au cours du processus de perception et/ou reconnaissance des visages ? Les propriétés remarquables du système que nous venons d'évoquer doivent être ajoutées au fait que le visage humain représente, par rapport aux objets perceptifs habituellement utilisés au laboratoire, un stimulus naturel et significatif pour le sujet qui perçoit ; cette convergence de particularités (sans doute non indépendantes) explique vraisemblablement le nombre de travaux consacrés à cette problématique. Et pourtant, bien peu de choses paraissent claires : les nombreuses recherches expérimentales ne conduisent pas actuellement à une connaissance satisfaisante des processus et on devra se contenter de souligner les principales interrogations théoriques du moment. Ce sont peut-être, justement, ces caractéristiques particulièrement « naturelles » et « quotidiennes » de l'objet sous analyse qui, de par leurs implications dans la vie de tous les jours, exercent en retour un effet néfaste sur le progrès théorique et l'expérimentation. On peut en outre se demander, avec Goldstein et Chance (357), si les mesures effectuées au cours des expériences sont suffisamment informatives : ces auteurs considèrent qu'on devrait prendre davantage en compte des indices de réponse comme les vitesses de réaction, les manifestations végétatives (rythme cardiaque, etc.), les mouvements oculaires ; de plus ils estiment — et quelques travaux progressent dans cette direction — qu'il faudrait mener des études plus sérieuses sur la nature des erreurs commises dans les épreuves de reconnaissance.

2. Reconnaissance

Lorsqu'on se trouve en présence d'un visage, il n'est pas très hasardeux de supposer que le processus consiste tout d'abord à classer cet objet dans la catégorie des visages humains, puis à prendre une décision sur le fait de savoir s'il est connu ou nouveau (99, 117, 250). Ceci suppose une extraction d'informations à partir de cet objet, et il semble bien que cette opération soit très rapide, compte tenu surtout du nombre impressionnant de visages que nous avons en mémoire. Cette rapidité tient peut-être au fait que le visage, lors de sa perception initiale (actuelle s'il est nouveau, antérieure s'il est connu), est perçu et traité avec toute une série de données fournies par le contexte. Ces informations additives, verbales et non verbales, peuvent concerner la situation même de notre rencontre avec ce partenaire, le nom de celui-ci, sa profession, le type de relation qui s'installe, les circonstances, etc. Il est d'ailleurs intéressant de noter que la reconnaissance est d'autant meilleure que la durée d'exposition initiale aura été longue : ceci pourrait s'expliquer par le fait que le temps disponible a permis la mise en mémoire de ces informations annexes contextuelles. On peut ainsi penser que sont stockées en parallèle les informations concernant le visage lui-même et les données contextuelles, la reconnaissance des unes facilitant celle des autres.

Ces données contextuelles ne sont cependant pas toujours accessibles, en particulier dans les conditions de laboratoire. Dans ce cas, seul le visage est perceptible et on a de bonnes raisons de penser que la mise en mémoire est essentiellement de nature visuelle, le codage verbal étant peu utile à la mémorisation. On pourrait d'ailleurs expliquer autrement — et plus simplement ? — l'effet de la durée d'exposition : lorsque le temps le permet, le sujet a tout le loisir d'analyser les différents constituants du stimulus. On peut imaginer de surcroît différents niveaux de profondeur du traitement effectué : on a en effet montré que la rétention est améliorée lorsque le sujet est amené à poser des jugements de valeur à propos des visages perçus (et non lorsqu'il doit émettre verbalement une appréciation à propos de telle ou telle caractéristique du visage examiné).

Quoi qu'il en soit, on pourrait concevoir que nous prenons la décision de considérer tel visage comme « nouveau » (jamais vu) ou « déjà connu », ou encore comme familier ou non, à partir de notre possibilité ou non d'accomplir une partie au moins des traitements de manière verbale. En effet, sauf exception, on peut considérer que le visage non familier ne peut recevoir qu'une analyse strictement visuelle, alors que le visage familier (auquel, dans la vie quotidienne, on a été exposé à plusieurs reprises ou que l'on a pu voir sous diverses orientations ou avec des contextes différents) bénéficie simultanément d'une analyse visuelle et d'un processus verbal. La mémoire des visages présenterait donc quelque analogie, toute proportion gardée, avec la mémoire sémantique. Une telle interprétation recevra quelque support des données neuropsychologiques (voir le chapitre 6): alors que le visage nouveau est traité par l'hémisphère droit («spécialisé» dans les analyses visuo-spatiales), le visage familier est mieux traité par l'hémisphère gauche («spécialisé» dans les interprétations de nature verbale); de même, il existe un syndrome clinique particulier dans lequel le patient ne reconnaît plus les visages familiers («prosopagnosie») et qui semble, à la différence des autres troubles neuropsychologiques limités, résulter de lésions bilatérales des hémisphères cérébraux. Bruce (94) montre d'ailleurs que la reconnaissance de visages diminue à mesure que l'on y accroît le nombre de modifications (orientation, expression, ...) mais uniquement lorsqu'il s'agit de visages non familiers.

3. Perception

a) Mécanismes

Mais l'ensemble des réflexions qui précèdent nous conduit à un autre débat, celui de savoir comment se réalise l'analyse visuelle du visage actuellement perçu. Pour bon nombre d'auteurs, la perception du visage se déroule d'une manière «globaliste» ou «paralléliste», c'est-à-dire au moyen d'une appréhension simultanée de l'ensemble des éléments du visage et de leurs lois de composition. Cette opinion provient tout d'abord de la liaison privilégiée entre le fonctionnement de l'hémisphère droit (qui traite les stimuli de cette manière «simultanée», *cfr.* le chapitre 6) et la perception des visages, elle découle ensuite de la vitesse élevée avec laquelle se déroule le processus, elle dérive enfin de données développementales (sur lesquelles nous allons revenir). Mais la controverse est ouverte sur la question de savoir si le processus est exclusivement globaliste ou si on doit admettre une sorte de conjonction entre ce type de traitement et la procédure «analytique» ou «par détail». Ce second mode de traitement (davantage assuré par le cerveau gauche; *cfr.* chapitre 6) signifie, en termes généraux, une appréhension successive ou séquentielle, détail après détail, du stimulus. Il semble bien (82, 126, 551, 755, 797, 852) que le processus soit principalement globaliste-paralléliste dans les conditions perceptives de la vie quotidienne, et que le processus analytique-sériel acquière une importance croissante avec la difficulté de la tâche, ce qui est souvent le cas dans les conditions d'expérimentation en laboratoire (on doit bien reconnaître, avec Ellis (250), que les paradigmes expérimentaux et le mode de construction des stimuli en laboratoire favorisent ou incitent à l'approche et à l'interprétation analytique-sérielle). Les conditions quotidiennes et quelques données publiées conduisent d'ailleurs à indiquer que le sujet extrait habituellement une «impression générale globale» d'un visage, mais ne peut y parvenir si le visage est présenté à l'envers ou en négatif; dans ce dernier cas, la seule possibilité qui demeure est de tenter de repérer un détail caractéristique qui permette la reconnaissance ultérieure. On a des raisons de penser, tout d'abord, que la perception du visage s'effectue au moyen de plusieurs processus perceptifs qui se déroulent en parallèle, chacun d'eux obéissant cependant à un schéma successif analytique et ayant une capacité limitée. En second lieu, il est vraisemblable que le processus dans son ensemble soit davantage auto-interrupteur qu'exhaustif: en d'autres termes, il y est mis fin dès qu'une décision (de reconnaissance, par exemple) peut être prise. Par ailleurs, dans le cas expérimental particulier de comparaison de visages, il semble que le processus soit exhaustif lorsqu'il s'agit de décider que les visages sont identiques: on conçoit en effet aisément qu'un jugement de différence puisse être posé dès qu'une différence est perçue entre les visages (auto-interruption) mais que seule l'analyse exhaustive autorise un jugement d'identité.

Quant aux éléments sériels du modèle, ils ne semblent pas obéir aux règles du hasard. Nous avons vu en effet que les différentes parties du visage n'avaient pas la même importance. Ces variations d'importance procèdent de diverses explications possibles: leur position structurale dans le visage, leur valeur informative, leur importance communicationnelle, leurs possibilités de mouvement, leur couleur ou brillance; de plus, elles doivent sans doute être corrélées à la fois à la discriminabilité qui varie selon les traits faciaux considérés et aux limites de capacité des processus sériels que nous avons évoquées. Il semble bien que se produisent *en parallèle* des mécanismes *sériels* qui «balayent» le visage du haut vers le bas. Il est d'ailleurs significatif que les traits jugés importants sont, selon les travaux, soit les cheveux et la forme générale du visage, soit les yeux puis les pièces mobiles qui informent de l'état émotionnel du personnage perçu: on peut imaginer que le regard du sujet se porte sur les régions centrales supérieures (yeux) puis descend vers la bouche, le contour général et la chevelure (qui occupent un espace plus important) étant appréhendés parallèlement en vision périphérique. Notons enfin que si les travaux conduisent à penser que les différentes régions faciales émettent des informations qui sont cumulatives jusqu'à la prise de décision (81, 293, 551, 798), d'autres études indiquent des effets de neutralisation d'un trait par un autre (560). Les études des mouvements oculaires du sujet qui perçoit, encore trop rares aujourd'hui (nous les avons indiquées dans la section précédente), devraient dans un proche avenir apporter des données utiles à cette problématique.

b) Ontogenèse

Les études développementales ont apporté récement quelque lumière dans ce débat (voir 140, 141). Nous avons noté que le processus de perception du visage connaît un développement ontogénétique, qui commence très tôt après la naissance et s'affine tout au long de l'enfance. Sur base de leur étude présentée plus haut (142, exp. 1) puis d'autres (144, exp. 1; voir également 288, 513), Carey et ses collaborateurs suggèrent qu'avant l'âge de 10 ans le sujet utilise principalement des détails isolés du visage pour le percevoir et/ou le reconnaître, tandis que le sujet plus âgé, comme l'adulte, fait davantage usage de la configuration générale du stimulus. En vue de tester cette proposition, les auteurs ont imaginé puis appliqué un schéma expérimental astucieux, qui est résumé au tableau 1. Les expériences ont été soumises à divers groupes d'âges entre 6 ans et l'âge adulte et les épreuves ont fait l'objet de diverses variantes (modèles visible ou caché par exemple; 142, exp. 2; 218). Sans entrer dans le détail, retenons que pour ces auteurs les résultats tendent à supporter l'hypothèse: les plus jeunes identifient mal les visages parce qu'ils sont « piégés » par des détails comme les accessoires (chapeau, bijoux, ...). Notons cependant que l'élégance de ce paradigme expérimental n'est pas encore suffisante à masquer quelque faiblesse et mériterait une amélioration; prenons au hasard le problème *a* du tableau 1: dans la logique des auteurs, la survenue d'une erreur est nécessairement imputable à une décision basée sur l'accessoire, mais on pourrait alternativement concevoir que le sujet a émis un choix basé sur les visages proprement dits, mais a jugé différents des visages identiques ou identiques des visages différents. En réalité, seules les réponses correctes aux problèmes *a* et *c* nous semblent interprétables d'une manière univoque.

Quoi qu'il en soit, un certain nombre d'arguments existent (aux études précédentes, on peut ajouter 144, exp. 2 et 3) qui indiquent une performance en amélioration progressive jusque vers 10 ans, un

Tableau 1. *Logique des expériences de Carey et collaborateurs. Le sujet doit choisir, parmi deux visages A et B, celui qui est identique au modèle A. Ces visages émettent une expression E 1 ou E 2 et portent un accessoire P 1 ou P 2. En variant ces combinaisons, quatre types de problèmes sont proposés, en vue de pouvoir décider si un sujet choisit en fonction du visage lui-même, de l'expression ou de l'accessoire.*

	Modèle	Alternatives proposées							
		Problème a		Problème b		Problème c		Problème d	
		A	B	A	B	A	B	A	B
Visage	A	A	B	A	B	A	B	A	B
Expression	E 1	E 1	E 1	E 1	E 2	E 2	E 1	E 2	E 1
Accessoire	P 1	P 2	P 1	P 2	P 1	P 1	P 1	P 1	P 2
Choix basés sur :									
1. l'expression :		impossible		correct (A)		échec (B)		correct (A)	
2. l'accessoire :		échec (B)		correct (A)		impossible		correct (A)	
3. le visage :		correct (A)		correct (A)		correct (A)		correct (A)	

processus stable ou qui se détériore entre 10 et 14-15 ans, puis une reprise de l'évolution et l'acquisition du niveau des adultes. Par ailleurs, une évolution de ce type a été retrouvée à propos de stimuli auditifs complexes et identificateurs d'autrui comme la voix (540). Enfin, comme nous le verrons au chapitre 6, il semble bien que cette stratégie des jeunes enfants se retrouve chez des adultes lorsque ceux-ci, à la suite de lésions cérébrales, présentent des troubles de perception et/ou reconnaissance des visages.

Au total donc, si les mécanismes de traitement apparaissent très tôt dans le développement, il semble bien que ce soit sous une forme inadéquate (analytique, par détail) et que la période intermédiaire autour de 12 ans consiste précisément en un changement de stratégie et l'acquisition de la stratégie globaliste des adultes. La survenue d'une pathologie conduira alors le sujet à retourner à ce mode antérieur inadéquat de traitement. C'est un peu comme si, par suite de la pression socioculturelle et l'installation de stratégies analytiques dans la vie quotidienne (apprentissage du langage, scolarisation, ...), l'enfant généralisait et appliquait ce mode de traitement à des objets pour lesquels il n'est pas indiqué. Il est enfin important d'observer que ces différences entre jeunes enfants et adultes et l'aspect non monotone du développement ontogénétique s'appliquent à la perception de visages nouveaux mais non aux visages familiers.

Notons cependant que l'approche analytique peut présenter des avantages dans certaines situations; nous en avons vu des illustrations et d'autres viendront au chapitre 6. Ainsi, elle peut s'avérer utile lorsqu'il s'agit de visages connus, familiers ou présentés sous une forme qui n'est pas celle de la vie quotidienne (à l'envers, en négatif, flous, d'un autre groupe ethnique, etc.). On observe d'ailleurs que dans ces cas particuliers les jeunes enfants présentent des performances assez comparables à celles des adultes. De plus, cette atténuation des différences entre jeunes enfants et adultes provient non pas d'un «nivellement par le bas» qui réduirait tellement les scores de tous les sujets que les écarts disparaîtraient: en réalité les adultes sont mis en difficulté par les présentations anormales, alors que les jeunes enfants n'en sont pas très affectés.

c) Schémas et prototypes

Ceci a conduit Goldstein et Chance (356, 357) à proposer l'hypothèse suivante. Au cours du développement, le sujet est de plus en plus exposé à des visages humains à partir desquels s'élabore une représentation mentale typique du visage, le «schéma facial». Toutefois, un sujet donné rencontre généralement des visages assez limités dans leur variabilité (souvent les mêmes personnes, souvent du même groupe ethnique, ...) et dans une orientation constante (toujours à l'endroit, nets sur le plan perceptif, ...). Par conséquent, ce schéma facial devient une structure de plus en plus rigide, de moins en moins capable d'intégrer des visages qui s'en écartent par trop. On peut alors imaginer que l'enfant n'a pas encore élaboré cette structure rigide et que les visages «inhabituels» ne présentent pas de difficultés particulières, difficultés qui se produisent par contre chez l'adulte (voir 756). La question est néanmoins ouverte de savoir s'il est exact qu'on élabore mentalement une sorte de prototype du visage humain et, en cas d'affirmative, de connaître la manière par laquelle cette représentation se construit. Reed (662) examine diverses possibilités d'élaboration d'une telle image mentale, à partir d'épreuves perceptives de catégorisation de visages dont les parties constituantes sont une variable contrôlée. L'auteur considère que les résultats obtenus sont en faveur du modèle dit «du prototype à traits pondérés»: les sujets recourent à une stratégie qui consiste à construire une image abstraite typique de chaque catégorie de visages, puis à décider si tel visage fait partie ou non de telle catégorie par sa similarité (distance) avec le prototype, en recourant aux parties du visage qui distinguent le plus ce prototype des autres.

4. *Spécificité*

Une autre question majeure — envisagée dans la partie précédente du chapitre et qui reviendra au chapitre 6 — qui s'adresse aux chercheurs étudiant la perception et/ou la reconnaissance des visages, est celle de la spécificité des mécanismes. La problématique est de savoir si les mécanismes de traitement sont tout à fait particuliers aux visages humains ou s'ils sont communs au traitement de tout objet (visuel) complexe difficile à coder verbalement. Force est de constater que la question n'est pas résolue à ce jour, y compris lorsqu'on insère dans le débat les données offertes par la neuropsychologie (chapitre 6). D'une part, nous l'avons indiqué, les capacités de discrimination, mémorisation, reconnaissance et identification de visages humains sont particulièrement remarquables chez le sujet humain; ce fait a conduit les auteurs à penser qu'il devait donc y avoir des mécanismes de traitement propres au visage humain. Nous avons d'autre part noté à diverses reprises la difficulté de perception et/ou reconnaissance entraînée par la présentation inhabituelle du stimulus. Ce constat étant davantage patent lorsqu'il s'agit de visages, des auteurs comme Yin (851 à 854) vont y voir l'indice d'une spécificité:

celle-ci proviendrait de la propriété de mono-orientation du visage (on ne voit jamais les visages qu'à l'endroit). Au cours d'un travail expérimental Yin notait, à titre d'argument pour cette hypothèse, que les déclarations des sujets quant à leurs stratégies perceptives mettaient en évidence deux formes d'appréhension des visages : former une impression globale à partir de la physionomie générale du visage, ou chercher un détail significatif qui permette la reconnaissance (nous retrouvons ici les stratégies globaliste et analytique); or, si les sujets recourent essentiellement à la première procédure, celle-ci est tout à fait inefficace lorsque les visages sont présentés à l'envers. Dans cette ligne de réflexion, Phillips et Rawles (631) suggèrent que pour les visages inversés les sujets opèrent la rotation mentale de détails et mémorisent ensuite des détails inversés et non pas des visages proprement dits. L'effet défavorable de la présentation de visages en négatif a été interprété de la même manière : le visage normal est l'occasion du recueil d'une impression globale physionomique, processus rendu impossible par la présentation en négatif (disparition de l'expression). Ainsi, en quelque sorte, le sujet adulte procède avec les visages « anormaux » comme le jeune enfant procède avec tous les visages.

Cette vue des choses a reçu néanmoins d'importantes critiques pour des raisons méthodologiques sur lesquelles nous reviendrons dans un instant, et des arguments de natures diverses (voir entre autres 249, 250, 357, 397). En premier lieu, Ellis considère que les données disponibles à ce jour ne permettent pas d'affirmer, d'une manière suffisamment univoque, que ces mécanismes de traitement des visages diffèrent par nature de ceux qui sont à l'œuvre pour les autres stimuli visuels complexes. En deuxième lieu, Goldstein et Chance indiquent que ce n'est pas PARCE QUE les transformations (par exemple, l'inversion) affectent plus la reconnaissance des visages que celle des autres stimuli que la spécificité est PROUVEE. Pour les auteurs, il faudrait d'abord être certain — et tel n'est pas le cas — que les visages présentés sont parfaitement comparables aux objets alternatifs en ce qui concerne leur signification, valeur relationnelle, familiarité, quantité d'expositions, etc. Si toutefois la spécificité était établie un jour, on pourrait alors envisager d'en rendre compte par l'élaboration du « schéma facial » décrit plus haut. En troisième et dernier lieu, notons que Hay et Young (397) considèrent que cette question de la spécificité est à ce jour mal posée et qu'elle devrait être dissociée en deux sous-questions. La première est celle de l'unicité et consiste à examiner si les visages sont l'objet de processus propres (uniques), différant dans leur nature même de ceux qui concernent les autres stimuli; les auteurs tendent à penser que non. La seconde est celle de la spécificité et consiste à rechercher si les processus (uniques ou non) de traitement des visages sont organisés en un système cognitif isolé, particulier (spécifique) aux visages; les auteurs pensent que oui.

Il est vrai que la question de la reconnaissance propre (spécifique) du visage humain est des plus délicates sur le plan méthodologique. La difficulté est de pouvoir clairement dissocier (voir 397) la reconnaissance «du stimulus» de celle «du visage» proprement dit: les cibles faciales présentent en effet des propriétés picturales en tant que stimulus, ainsi que des caractéristiques structurales qui autorisent l'identification — reconnaissance de tel visage particulier (voir 94). Ces propriétés structurales sont donc bien celles sur lesquelles porte la reconnaissance, si cette dernière dispose de caractéristiques propres aux visages. Ceci entraîne pour corollaire qu'au moment perceptif de la prise d'information, l'encodage «pictural» doit être doublé d'un encodage «structural» au cours duquel sont appréhendées les propriétés individuelles, résistantes au changement. A cet égard, les expériences les plus pertinentes sont probablement celles au cours desquelles les visages à reconnaître sont, comme dans la vie quotidienne, légèrement différents du visage examiné préalablement. On pense particulièrement aux études où ces visages diffèrent par l'orientation de profil (94, 196, 623, 766, 819), aux recherches développementales du groupe de Carey dans lesquelles la modification porte sur les accessoires et/ou les expressions, ou encore aux études dans lesquelles l'expression faciale est modifiée (voir la revue de Patterson: 621). Ces variations paraissent écologiquement plus en rapport avec la vie quotidienne que celles, pathologiques (!), dans lesquelles on présente des visages à l'envers, en négatif, masqués ou flous.

Cet encodage structural nécessiterait plus de temps et lui seul bénéficierait d'une exposition plus longue ou répétée, puisque seuls les visages familiers sont mieux reconnus lorsque l'encodage fut plus long, répété ou profond. Toutefois, ceci entraîne que ces stimuli sont encodés en outre par des codes additifs (sémantiques, par exemple), les effets de ces codes additifs et du codage structural devenant alors difficiles à dissocier.

Conclusion

Nous devons donc clôturer cette première partie du chapitre sur une impression très mitigée: d'un côté, le nombre de recherches sur la perception du visage prend, en psychologie, une ampleur considérable et c'est heureux; de l'autre, les clarifications théoriques à réaliser demeurent bien plus nombreuses que les hypothèses vérifiées. Observons d'abord que beaucoup de questions parfaitement élémentaires (du genre: combien de visages différents est-on capable de mémoriser? pendant combien de temps sommes-nous capable de les retenir?, ...) n'ont pas encore été posées d'une manière expérimentale. Deuxièmement, il est une caractéristique importante du visage qui, pour des raisons techniques et de procédure, est évacuée de toutes ces études: la mobilité et la variabilité instantanée intra-individuelle. Troisièmement, nous l'avons vu, la confrontation du visage aux autres stimuli implique préalablement de pouvoir ajuster (ou contrôler) les objets quant à leur complexité, leur valeur sociorelationnelle et leur aspect «naturel». Enfin, l'abondance des recherches a bien davantage soulevé de nouvelles incertitudes que validé des connaissances. Mais ce n'est sans doute pas propre à cette thématique, ni même à cette discipline scientifique...

III. La perception de soi

Cette question quelque peu marginale pour notre propos ne sera que rapidement évoquée ici; on se limitera à quelques travaux. La plupart des études consacrées à ce sujet concernent l'enfant et l'animal (pour ce dernier, *cfr* V *infra*). Nous réserverons en outre pour la suite (IV, 1 et 3; chap. 6, II, 4) les données concernant la reconnaissance de soi dans les situations pathologiques, qu'il s'agisse des lésions cérébrales, des états démentiels, de l'autisme infantile, de l'arriération, de la psychiatrie générale ou du signe du miroir chez les psychotiques [22].

L'adulte normal se reconnaît habituellement sans problème dans le miroir. Michel (570) observe néanmoins une hésitation importante si le sujet voit brusquement sa propre image en circuit fermé de télévision, alors qu'il est occupé à identifier des personnes célèbres présentées sur l'écran. Par ailleurs, nous avons vu que Beardsworth et Buckner (32) notaient une meilleure reconnaissance de soi que des autres lorsque le stimulus est constitué du mouvement des articulations de la personne en déplacement, et l'effet de la dépendance du champ à ce niveau.

Les études développementales indiquent cependant que cette auto-reconnaissance est un processus qui requiert une élaboration progressive relativement longue. Dans une revue théorique, Wallon (822) rappelle des arguments selon lesquels la reconnaissance de soi dans le miroir ne semble s'installer au plus tôt qu'à l'âge de 2 ans; pour l'auteur, cette autoreconnaissance *via* la reconnaissance d'autrui dans le miroir est en outre intimement liée à la connaissance kinesthésique de soi avec laquelle elle participe à la construction du schéma corporel. Zazzo (859 à 862), à son tour, met l'accent sur le «détour par autrui» dans le processus de reconnaissance de soi dans le miroir: sans réaction au départ, l'enfant regarde surtout l'image d'autrui, son regard alterne ensuite entre autrui et l'image d'autrui, il se regarde ensuite et est effrayé, il se reconnaît enfin. L'enfant reconnaît d'ailleurs autrui avant soi-même, que ce soit dans le miroir, sur des photographies ou sur un film; autrui et soi-même sont reconnus dans le miroir avant d'être reconnus sur des photos ou un film, et la reconnaissance de soi dans le miroir coïncide avec le début de l'usage de son propre prénom, tandis que la reconnaissance de soi sur les photos ou le film coïncide avec l'usage des pronoms «moi» et «tu». Amsterdam (16) observe, chez des enfants de 3 à 24 mois, une évolution du comportement devant le miroir: à chaque âge correspond un type de comportement plus fréquent que les autres et l'évolution va de conduites simplement sociales, puis d'intérêt, au comportement de reconnaissance (3-11 mois: simple observation des mouvements; 6-11 mois: jeux sociaux; 12-14 mois: recherche de l'image; 12-24 mois: évitement; 18-24 mois: admiration ou embarras; 21-24 mois: reconnaissance de soi). Brunet et Lezine (96) notent qu'à deux mois le bébé sourit à autrui et se regarde dans le miroir sans sourire, à quatre mois il sourit à son image et vers 9-12 mois il joue avec son image; les auteurs indiquent que lorsque l'enfant connaît le pronom personnel, il continue à dénommer par son prénom l'image du miroir.

Boulanger-Balleyguier étudie de manière longitudinale une trentaine d'enfants; les variables considérées sont la position couchée ou assise de l'enfant et les stimuli visibles dans le miroir: enfant seul, enfant et un tiers (un familier ou l'observateur), enfant et des objets (image d'une poupée, poupée en mouvement, jouet en mouvement). Une première publication (71) présente, après une intéressante revue des études antérieures, les observations concernant les 6 premiers mois de la vie. Il y apparaît que l'enfant limite souvent son exploration à un seul élément et que l'alternance entre plusieurs images simultanées n'a lieu que durant les 2 derniers mois; ce n'est que vers 6 mois que se produit le comportement de retournement de l'enfant de l'image vers le stimulus réel. Cependant, dès l'âge de 1 mois, l'enfant semble réagir à sa propre image (même si rien n'indique qu'il reconnaît le visage comme étant le sien); cette observation est étonnante si on considère les travaux antérieurs, mais l'auteur souligne que l'absence de réaction à son image (notée par les autres auteurs) indique en fait précisément une discrimination entre l'image de soi et celle d'autrui. Les observations concernant la période de 6 mois à 2 ans sont rapportées dans une étude ultérieure (72). On note d'abord (6-9 mois) une consolidation de ce comportement d'alternance entre les images et de retournement sur l'objet réel, et une exploration visuelle de l'image de soi; celle-ci s'enrichit ensuite (9-12 mois) de comparaisons tactiles entre son corps et l'image, des mouvements sont produits avec observation de l'effet dans le miroir ainsi que des comportements d'exploration du dos du miroir; dans la période suivante (début de la 2e année), l'enfant émet de plus en plus de mouvements, grimaces et manipulations de soi en se regardant dans le miroir et (vers 15 mois) les comportements de type social disparaissent; ultérieurement (seconde moitié de la 2e année), l'enfant marque nettement une différence entre son image et celle d'autrui et l'utilisation du langage indique qu'il devient capable de se désigner dans le miroir; au terme de la seconde année, il devient capable d'autoreconnaissance dans le miroir.

Conclusions

Nous disposons d'un certain nombre d'éléments quant au comportement devant le miroir :
a) l'émergence de conduites de reconnaissance de soi ne se produit qu'après une période d'apprentissage relativement importante;
b) elle est en outre — et peut-être de ce fait — fragile : la reconnaissance de soi s'avère sensible aux situations pathologiques (voir *infra* : arriération, démence, psychiatrie, lésions cérébrales);
c) le processus de reconnaissance de soi nécessite comme étape intermédiaire le passage par les conduites sociales devant le miroir : l'image est d'abord perçue comme celle d'un partenaire.

IV. Diverses pathologies de la reconnaissance du visage

On voudrait évoquer ici quelques observations qui concernent la reconnaissance du visage dans un certain nombre de domaines de la pathologie comportementale. Nous ne considérons pas ici les troubles directement liés à une lésion cérébrale délimitée (voir chapitre 6).

1. Troubles instrumentaux et psychiatrie infantile

Mentionnons préalablement l'étude de Marcel et Rajan (542) qui examine l'asymétrie hémisphérique d'enfants présentant des déficiences de lecture; ce travail sera décrit plus loin (chapitre 6, III).

Certains travaux étudient la perception du visage chez des enfants autistes. Ces études entrent dans la problématique générale de l'autisme comme déficience des relations interpersonnelles sur une base affective. Relevons deux études récentes, à titre d'exemple. Langdell (491) soumet des enfants normaux, autistes et arriérés à une reconnaissance de visages familiers dont une partie seulement est visible. Il apparaît que les non-autistes sont aidés par la vision des parties supérieures du visage, les jeunes autistes par les parties inférieures, tandis que les autistes plus âgés ne présentent pas d'attirance pour une zone faciale particulière. Neuman et Hill (601) observent, chez des autistes, un comportement de reconnaissance de soi, qu'il s'agisse d'une situation de miroir ou d'un circuit fermé de télévision; ils s'opposent ainsi à la notion qui veut que l'autiste présente une déficience dans la reconnaissance de soi.

D'autre part, Shentoub *et al.* (738) et Soulairac *et al.* (758) ont observé des comportements de type «social» sans indice de reconnaissance de soi chez des enfants arriérés placés devant le miroir.

2. Psychiatrie de l'adulte: le syndrome de Capgras

Ce syndrome est étudié en psychiatrie depuis le cas de Capgras et Reboul-Lachaux (137) dans lequel le patient a la vive conviction que la personne familière qu'il rencontre n'est qu'une «imitation» presque parfaite de la véritable personne pour laquelle elle se fait passer. Dans cette «illusion de sosie» (137), que Levy-Valensi (516) proposera d'appeler «syndrome de Capgras», le patient — généralement psychotique schizophrène — «découvre» de subtiles différences morphologiques entre la personne réelle et son double. Brochado (88) et Nilsson et Perris (606) rappellent que dès 1913 Bessière décrivait dans sa thèse («*Paranoïa et psychose périodique*») un cas très similaire; le premier cité retrouve même chez Magnan, en 1893 («*Leçons cliniques*»), un cas probable d'illusion des sosies.

Depuis ce premier cas «officiel», un nombre relativement élevé de publications a décrit cette symptomatologie[23]. A ces descriptions cliniques détaillées, s'ajoutent très tôt des publications (52, 74, 216, 264, 516, 566, 791, 809, 810) qui tentent une synthèse des observations. Quelques travaux sont en outre essentiellement consacrés à la question de l'interprétation des troubles : à la plupart des auteurs déjà cités, on ajoutera Davidson (190) ainsi que Cargnello et Della Beffa (145).

Sur le plan clinique, ce syndrome rare s'inscrit dans le cadre plus général de ce que Vie (810) appelle les méconnaissances systématiques ; une classe de ces dernières regroupe les « méconnaissances d'éléments de l'entourage » qui, à côté de la méconnaissance d'événements ou de lieux, comprennent les illusions de sosies. Ces dernières, à leur tour, peuvent être subdivisées (809) en « sosies négatifs » où le patient prétend trouver entre deux personnages des différences (qui n'existent pas puisqu'il n'y a qu'un personnage) et pratique donc un refus d'identité, et en « sosies positifs » où le patient affirme au contraire des similitudes et la conviction que diverses personnes n'en font qu'une. Les sosies négatifs sont les plus fréquents et désignent le syndrome de Capgras. Quant aux sosies positifs, encore appelés hyperidentifications (161), ils comprennent le syndrome de Frégoli (177) où le sujet considère que deux individus ne sont qu'une même personne, et le syndrome d'intermétamorphose (178) où le sujet considère que plusieurs personnes se transforment les unes en les autres, en chaîne (A devient B, B devient C, C devient A).

Les interprétations ont été la plupart du temps produites dans le contexte théorique de l'approche psychiatrique classique ou psychodynamique, voire psychanalytique. Néanmoins les études de ces dernières années attirent avec de plus en plus d'insistance l'attention sur un éventuel fondement organique du déficit. Mentionnons simplement les études qui rapportent une anomalie chromosomiale sous-jacente (266) ou une perturbation endocrinienne (398, 535, 652) ; nous nous arrêterons davantage aux observations qui indiquent une relation probable — ou certaine — avec une atteinte nerveuse centrale. Déjà Derombies (216), puis Dietrich (219), notent la ressemblance entre le syndrome de Capgras et le sentiment de « déjà vu » qui s'observe dans certaines crises épileptiques dites « temporales » ; d'autre part, Almeida-Prado (15) et Delay *et al.* (209) ont utilisé (avec un bonheur relatif) l'électrochoc pour le traitement de ce syndrome. Cependant, tous les auteurs n'acceptent pas l'hypothèse organiciste et Martimor et Jouannais (546) pratiquent un raisonnement « inversé » (suspicion initiale d'une cause neurologique qui s'avère insuffisante, ce qui amène les auteurs à élaborer une explication psychogénétique), et Enoch (263) un dogmatisme navrant (« we are saying that there is no organic basis to the condition, but rather that it is a functional illness », p. 454). Mais les arguments à disposition sont de plus en plus en faveur d'une interprétation neurologique du trouble [24]. Les auteurs présentent en effet des cas, et/ou réanalysent rétrospectivement un nombre important de cas publiés, où le syndrome est associé à une atteinte, diffuse ou localisée, des hémisphères cérébraux.

3. Autres pathologies

Quelques travaux sont consacrés à la production d'expressions faciales par des sujets aveugles (voir chapitre 4); des sujets déments — au sens neurologique du terme — ont été soumis à des situations de miroir ou de TV en circuit fermé et ces observations seront examinées ultérieurement (chap. 6, II, 4 : 9, 570, 647); enfin, Benton et ses associés (509, 510) ont montré que leur épreuve de perception de visages permettait de distinguer les atteintes neurologiques des troubles psychiatriques (voir chap. 6, II, 4).

Des observations cliniques psychiatriques ont attiré l'attention sur un signe souvent rencontré dans les syndromes psychotiques, en particulier la démence précoce (2, 212) dont il pourrait représenter un symptôme significatif lors de l'installation du trouble : le sujet s'examine extrêmement souvent dans le miroir et va jusqu'à entretenir des conversations avec ce « partenaire ». Le patient présente donc une conduite « seulement sociale », telle qu'on l'a décrite chez les animaux ou les arriérés.

Baruk (28) rapporte par ailleurs le cas d'une patiente qui fut à tort diagnostiquée comme schizophrène et chez qui des séances d'électrochocs provoquèrent un symptôme prosopagnosique.

On mentionnera enfin ces phénomènes hallucinatoires dans lesquels le patient voit sa propre image devant lui (héautoscopie) ou dans lesquels, devant un miroir, le patient ne voit pas son image (859).

V. Etudes chez l'animal

Quelques travaux sur la perception et/ou la reconnaissance faciale ont été conduits chez des animaux. Nous allons clore ce chapitre en présentant succinctement ces études.

1. Perception du visage

Rosenfeld et Van Hoesen (683) montrent que des singes rhésus sont capables d'effectuer adéquatement des comparaisons pairées de faces d'autres rhésus, y compris lorsqu'on modifie l'orientation, la pose, les dimensions, les couleurs ou l'éclairage des visages.

Par ailleurs, nous avons indiqué que le visage humain est asymétrique et que cette propriété transparaît dans les réponses des sujets au cours d'épreuves perceptives. Overman et Doty (*en cours,* cité *in* 227) n'obtiennent pas de différence entre les deux chimères issues d'un visage humain ou d'une face de singe lorsque le sujet testé est un macaque.

Dans une publication plus détaillée, ces auteurs montrent (619):
- qu'il n'y a pas d'asymétrie faciale expressive tant chez l'homme que chez le macaque (il s'agit cependant de visages au repos et la mesure est effectuée au niveau des yeux);
- que chez le macaque comme chez l'homme, la présentation de stimuli inversés réduit fortement l'attention du sujet, à condition qu'il s'agisse de visages;
- que la chimère droite ressemble davantage que la gauche au visage original, uniquement lorsqu'il s'agit de sujets humains examinant des visages humains (pas d'asymétrie lorsque le sujet est un macaque OU lorsqu'il s'agit de visages de macaques).

2. *Reconnaissance de soi dans le miroir*

Boulanger-Balleyguier (73) prolonge ses études conduites chez l'enfant (ci-dessus III) en une comparaison avec le développement des comportements de jeunes chatons devant le miroir. Il apparaît que les premières étapes du développement sont similaires dans les deux cas (désintérêt, puis comportements sociaux, puis recherche derrière le miroir, puis comportement d'auto-observation au cours de la réalisation de gestes), mais que les chatons n'accèdent jamais au comportement de retournement sur autrui ni aux comparaisons entre leur image et leur propre corps.

Il semble d'ailleurs bien que le comportement de reconnaissance de soi dans le miroir, chez l'animal, ne soit mis en évidence que chez les chimpanzés: de nombreuses observations (voir 314, 316) pratiquées chez les poissons, les oiseaux, des mammifères (voir également 73, à propos du chat) et diverses espèces de singes (macaques, rhésus, gibbons, babouins, orang-outans, gorilles, singes-écureuils, chimpanzés) indiquent, chez toutes ces espèces sauf le chimpanzé, que la situation du miroir induit des comportements sociaux (agressifs, sexuels, approche-évitement, vocalisation, etc.) mais non d'auto-reconnaissance; ce dernier comportement n'est mis en évidence que chez le chimpanzé mais, en outre, sous certaines conditions d'élevage et de stimulation (voir également 384, 533). Les études de Gallup sont à cet égard instructives. L'auteur (315) isole socialement 4 chimpanzés pendant 2 jours puis place un miroir dans la cage et observe régulièrement le comportement des sujets pendant 10 jours; les résultats indiquent la production initiale de très nombreux comportements sociaux dont la fréquence diminue progressivement tandis que s'installent et se multiplient les conduites dirigées vers soi avec contrôle via l'image réfléchie. Après 10 jours, on pose sous anesthésie des marques rouges sur le visage, uniquement visibles dans le miroir: les comportements dirigés vers ces stimuli sont absents sans le miroir mais très fréquents lorsqu'on introduit un miroir. Divers contrôles de ces observations témoignent de leur spécificité: deux chimpanzés marqués mais sans période précédente d'exposition au miroir n'émettent pas de telles conduites orientées vers la marque lorsqu'on installe le miroir, quatre macaques et deux rhésus n'émettent toujours pas de conduites dirigées vers soi après 14 jours d'exposition, pas plus que quatre autres macaques après 3 semaines d'exposition. L'auteur indique (316) que d'autres études confirment ces observations, de même que la spécificité de ces comportements chez les chimpanzés. Dans une autre recherche (317), la même procédure est appliquée à six jeunes chimpanzés: trois sont nés au-dehors et sont élevés en groupe, et les trois autres sont nés en captivité et élevés en condition d'isolation. Les observations de 1968 sont parfaitement reproduites chez les trois premiers sujets mais les trois autres n'indiquent pas la décroissance des conduites sociales avec le temps, l'apparition des comportements dirigés vers soi ni du comportement d'exploration de la marque rouge devant le miroir. Dans l'étude de Premack (651), une observation anecdotique mérite d'être signalée. Un des chimpanzés (la célèbre Sarah) avait eu l'occasion de se voir dans un miroir, coiffé d'un chapeau: lorsque le lendemain, un programme de puzzles est proposé, le sujet utilise la bouche du modèle comme chapeau; ce phénomène s'est produit plusieurs fois, le nez ou une pelure de banane étant placés sur la partie supérieure de la tête assemblée. Zazzo (863) étudie la conduite devant le miroir d'enfants humains (y compris des jumeaux monozygotes), de singes (rhésus) et de chiens (bergers allemands): l'auteur met l'accent sur la similitude des conduites des animaux et celles des enfants durant les étapes du développement qui sont, chez les enfants, antérieures à la reconnaissance de soi.

Ces éléments nous permettent de nuancer et compléter quelque peu les conclusions du point III ci-dessus:

a) la conduite de reconnaissance de soi paraît limitée à l'espèce humaine et au chimpanzé ;
b) son émergence est ontogénétiquement tardive chez le singe, comme chez l'homme ;
c) elle est, ici aussi, sensible aux situations « pathologiques » (absence de période de familiarisation, élevage en isolation) ;
d) elle nécessite, comme chez l'homme, une étape intermédiaire (conduites sociales devant le miroir comme s'il s'agissait d'un congénère).

Pour les autres espèces, le processus semble s'arrêter à cette phase préliminaire.

Chapitre 3
A propos des conduites émotionnelles

La notion d'émotion renvoit à un registre considérable des méditations psychologiques, et à un terme des plus usités dans le langage commun concernant le comportement. Il existe un nombre impressionnant de publications à propos des émotions; le présent chapitre ne vise en aucune façon à les présenter, ni même à en exposer une synthèse. Le lecteur intéressé pourra consulter les très nombreux textes consacrés au sujet. On se propose de situer, pour le lecteur non averti, la problématique de l'émotion en vue d'introduire à la suite de l'ouvrage. On reportera en outre à plus tard le cas particulier des expressions faciales émotionnelles (chapitre 4) et des mécanismes neurophysiologiques de l'émotion (chapitre 5).

L'émotion constitue le noyau d'une problématique — portant sur sa nature, sa structure ou sa fonction — aussi ancienne que non résolue. Nous allons situer le propos des chapitres suivants en nous démarquant des conceptions traditionnelles de la psychologie (avec tous les relents philosophico-spéculatifs, en particulier phénoménologiques et psychanalytiques, qui ont pu la perturber) qui constituent un exemple type du raisonnement circulaire pseudo-causal dans lequel la psychologie s'enlise depuis toujours.

L'émotion est une conduite globale de l'organisme. Elle est accompagnée de modifications physiologiques concernant des phénomènes très divers : résistance et température cutanées, motricité des systèmes pileux et digestif, fréquence et amplitude respiratoires, tonus musculaire, activité hormonale, nombre de globules rouges, teneur du sang en lipides et glucides, rythme cardiaque, tension artérielle, EEG. Cependant, aucun profil physiologique propre à une émotion donnée ne peut être identifié; ces variations sont en outre tout autant observées lors des modifications du niveau d'éveil ou d'attention. Ces variations, qui se marquent notamment par l'expression faciale, s'accompagnent enfin souvent d'une expérience consciente et sont soumises à des variables comme l'âge et la culture.

Outre l'existence éventuelle de ce qu'on appelle parfois des « dispositions », les situations qui provoquent la conduite émotionnelle appartiennent généralement à des catégories comme la difficulté, la nouveauté, la surprise ou l'excès de motivation. C'est dire que l'émotion surgit au moment, souvent imprévu, où les exigences de la situation dépassent les possibilités du sujet : il s'agit d'un désordre de la conduite, dans la mesure où la conduite émotionnelle représente ce que fait le sujet lorsqu'il ne dispose pas, dans son répertoire comportemental habituel, du comportement adapté à la situation. Mais c'est un désordre ordonné : conduite relativement grossière dans sa structure, elle a des conséquences bénéfiques pour le sujet (en s'enfuyant, par exemple, il se met à distance de l'objet menaçant). La conduite émotionnelle est donc en quelque sorte la recherche maladroite d'une adaptation; c'est dire qu'elle possède des caractéristiques suffisantes pour la distinguer du sentiment et de l'affectivité : elle diffère du premier par son aspect de trouble de l'adaptation, de la seconde par son caractère transitoire et épisodique. Si l'affectivité (ou la motivation) constituent des aspects présents dans toute perception, il n'en résulte une conduite émotionnelle que de temps à autre.

On a tenté de repérer des catégories de conduites émotionnelles. Divers axes de classification ont été suggérés dont les combinaisons rendraient compte de la multitude de formes émotionnelles : caractère agréable ou désagréable, conduites d'approche ou d'éloignement, degré d'activation. De même, dans la conduite émotionnelle l'intensité des réactions végétatives est telle qu'elle a dévié la recherche en psychologie (durant de trop nombreuses décennies) vers une étude de la « double face » de l'émotion comme d'un problème fondamental : quel serait le lien de causalité entre la face interne, psychique, consciemment ressentie et la face interne, physiologique, végétative, et comment s'organisent ces deux éléments par rapport à la conduite extérieurement observable ?

La tradition jusqu'à la fin du 19e siècle fut de considérer les réactions physiologiques comme des conséquences de l'état de la conscience, lui-même effet d'une cause extérieure («je pleure parce que je suis triste et cette tristesse vient du décès de tel être cher»): la modification brutale de l'état de conscience, induite par le caractère inattendu de l'événement extérieur et auquel on ne peut réagir d'une manière adaptée, produit les modifications végétatives. C'est donc d'une chaîne causale unidirectionnelle à trois éléments qu'il s'agit; en outre, dans ses manifestations comportementales et végétatives, la conduite extérieure n'est qu'un épiphénomène accessoire du processus fondamental interne, j'ai nommé l'Emotion, qui relève d'un mécanisme *kicariste* [25].

Peu avant la fin du siècle, sous l'impulsion de chercheurs comme James et Lange, on renversa la situation. A présent, la perception des réactions végétatives produit l'émotion («j'ai perdu un être cher, ceci provoque en moi telles réactions végétatives et comportementales, et j'en éprouve par conséquent de la tristesse»). La critique de cette conception, révolutionnaire pour les cercles bien pensants assumant la suprématie du mental sur l'organique, fut importante. Avec des auteurs comme Cannon, on s'efforce de montrer que l'émotion peut malgré tout avoir lieu si le cerveau ne reçoit plus d'information sur ce qui se passe dans l'organisme, ou que des réactions typiques de l'émotion peuvent être provoquées (éventuellement par voie chimique) sans que le sujet éprouve d'émotion.

Ces contradictions, jointes au fait qu'aucun profil physiologique spécifique d'une émotion ne puisse être établi et au fait que les mêmes modifications végétatives puissent exister dans des situations non émotionnelles, montrent bien que la recherche de tels liens de causalité entre un hypothétique fait intérieur, psychique, mental (nécessairement unique) et des phénomènes observables, physiologiques, organiques (nécessairement multiples) ne pouvait qu'être vide de sens.

L'émotion constitue en effet l'exemple type de cause fictive du comportement, elle-même causée par des événements actuels ou de notre histoire, en vertu de la chaîne à trois anneaux: l'événement, l'émotion, le comportement. Le second élément, l'Emotion proprement dite, comprendrait donc un élément psychique, c'est le sujet qui «ressent» l'émotion, et un élément physiologique, musculo-glandulaire, également ressenti et dont certains aspects, imitables par le conditionnement (théâtre) et modulés par l'environnement social, sont dits «exprimer» l'émotion. Ces phénomènes intéroceptifs se-

raient d'ailleurs les principaux stimuli auxquels on réagit quand on
« ressent » une émotion.

Comme si une relation de causalité devait être cherchée entre deux
phénomènes de nature strictement différente (psychologique et physiologique) ! Il n'y a pas émotion PARCE QU'il y a une telle modification physiologique, pas plus qu'il n'y a ces variations PARCE
QU'il y a telle émotion : il y a, simultanément, que je m'éloigne ET
que mon rythme respiratoire se modifie. La co-occurrence d'événements (la corrélation) n'implique pas *de facto* une relation causale
entre eux. De même, il est d'usage de dissocier conduite émotionnelle et conduite rationnelle : la première (et non la seconde) aurait
un caractère acquis d'inadaptation par défaut de la seconde. Mais
non seulement elle n'est pas si inadaptée que cela, elle est en outre
souvent associée à l'autre, la facilitant en engendrant les mêmes
conséquences bénéfiques pour l'organisme. Il est d'ailleurs bien difficile de séparer théoriquement les réactions végétatives et les comportements émotionnels : ils se produisent ensemble, assurent la
même fonction, sont conditionnables l'un et l'autre et chacun peut se
produire sans l'autre.

Et puis, ultimement, on retrouve dans toutes ces approches de
l'émotion une démarche mentaliste commune : il existe, objet de la
recherche, un état interne, psychique, mental de l'homme intérieur
qui s'appelle l'émotion. On peut toutefois s'interroger sur la nécessité d'instaurer une différence entre la conduite émotionnelle et
l'émotion qui en serait la cause. En effet, cela conduit d'une part au
raisonnement circulaire pseudo-causal et tautologique qui explique la
conduite émotionnelle par l'émotion (« je pleure parce que je suis
triste » ne dit rien de plus que « je pleure parce que je pleure » ou que
« je suis triste parce que je suis triste » : il y a identité des deux termes ; ces formulations sont synonymes de « je pleure » et de « je suis
triste »)[26], d'autre part à l'installation d'une variable intermédiaire
inobservable et inexpérimentable là où l'analyse des variables accessibles peut souvent suffire.

Car ce dont on dispose, c'est de la variable dépendante observée à
expliquer — la conduite émotionnelle — et d'un ensemble de variables indépendantes parmi lesquelles il va s'agir d'identifier la (les)
cause(s) de la première. Ces dernières sont en outre manipulables et
les déductions que l'on va faire sont testables. Ce qu'on appelle
« émotion », loin d'être un état interne d'ordre spéculatif, n'est ainsi
rien d'autre qu'une conduite (avec, comme toute conduite, des aspects proprement comportementaux et des éléments végétatifs et

physiologiques intriqués). L'émotion doit donc toujours être spécifiée soigneusement en termes des circonstances auxquelles elle est une réponse. L'émotion est un operant, une opération: c'est une réaction complexe de l'organisme à un état donné de l'environnement (en fonction de l'histoire comportementale de cet organisme), qui a pour effet de modifier cette situation. Ceci a pour conséquence de renforcer cet assemblage de réactions, de telle sorte qu'à la prochaine survenue de la situation, ces mêmes réactions seront émises avec une probabilité accrue. Si on se limite aux grandes catégories d'émotions, on peut admettre des éléments innés: le même mode d'explication y est cependant applicable, au niveau de l'espèce cette fois (mécanisme acquis, mais dans les générations antérieures).

Ceci entraîne deux conséquences. La première, c'est que les activités de l'organisme dont la réunion porte le nom de « conduite émotionnelle » ne sont pas le fruit du hasard : elles surviennent ensemble parce qu'elles concourent à produire les mêmes conséquences (et seront ainsi ensuite, en tant qu'ensemble, renforcées). Il s'agit donc d'un processus, en partie au moins, conditionné. La seconde conséquence porte sur la pauvreté du lexique verbal dont nous disposons pour étiqueter les émotions. Il est clair que les termes du sens commun sont des simplifications abusives qui ne suffisent pas à rendre compte de l'immense variété des émotions; d'ailleurs, la même conduite observable pourra recevoir des étiquettes différentes tant l'ambiguïté est importante [27]. Une conduite émotionnelle ne peut être dite qu'en spécifiant soigneusement les éléments pertinents de l'histoire comportementale du sujet et les circonstances environnementales qui ont précédé la conduite et qui vont s'en trouver modifiées.

Ainsi, l'émotion n'est pas un mystérieux état psychique intérieur qui s'exprimerait par des conduites (et leurs composantes végétatives) et serait provoqué par un événement. Elle est cette conduite, réponse à l'événement qu'elle vise à modifier. Tant qu'il n'est pas démontré que l'analyse des circonstances affectant la probabilité de survenue d'une telle conduite ne peut en rendre compte, il est dommageable d'ajouter des variables intermédiaires et infalsifiables à valeur tautologique.

DEUXIEME PARTIE
LES INTERACTIONS BINAIRES

Introduction

Après avoir présenté les trois protagonistes, nous allons consacrer cette deuxième partie à examiner les relations entre ces partenaires pris deux à deux. Un premier chapitre va prolonger le précédent en présentant les données actuelles concernant l'expression faciale émotionnelle. Deux chapitres seront ensuite consacrés au rôle du cerveau dans chacun des deux autres éléments: comment le cerveau intervient-il dans la perception du visage (chapitre 6) et que sait-on du contrôle cérébral des conduites émotionnelles (chapitre 5)?

Il apparaîtra une unité fondamentale, la prédominance de l'hémisphère cérébral droit à la fois dans la perception du visage et dans le contrôle des conduites émotionnelles. La troisième et dernière partie sera consacrée à la relation ternaire: du rôle du cerveau dans la perception et la production des expressions faciales.

Chapitre 4
Visage et émotion :
l'expression faciale émotionnelle

*« Pourquoi ton cher visage
dégrafé par les larmes (...) »
(J. BREL, La colombe, 1960)*

Introduction

La littérature est très abondante sur ce sujet et ne peut être considérée exhaustivement dans le cadre de cet ouvrage. Il est par ailleurs inévitable que certains chevauchements se produisent entre le chapitre 2 et celui-ci. Par exemple, on ne reprendra pas les études du deuxième chapitre dans lesquelles l'expression faciale était une des variables considérées [28]. De même, la question de l'asymétrie expressive du visage ne sera pas reprise. On poursuivra par ailleurs quelques problématiques déjà engagées précédemment; par exemple, l'ontogenèse du sourire ou la procédure d'inférence de traits à partir de la physionomie.

On peut illustrer par quelques exemples la suspicion de dépendance réciproque entre la perception des visages et la perception des expressions. Ainsi, dans certaines études qui vont être abordées, les auteurs n'utilisent qu'un seul (exemples : 278, 757) ou seulement quelques (exemples : 302, 470) visages comme substrats des expressions étudiées : le but visé est d'éviter au mieux que les sujets se basent sur des traits d'identité, mais ceci présente le risque d'effets d'idiosyncrasie du visage lui-même empêchant la généralisation des résultats (voir à ce propos les remarques de Harper *et al.* : 392). Inversement, Sorce et Campos (757) conduisent une étude qui montre que l'expression faciale est sans doute un paramètre à l'œuvre dans le processus de reconnaissance des visages : les sujets examinent d'abord 23 expressions d'un même visage, puis 23 paires d'expressions de ce visage pour chacune desquelles ils doivent désigner le stimulus qui appartenait à la série initiale ; chaque série est présentée en positif ou en négatif. Les résultats indiquent que la reconnaissance est la meilleure lorsque les deux séries sont en positif, puis si la série d'inspection est en positif et celle de reconnaissance en négatif, puis lorsque les deux séries sont en négatif et enfin lorsque le sujet inspecte des expressions en négatif puis doit les reconnaître dans des paires en positif. L'interprétation de l'auteur est que le caractère négatif d'une photo a pour effet de réduire fortement l'information portant sur l'expression : cette perte de perception des expressions rendrait compte des données présentées au chapitre 2 qui indiquent une perception déficitaire des visages s'ils sont présentés en négatif. Dans l'étude de Walker-Smith (819), l'effet du délai entre les stimuli sur le jugement de similitude-différence est plus net pour les modifications d'expression (et d'orientation) que si ces dernières portent sur le personnage lui-même.

L'expression faciale émotionnelle et sa perception intéressent les psychologues depuis longtemps. Très tôt, des ouvrages y ont été consacrés : aux œuvres très anciennes évoquées en ouvrant le deuxième chapitre, on peut ajouter les textes de Rosa (681) ou Huber (429) ; plus récemment, Ekman (240) a consacré un ouvrage aux recherches générées par les idées de Darwin (186) à propos des expressions faciales dans une perspective phylo- et ontogénétique.

Dans ce chapitre, nous allons dissocier les caractéristiques de l'expression faciale de celles de la perception de cette expression. Cette distinction est cependant particulièrement dangereuse : un certain nombre d'études sur l'expression proprement dite sont conduites en utilisant comme données les résultats d'épreuves de perception.

I. L'expression faciale

Bien que nous ne reprenions pas systématiquement cette problématique qui soulève bien des discussions (et depuis longtemps), il est important d'indiquer que des différences entre les recherches peuvent provenir du fait que les uns utilisent des expressions spontanées ou naturelles, tandis que d'autres recourent aux expressions posées. Il semble en effet qu'une expression donnée ne soit pas structurellement identique selon qu'elle est spontanée ou posée et que cette dissociation entraîne des différences de perception.

1. Ontogénèse

Dans des revues de questions, Andrew (19) et Corraze (176) considèrent l'expression faciale du point de vue de l'évolution des espèces. Le premier analyse essentiellement les primates et tend à indiquer que si l'expression faciale transmet des informations sur l'état motivationnel de l'animal, elle ne paraît cependant pas générée par des conditions spécifiques de besoin ou de plaisir. Le second analyse la communication d'une manière plus générale mais souligne qu'avec l'évolution la face est progressivement devenue le lieu de concentration de bon nombre de signes de communication.

En 1932, Jeness présentait une revue de littérature sur les expressions faciales (445) et abordait entre autres l'expression faciale de l'enfant et la problématique de son caractère inné ou acquis; Guillaume (376) considérait que l'expression émotionnelle procède d'une origine instinctive, la mimique primitive n'étant pas imitée. Preyer (653), déjà, mettait l'accent sur l'existence de toute une communication expressive non verbale et prélangagière et la probable impossibilité de simulation des expressions chez les tout jeunes; il considérait par ailleurs que les expressions faciales relèvent d'un processus d'imitation (évoquant la pauvreté d'expression mimique chez les aveugles).

Plusieurs études sont précisément consacrées à l'expression faciale des aveugles. Goodenough (361) examine le cas d'un enfant aveugle et sourd et y repère des formes grossières d'expressions faciales, correspondant à des catégories affectives élémentaires et qui indiqueraient la part de l'inné dans l'expression faciale (ce sujet n'ayant pu bénéficier du contact avec autrui pour affiner les expressions). Dumas (231) analyse la motricité et le tonus musculaire faciaux: ses observations chez des aveugles de naissance le conduisent à considérer que la mimique est probablement imitée mais codée depuis très longtemps et devenue collective (voir également 575). Thompson (784) examine d'un point de vue développemental l'expression faciale spontanée d'enfants aveugles (certains sont sourds) et d'enfants voyants, âgés de 7 semaines à 13 ans. L'auteur indique:
a) la présence d'expressions faciales dans tous les cas;
b) qu'avec le développement, l'activité faciale dans le rire décroît chez tous mais seulement chez les aveugles si on considère le sourire, tandis qu'elle s'accroît chez tous si on examine les pleurs;
c) qu'un effet de l'apprentissage et de l'imitation ne s'observe que chez les voyants les plus âgés et seulement pour le sourire;

d) que les profils d'anxiété ou tristesse sont semblables dans les deux groupes mais plus sensibles aux différences individuelles chez les aveugles.

Fulcher (307) photographie des enfants normaux (4 à 16 ans) et aveugles (6 à 21 ans) pendant la production d'expressions faciales. Il apparaît d'abord que la quantité d'activité faciale est plus élevée chez les normaux pour l'ensemble des expressions; elle est en outre plus importante chez les normaux âgés que chez les jeunes, tandis que l'effet inverse est observé pour les aveugles; enfin, elle est plus importante chez les garçons que chez les filles, en particulier chez les normaux. En second lieu, les différences entre émotions sont plus nettes chez les normaux et, dans les deux groupes, ne semblent pas varier avec l'âge; elles varient, chez les seuls aveugles, en fonction du sexe. L'adéquation des expressions est plus élevée chez les normaux, ne varie pas en fonction du sexe et, chez les normaux seulement, s'accroît avec l'âge.

D'une manière plus générale, on pourra trouver dans la revue de Oster et Ekman (617) bon nombre d'indications et références quant à l'étude des mouvements faciaux et la structure du comportement facial des nouveau-nés, ainsi que la présentation des difficultés méthodologiques posées par la mesure des conduites faciales et les adaptations nécessaires lorsqu'il s'agit d'enfants. Plus récemment, ces auteurs (243) revoient la littérature et indiquent que la musculature faciale est complète et fonctionnelle dès la naissance et que le jeune enfant peut émettre très tôt des expressions faciales qui ressemblent à certaines expressions de l'adulte, de même qu'il est rapidement capable d'imiter les expressions. Pour les auteurs, l'expression faciale paraît constituer un des agents du développement des communications sociales. La question demeure néanmoins de savoir à quel moment du développement se différencient les expressions de base, quand l'émotion peut être inférée de l'expression et quand (et comment) l'expression faciale peut être contrôlée volontairement (et le rôle en cette matière du contrôle social). A titre d'exemple, une étude déjà ancienne de Sherman (746) est conduite chez des enfants de moins de 12 jours soumis à des stimuli inducteurs d'émotions: l'analyse des réactions par des juges montre surtout le peu d'agrément entre ces derniers lorsqu'il s'agit d'inférer l'émotion; nous reviendrons sur ces questions dans la seconde partie du chapitre. Plus récemment et chez des enfants plus âgés, Odom et Lemond (612) ont observé que l'émission d'expressions faciales (en imitation ou en réaction à une situation décrite) est mieux réalisée à 10 ans qu'à 5 ans.

Dans les études ontogénétiques, c'est la conduite du sourire qui a été la plus étudiée. Nous en avons déjà fait état au cours du deuxième chapitre et ne ferons que compléter quelque peu ici. Ambrose (15) met particulièrement l'accent sur l'effet des conditions environnementales en comparant des enfants élevés en milieu « naturel » (famille) à des enfants élevés en institutions. Semblablement, Gewirtz (331) étudie l'ontogenèse du sourire chez des bébés israéliens et principalement l'effet du contexte développemental. On se souviendra en outre des travaux déjà anciens de Kaila (457) qui observe que le sourire, entre trois et cinq mois, n'est pas imitatif mais réactionnel à une configuration donnée du stimulus : l'imitation commence en effet plus tard et par des mouvements faciaux plus simples que ceux du sourire; au début, le sourire n'est pas dirigé vers une personne précise et est nettement dépendant de l'orientation (il disparaît si les yeux du stimulus ne sont plus visibles ou si le stimulus est perçu de profil) et de certaines zones faciales (les yeux accompagnés du front et du nez suffisent à l'induire), tandis qu'il n'est pas déterminé par la présence d'un sourire sur le visage-cible. Spitz et Wolf (760) consacrent une revue de questions au rôle du sourire dans l'ontogenèse des relations sociales, et conduisent une étude chez des enfants de 0 à 1 an en vue de trouver un profil développemental du sourire, d'en définir les conditions d'apparition, de le situer dans le développement émotionnel et d'établir si le sourire est un acquis culturel, un trait racial, universel ou strictement individuel. Les nombreuses données conduisent les auteurs à considérer que le stimulus adéquat n'est pas le visage humain comme tel mais certains de ses éléments et son mouvement, que le processus du développement du sourire ne dépend pas des variables raciales, culturelles ou environnementales et qu'il représente un bon indicateur de la maturation émotionnelle. Ahrens (8) reprend la question chez des enfants de 0 à 6 ans : l'enfant de 2 mois sourit à des points et, ultérieurement, des yeux puis une bouche ouverte (5 mois) paraissent constituer des signaux déclencheurs non appris; la mimique du stimulus commence à agir vers 5-7 mois et, à partir de 8 mois, une mimique complète est nécessaire : les mimiques traditionnelles gardent une valeur de signaux déclencheurs non appris et les mimiques complexes inédites vont donner lieu à un apprentissage; elles ne seront prises en compte qu'à partir d'un an et demi pour devenir compréhensibles immédiatement vers deux ans et demi. Brackbill (80) applique au comportement de sourire de bébés âgés d'environ quatre mois des programmes de renforcement dans un conditionnement operant (le renforcement est constitué du contact social et corporel avec l'expérimentateur) : cette étude montre, comme c'est le cas de la plupart des conduites, que la résistance du sourire à l'extinction est plus élevée s'il a été acquis dans un programme intermittent que dans un programme à renforcement régulier.

2. Analyses structurales

De nombreuses études ont été consacrées à l'analyse des composantes de l'expression faciale. Elles visent le plus souvent à déterminer l'importance relative des divers traits faciaux et impliquent *ipso facto* la problématique des profils propres à chaque émotion. Ce dernier point, on le verra plus loin, sera un élément de discussion dans la question de savoir si les expressions faciales sont définissables ou non en termes de classes ou catégories.

Ces travaux ont fait appel à divers types de mesures pour recueillir les données : étude du tonus musculaire, des actions faciales visibles, etc. (*cfr* 243). Dans une ancienne revue de questions, Jenness (445) examine ces questions des traits faciaux et les problèmes méthodologiques de mesure pour indiquer l'abondance des contradictions et insister sur la nécessité d'un affinement des techniques; ce type de conclusion est également celui de Harper *et al.* (392). Boring et Titchener (63) proposent une méthode de construction des expressions faciales en adjoignant à un profil diverses combinaisons d'yeux, de nez, de la zone bouche-menton et de sourcils (voir également 97). Frois-Wittmann (306) examine les relations entre l'état de la musculature faciale et la possibilité d'en inférer l'expression : l'auteur indique que chaque partie du visage prise isolément est très peu informative de l'expression émise.

L'analyse des traits faciaux repose sur des méthodes qui font appel (392) aux dessins de visages, à la présentation de parties isolées ou à l'étude d'effets musculaires microscopiques (études électromyographiques). Très tôt, la discussion sera focalisée sur la prédominance respective des parties du haut ou du bas du visage dans l'expression, et plus précisément ces pièces les plus mobiles de la face que sont les yeux et la bouche. Ruckmick (690) note que la reconnaissance d'expressions faciales est la meilleure si l'ensemble du visage est visible; les yeux sont ensuite le trait le plus informatif, puis la moitié inférieure du visage, puis la bouche et enfin le nez. Kushner et Forsyth (482) observent que l'on peut distinguer différents types d'observateurs en fonction de la zone faciale sur laquelle ils focalisent préférentiellement leur attention. Hanawalt (387) présente une position nuancée; dans cette étude, les sujets sont invités à reconnaître des expressions en voyant des visages entiers, des moitiés supérieures ou des moitiés inférieures: le visage entier ne donne pas toujours lieu aux meilleures reconnaissances et les deux moitiés ne sont pas opposables de ce point de vue. Il apparaît surtout que les différences entre ces trois types de stimuli varient en fonction du type d'émotion exprimée. Dans une étude antérieure, l'auteur (386) utilisait une procédure semblable à partir de visages sculptés ou peints: si les expressions étaient mieux identifiées avec le visage entier, il n'était à nouveau pas possible de décider si une moitié l'emportait sur l'autre. Dunlap (235) — qui met par ailleurs judicieusement l'accent sur le fait que l'expression peut être étudiée d'un point de vue statique (c'est-à-dire la position occupée par un *pattern* musculaire à un moment donné: photos, dessins, ...) mais également sous l'angle dynamique de la séquence des changements de positions — photographie 10 sujets, chacun dans 10 situations émotionnlles différentes; en combinant ensuite différemment les bouches et les yeux, l'auteur conclut que la bouche est le facteur principal dans le choix des adjectifs descriptifs émis par les juges. Semblablement, Guilford et Wilke (375) combinent des sourcils, des yeux, des nez et des bouches et indiquent que l'effet expressif total dépend surtout de la bouche mais demeure de nature gestaltiste puisque la modification d'un des traits provoque un réajustement de l'interprétation de l'ensemble des traits. Coleman (171) considère que la controverse yeux-bouche reste ouverte et que la prépondérance de l'une ou des autres dépend du mode d'expression: la bouche serait plus importante dans le cas des expressions posées. Rohracher (677) étudie l'expressivité de dessins de visages: il semble que le degré d'ouverture des yeux soit moins important que la zone des yeux elle-même (en particulier la forme des sourcils et la distance entre les sourcils et les yeux); pour la bouche, c'est surtout la forme qui paraît le paramètre déterminant; enfin, en ce qui concerne le haut du visage, la hauteur de front semble plus informative que le type de chevelure. Buzby (129) montre que ce sont les parties supérieures de la face qui sont le plus impliquées dans l'interprétation des émotions. Le rôle de ces parties supérieures est mis en avant par les auteurs qui abordent l'expression faciale sous l'angle de la communication interpersonnelle: c'est par exemple le cas des sourcils, en conjugaison avec la hauteur du front, étudiés dans une revue de Ekman (241). A la valeur expressive émotionnelle de ces traits, l'auteur ajoute leur valeur de signaux conversationnels chez le *speaker* (accentuation de mots, ponctuation, marqueurs d'une question, indicateurs d'une recherche du mot, etc.) comme chez l'auditeur, ainsi que dans les communications sans parole. C'est également le cas des yeux ou plus particulièrement du regard, qui fait l'objet de bon nombre d'études sur la communication; Rimé (668) propose une revue de cette question et suggère trois déterminants principaux : les alternances de centrations-décentrations sur le partenaire, la qualité physique du canal de communication et la motivation sociale.

Beaucoup notent l'échec des études visant à définir un profil facial caractéristique de chaque émotion. Par exemple, Landis (486) analyse l'expression faciale de sujets placés dans diverses conditions génératrices d'émotions et ne peut que conclure à la faible corrélation entre la structure de l'expression émise et la situation inductrice. Par contre, Davis (203) pratique une étude de corrélations sur les données de Landis et dégage l'existence d'expressions spécifiques, quoiqu'en nombre limité. Le premier cité (487) étudie l'expression faciale quant à la quantité de mouvements de groupes musculaires et dans ses corrélations avec l'émotion subjectivement vécue : il ne parvient pas à mettre en évidence de profils caractéristiques, y compris lorsque le sujet se place en condition émotionnelle au moyen d'une situation imaginée. Landis considère que les différences entre émotions doivent être conçues à partir de la situation inductrice et du degré de perturbation qu'elle provoque. D'autres chercheurs recourent à d'autres procédures et n'adhèrent pas à cette impossibilité de différencier les émotions. Thompson et Meltzer (783) invitent 50 sujets à émettre des expressions faciales en rapport avec des émotions dont le nom leur est présenté; ils expriment ces conduites devant quatre juges qui doivent deviner l'émotion correspondante puis refaire les appariements des noms d'émotions avec les expressions des sujets. Les résultats montrent que la qualité des réponses des expresseurs est sans rapport avec leurs aptitudes ou traits de personnalité mais dépend plutôt de la nature des expressions (et qu'un effet du sexe interagit avec le type d'émotion). D'autre part, il apparaît des différences entre émotions quant à la facilité avec laquelle elles peuvent être traduites en expressions faciales; enfin et surtout, la communication s'est avérée adéquate dans 60 % des cas et la corrélation entre les émotions est souvent significativement positive.

On voit poindre ici l'opposition entre les auteurs qui considèrent qu'il existe quelques émotions principales, identifiables et définissables par un profil comportemental typique, et les auteurs qui vont plutôt montrer que la grande variété des émotions s'ordonne de manière continue dans un espace multidimensionnel.

3. Dimensions et catégories

La question concerne en fait les conduites émotionnelles d'une manière générale. L'expression faciale n'est en effet qu'un des vecteurs de l'expression émotionnelle, et des études ont été consacrées aux poids différentiels de la face et du reste du corps dans l'expression des émotions (voir 176, 243 ou 246 pour des revues), mais nous tenterons de limiter la discussion à la seule expression faciale.

Harper *et al.* (392), dans une revue de questions, soulignent préalablement combien la langue dispose de peu de mots pour décrire les diverses expressions faciales; les auteurs opposent deux procédures méthodologiques, qui sont sous-jacentes aux positions théoriques présentées ici. Les uns recourent à des catégories d'émotions en vertu desquelles il existerait un ensemble non réductible d'expressions de base; les autres proposent une approche dimensionnelle qui, à partir de tests de «*rating*» ou de jugements de similarité, vise à découvrir les variables les moins nombreuses possibles permettant de définir les émotions. Selon Harper *et al.*, des difficultés méthodologiques sous-tendent ces études: par exemple, l'utilisation d'un nombre réduit de visages crée un biais idiosyncrasique lié à la morphologie des quelques visages présentés.

Ekman et ses collaborateurs sont représentatifs des auteurs qui défendent l'existence d'un *nombre limité de catégories émotionnelles de base*; leurs travaux s'appuient entre autres choses sur un certain nombre de données transculturelles (voir 242). Oster et Ekman (617; également 244) considèrent que l'expression faciale émotionnelle a donné lieu à deux formes de recherches, renvoyant à la dualité de cette conduite: considérant l'expression faciale comme un «miroir de l'âme», certains auteurs analysent les conduites émotionnelles en tant que reflets de processus cognitifs sous-jacents; d'autres étudient par contre l'expression faciale dans sa fonction d'interaction. Ekman et Oster (243) indiquent que des observateurs dénomment certaines expressions émotionnelles d'une manière similaire dans toutes les cultures et que des personnes issues de cultures différentes émettent les mêmes expressions dans des situations comparables, sauf si des règles propres à la culture interfèrent. Diverses questions demeurent néanmoins en suspens: le nombre d'émotions qui sont universelles quant à leur expression, le nombre d'expressions universelles différentes correspondant à une même émotion, l'ampleur des différences culturelles, le fait de savoir si ces expressions universelles en situation naturelle sont rares ou nombreuses, les origines onto- et phylogénétiques de ces expressions. Ces auteurs (617; voir également 240) présentent un modèle « neuroculturel » selon lequel ces « universaux » seraient impliqués dans un processus qui comprend un mécanisme d'analyse des élicitateurs potentiels des réponses émotionnelles, un programme affectif central et un mécanisme d'adaptation lié (entre autres) au groupe culturel du sujet.

A l'opposé, plusieurs auteurs soutiennent l'hypothèse selon laquelle il n'y a pas un ensemble d'expressions émotionnelles de base desquelles dériveraient les autres, mais plutôt un *« nuage » d'expressions définissable par leur position dans un espace à plusieurs dimensions*. Schlosberg (714) invite 45 sujets à ranger l'expression émotionnelle de 216 photographies et suggère l'existence d'une échelle continue et récurrente, plutôt elliptique, avec un axe plaisant-déplaisant et un axe d'attention-rejet. Ultérieurement, l'auteur (715) fait accomplir en trois expériences indépendantes le rangement de 72 photos autour de ces axes (puis 32 photos dans une quatrième épreuve) et observe une dispersion des résultats dans un espace bi-dimensionnel elliptique où le grand axe est défini par la dimension plaisant-déplaisant et le petit par le paramètre attention-rejet. C'est à l'occasion d'une revue de questions ultérieure que l'auteur (716) proposera une troisième dimension, l'activation. L'ellipse précédente devient ainsi la base d'un cône tridimensionnel. Abelson et Sermat (1) sélectionnent 13 visages représentatifs des trois dimensions de Schlosberg et en soumettent les 78 paires possibles à 30 sujets féminins qui doivent évaluer la similitude expressive des deux stimuli de chaque paire. Les résultats montrent que les trois axes de Schlosberg approchent correctement les données; en outre, l'analyse dimensionnelle met en évidence une première dimension fortement corrélée au premier axe de Schlosberg et une deuxième qui semble correspondre aux deux autres axes de Schlosberg. Engen *et al.* (261) construisent un ensemble d'expressions faciales puis (262) y appliquent les trois dimensions de Schlosberg. Engen et Levy (260) obtiennent par ailleurs un bon agrément entre 15 expressions faciales soumises à évaluation et les trois dimensions de Schlosberg. Gladstones (335) discute les données de Engen *et al.* (262) et indique que les axes tension-repos et attention-rejet (de Schlosberg) ne sont pas indépendants; il obtient trois dimensions: plaisant-déplaisant, tension-repos et expressivité. Dans la recherche de Sorce et Campos (757), les 46 expressions étaient choisies comme illustratives des divers paramètres tridimensionnels dérivés de Schlosberg; l'effet du caractère positif ou négatif des photos sur la reconnaissance est dépendant de la dimension considérée: la discordance des réponses en faveur des séquences modifiées (examen de photos en positif puis reconnaissance dans des négatifs ou inversement) est surtout le cas des dimensions plaisant-déplaisant et repos-tension, tandis que l'axe attention-rejet indique une discordance lorsque le sujet examine des photos en négatif puis doit reconnaître les photos en positif.

Mais ce concert de «dimensionnalistes» souffre de dissidences. Hastorf *et al.* (394) construisent un test d'évaluation d'expressions posées, y appliquent une adaptation du différenciateur sémantique, et analysent les effets de fusion lorsque deux expressions différentes sont présentées, une à chaque œil. Il apparaît au moins trois dimensions dans les deux expériences : l'aspect plaisant, l'activation et le contrôle; de plus, le principe de congruence des informations présentées à chaque œil ne s'avère pas plus efficace que celui de la simple moyenne algébrique des deux composantes. Frijda et Philipszoon (305) invitent 12 sujets à évaluer 30 expressions faciales en 22 échelles; l'analyse factorielle met en évidence quatre facteurs : plaisant-déplaisant, naturel-artificiel, contrôle-intensité, attention. Sjoberg (751) sélectionne 11 expressions appartenant à trois groupes à partir d'une évaluation de nombreux stimuli par 10 sujets; 78 sujets évaluent ensuite ces stimuli dans des tâches de comparaisons pairées, catégorisations et estimations d'intensité émotionnelle : il apparaît que l'attribution est unidimensionnelle et que les déviations varient en fonction des groupes initiaux d'expressions. L'unidimensionnalité s'avère ainsi compatible avec la multidimensionnalité. Osgood (616) demande à des sujets de poser des expressions depuis des mots, puis des juges apparient ces mots aux réponses; il apparaît trois dimensions : l'aspect plaisant, l'activation et le contrôle; de plus, sept groupements émergent qui se localisent dans l'espace tridimensionnel selon une pyramide tronquée (voir également 610, 611 et, ci-dessous, 183).

Conclusions

Au total, les études sur l'expression faciale émotionnelle conduisent à un bien maigre bilan. Au plan ontogénétique, il se dégage l'idée générale selon laquelle, à partir d'un donné initial relativement grossier et transmis génétiquement, les conduites faciales émotionnelles se diversifient, probablement par imitation. Ce schéma très général de développement paraît applicable à la plupart des conduites humaines. L'analyse structurale des comportements faciaux émotionnels, d'une part, ne peut mettre en évidence une structure spécifique à chaque émotion (même si l'expression correspondante semble pouvoir être approchée par la description d'une structure plus ou moins fiable); d'autre part, on observe que le poids des différentes parties du visage est fonction des expressions (et des émotions sous-jacentes supposées).

Ce constat relativement pauvre s'explique probablement par les limitations liées au choix de l'objet d'analyse. D'une part, les procédures portent généralement sur des dessins ou photos : cette contrainte entraîne que le stimulus consiste en une expression artificiellement figée, immobilisée. On peut en effet penser que le mouvement est probablement une composante inhérente de l'expression faciale. D'autre part, ce choix de l'objet confine ce dernier à la face; ceci produit vraisemblablement une importante perte d'information liée à l'absence du reste du corps, et du contexte de manière générale.

Par-delà ces ambiguïtés résident sans doute les controverses et incertitudes quant à la définition et la nature des émotions. L'opposition présentée entre les approches catégorielles et dimensionnelles des expressions émotionnelles constitue un reflet de ces problématiques fondamentales, encore ouvertes aujourd'hui (*cfr* chapitre 3).

II. Perception de l'expression faciale

Il existe une importante variabilité dans la perception des expressions faciales. Celle-ci est éventuellement imputable à des différences notoires entre les expressions tout comme, inversement, on peut penser que les discordances dans les résultats présentés jusqu'à présent pourraient résulter des différences inter-juges.

1. *Stimuli : type d'expression et substrat*

De nombreux travaux montrent des différences dans la perception ou la reconnaissance d'expressions faciales en fonction du type d'expression. Il est entendu que les auteurs se rattachent implicitement à l'approche « catégorielle » davantage que « dimensionnelle » des expressions faciales.

Jenness (445) soulignait déjà l'identifiabilité différente des expressions, au terme de sa revue de la question; Gates (324) montre que les difficultés perceptives sont dépendantes du type d'expression; Secord *et al.* (723) indiquent que l'accord entre les juges diffère en fonction des expressions présentées; Langfeld (492, 493) observe que certaines expressions sont plus interprétables que d'autres; Jarden et Fernberger (442) notent que l'effet de la manipulation de la situation à l'encodage varie avec le type d'expression; Buzby (129) indique des différences entre les expressions dans la possibilité de les interpréter; Hager et Ekman (380) observent que l'effet de la distance (entre l'observateur et le stimulus) sur la reconnaissance d'affects faciaux interagit avec le type d'expression. Cependant, tous ces auteurs sont loin de s'accorder sur les expressions les mieux identifiables.

Observons par ailleurs que Landis (488) ne constate pas de différence dans l'identification d'émotions selon que les expressions sont posées ou spontanées, tandis que Hager et Ekman (380) n'observent pas de différence dans la perception d'expressions selon qu'il s'agit de visages réels ou de photos. Secord *et al.* (723) observent que les jugements sur la personnalité sont plus excentriques (en termes de dispersion) à partir de photos qu'à partir de dessins ou de visages réels.

2. *Le sujet qui perçoit*

Plusieurs variables du sujet s'avèrent influencer les possibilités de perception.

En ce qui concerne l'*âge*, Dashiell soulignait en son temps les difficultés méthodologiques à étudier la perception des expressions faciales chez les enfants (187). L'auteur proposait une procédure dans laquelle l'enfant est invité à désigner, sur des images, les protagonistes d'une histoire racontée par l'expérimentateur (ces derniers différant par l'expression faciale).

Jenness (445) pose la question de l'innéité de la perception des expressions faciales émotionnelles. Alors que Spitz et Wolf (760) considèrent que dans sa première année l'enfant ne peut comprendre ni évaluer les expressions faciales, Ekman et Oster (243) estiment que dès 3 ou 4 mois l'enfant réagit différentiellement aux expressions et qu'en âge préscolaire il connaît la signification des principales expressions et le type de situation qui les génère. Il demeure néanmoins que la perception et la reconnaissance des expressions ne sont probablement pas innées (303).

Gates (324), chez des enfants de 3 à 4 ans, indique que l'habileté à interpréter l'émotion par l'expression faciale augmente avec l'âge. Odom et Lemond (612) observent que les enfants de 5 ans et surtout de 10 ans réalisent mieux une tâche de discrimination qu'une épreuve d'expression émotionnelle faciale; les plus âgés sont par ailleurs supérieurs aux plus jeunes dans les deux tests. Schlesinger (712, 713) observe que la perception des expressions faciales s'améliore de 4 à 8 ans et que l'accord entre sujets invités à attribuer des émotions aux visages présentés s'installe à partir d'environ 10 ans.

Les résultats sont inconstants quant à l'effet éventuel du *sexe* des sujets sur leurs performances. Jarden et Fernberger (442) ou Guilford (374) n'observent pas cette influence respectivement dans des épreuves d'évaluation d'émotions et dans un apprentissage de la reconnaissance des expressions faciales. Buzby (129) ou Samuels (704) indiquent par contre une supériorité des femmes dans des tâches d'interprétation (voir également 445). Hurwitz *et al.* (434) montrent des différences entre hommes et femmes dans le choix d'adjectifs attributifs.

Plusieurs auteurs s'attachent à étudier l'effet de *différences raciales ou culturelles* sur la perception des expressions faciales[7]. Ainsi, Hurwitz *et al.* (434) indiquent des choix différents d'adjectifs attributifs de traits entre les juges blancs et noirs : les seconds usent davantage que les premiers des échelles honnête-malhonnête, vaniteux-modeste, menaçant-non menaçant ou froid-chaleur. Harper *et al.* (392), dans leur revue de questions, insistent sur l'interaction de la race du sujet avec le type d'émotion dans les épreuves perceptives. Cuceloglu (183) obtient d'importantes similitudes dans l'organisation des jugements de sujets américains, japonais et turcs dans une tâche d'attribution d'adjectifs descriptifs bipolaires à des dessins de visages.

Un certain nombre d'auteurs indiquent que le jugement des observateurs peut être fonction de leur *humeur* ou de leur *attitudes*. Dans une revue, Frijda (303) marque la nécessité de tenir compte des catégories émotionnelles du sujet dans l'évaluation des jugements qu'il émet. Ruckmick (690) indiquait déjà l'effet, sur l'identification d'expressions faciales, de l'état d'humeur du sujet au moment du test puisque les changements d'humeur d'un observateur donné pouvaient s'accompagner de modification dans le jugement. D'autre part, Guilford (374) indique que les meilleurs juges sont ceux que des tests séparés ont identifiés comme étant les moins analytiques. Sarbin et Hardyck (705) montrent par ailleurs, en comparant des sujets normaux à des schizophrènes et en mesurant l'ajustement social des sujets, que le non-conformisme de l'évaluation d'émotions est fonction du groupe et de l'ajustement social.

Enfin, quelques *autres variables* ont été considérées. Jenness (445) et Gates (324) examinent les corrélations entre la performance des sujets et leur niveau intellectuel, intelligence sociale, âge mental, maturité mentale, sociale et émotionnelle, etc. Kushner et Forsyth (482) montrent que les sujets peuvent être dissociés en sous-groupes sur le plan de la stratégie perceptive, en fonction des régions faciales préférentiellement prises en considération.

Dans une revue, Harper *et al.* (392) considèrent que l'ampleur des différences individuelles n'est pas sans soulever des difficultés d'interprétation. Frijda (303) semble pouvoir déduire de l'examen de la littérature un certain degré de perception intuitive immédiate de la signification de l'expression (de nature gestaltiste), du moins en termes de grandes catégories; cependant, ce processus reste insuffisant à expliquer la reconnaissance des émotions: il devient nécessaire de prendre en compte la situation ainsi que les catégories émotionnelles et l'expérience du sujet. Pour l'auteur, la reconnaissance des émotions procède sans doute de corrections et ajustements, utilisant entre autres les inférences à partir de cette reconnaissance intuitive et grossière des principales catégories émotionnelles.

3. La procédure

Ces paramètres du sujet et du stimulus ne suffisent cependant pas à rendre compte des discordances entre les résultats. Des difficultés et variations méthodologiques peuvent être supposées responsables du relatif constat d'échec qui émerge de ce chapitre. Sous-jacents à ces difficultés, on trouvera sans doute les grands débats théoriques renvoyant à la notion même de l'émotion (conduite observable, portion « visible » d'un processus inféré, accompagnateur ou inducteur des modifications physiologiques, etc.).

a) Généralités

D'une manière générale, on doit par exemple soulever (392) le caractère particulièrement délicat de la définition des réponses correctes dans des épreuves d'identification ou reconnaissance d'expressions faciales ou, surtout, des émotions qu'elles sont supposées transmettre. En effet, la question est de savoir comment on peut décider que l'expression jugée « triste » est effectivement ce qui est produit. Par ailleurs, on rappellera la dissociation que l'on peut introduire entre les expressions naturelles ou spontanées et les expressions posées; de même, bon nombre d'études sur les expressions proprement dites ont recours à des tâches perceptives dont on est justement occupé à montrer les considérables limitations.

b) Nature de la tâche

La tâche proposée peut varier notablement. Il peut s'agir d'épreuves perceptives au cours desquelles le sujet effectue des comparaisons pairées avec jugement de similitude, etc.; il peut d'autre part s'agir d'une épreuve qui consiste à inférer des traits physiques, ou de personnalité, ou d'intelligence; dans chaque cas, la réponse peut être libre et descriptive ou consister en des évaluations au moyen d'échelles fournies par l'expérimentateur. D'autres épreuves consistent en jugements de l'intensité de l'émotion. Dans d'autres cas encore, on invite le sujet à identifier des émotions à partir des expressions, en lui fournissant ou non des mots identificateurs.

c) Encodage, langage et inférences

On mentionnera simplement pour l'anecdote les études anciennes dans lesquelles on invite des juges à inférer des traits de personnalité ou de caractère à partir de la physionomie (234, 417, 626, 691) ou à comparer des visages quant à leur intelligence supposée (18).

Irwin (436) observe que la performance perceptive est meilleure lorsqu'il s'agit d'évaluer les traits physiques des visages expressifs que s'il est question de repérer l'émotion exprimée. Secord *et al.* (723) indiquent un parallélisme entre l'excentricité des traits physiques évalués et celle des traits de personnalité évalués, et une valeur toute relative de possibilité d'inférer les seconds à partir des premiers.

Jarden et Fernberger (442) montrent que les juges deviennent plus performants dans des tâches d'appariement d'expressions avec les noms d'émotions, si une analyse préalable des traits et un mime sont accomplis par l'expérimentateur pour expliquer la signification de ces noms. Guilford (374) montre un effet bénéfique de l'exercice si ce dernier accentue l'analyse en traits faciaux des stimuli.

Frijda et Vandegeer (304) observent que les difficultés d'identification sont prédictives des difficultés ultérieures de reconnaissance, et que les expressions les mieux reconnues sont celles qui avaient donné lieu au plus grand accord entre les juges à l'encodage.

Rosenberg et Gordon (682) confrontent différents modèles du choix au moyen d'une épreuve d'appariement rendu plus ou moins ambigu entre des visages expressifs et des descriptions verbales. Les auteurs ne peuvent conclure à la prédominance nette d'un modèle et suggèrent plutôt une combinaison d'aspects probabilistes et déterministes.

d) Situation et suggestion; exercice; autres variables

De nombreux auteurs indiquent le rôle déterminant de la connaissance de la situation qui a induit l'expression faciale dans l'interprétation de celle-ci. Dès 1936, Crider relève la difficulté à déduire les émotions de photographies de visages expressifs si on ne connaît pas la situation génératrice de ces dernières (180). Notons cependant que si l'observateur (qui ne parvient pas à nommer les émotions exprimées) est invité à imaginer la situation susceptible d'être à l'origine de l'expression perçue, il se limite souvent à des généralités et des descriptions sans grand rapport avec la réalité (488), qu'il s'agisse d'expressions spontanées ou posées. Néanmoins, Sherman (746) note que l'interprétation d'expressions de jeunes enfants souffre d'une discordance moins importante entre les juges si ces derniers ont connaissance des stimuli utilisés. De même, Fernberger (281) note qu'il est très malaisé de déduire l'émotion du seul examen du visage mais que la performance s'accroît si l'examinateur suggère des noms d'émotions et davantage encore s'il y ajoute une description du visage; l'auteur montre d'autre part que si le sujet est informé de la situation génératrice de l'expression, l'émotion est alors plutôt déduite de la situation que de l'expression faciale proprement dite. D'une manière plus nuancée, Goodenough et Tinker (362) notent que l'expression faciale et les caractéristiques de la situation sont l'une et les autres prises en considération dans l'inférence de l'émotion, l'une étant plus importante que l'autre selon les cas. Munn (594) présente des visages seuls puis dans le contexte d'élicitation des émotions émises et invite les sujets à définir l'émotion exprimée; les descripteurs recueillis sont alors soumis à d'autres sujets qui les apparient aux stimuli. Les jugements sont similaires dans les deux cas, la plupart des expressions sont aussi bien décodées avec le contexte que sans, la présence du contexte améliore le jugement pour certains stimuli ou le modifie pour certains autres. Schlosberg (715) insiste à son tour sur l'intérêt de la connaissance du contexte dans la reconnaissance des émotions. Frijda (302) rejoint l'opinion qui insiste sur ce rôle de la connaissance de la situation mais souligne toutefois l'accord existant entre les observateurs quant aux caractères généraux de l'activité et des traits d'attitude, même en l'absence de cette information.

Cette prise en considération des propriétés de la situation et l'effet des suggestions de l'expérimentateur sont illustrés d'une autre manière par Hochberg et Galper (424). Les sujets sont invités à imaginer des visages féminins dans deux types possibles de relations sociales : une secrétaire en conversation avec son patron, un travailleur social et son client. Tenus d'assigner des intentions à chaque visage dans chaque scénario, les sujets produisent un bon agrément dans leurs attributions. Knowles (470) associe arbitrairement trois visages à trois descriptions de délits; on présente en outre chacun des visages sous sept expressions différentes. Les sujets, invités à décider si le stimulus est innocent ou coupable, sont unanimes à juger coupables les trois suspects; invités à estimer la probabilité de récidive, les sujets évaluent celle-ci en fonction du type de délit: ils se basent donc davantage sur la narration du délit que sur la photographie du visage.

Nous avons fait référence à l'étude Jarden et Fernberger (442) qui montre un effet d'apprentissage si, à l'encodage, des suggestions sont proposées aux observateurs. Si on invite les juges à indiquer l'adéquation entre des expressions faciales et des noms proposés, la qualité de la réponse est plus faible que si l'examinateur mime l'expression et analyse les traits faciaux impliqués afin de bien faire comprendre la signification du nom proposé. Guilford (374) observe un gain de 51 % dans l'identification d'émotions après 10 jours d'entraînement durant lesquels les sujets apprennent à analyser la position des parties du visage correspondant aux différentes expressions; ce bénéfice est d'ailleurs plus net si le stimulus à évaluer est visible pendant 60 sec. plutôt que 15 sec. Irwin (436) invite les sujets à évaluer des émotions exprimées par des dessins de visages ou l'orientation des traits faciaux: le seuil de perception de différences diminue avec l'entraînement et la précision augmente, en particulier pour les traits. Si Schlesinger (712) observe un effet immédiat de l'entraînement, celui-ci n'est plus retrouvé dans le *follow-up* chez les enfants de 4 à 8 ans. Si on considère que certaines professions peuvent constituer un exercice de perception et identification d'expressions faciales, on notera que Sherman (746) n'obtient pas plus d'agrément chez les juges qui sont psychologues (que chez les infirmières ou les médecins) dans l'interprétation de mimiques de jeunes enfants.

Mentionnons enfin l'étude de Hager et Ekman (380) qui montrent que la transmission d'affects faciaux diminue si la distance augmente, mais demeure supérieure au niveau du hasard à un éloignement de 40 m.

Conclusions

A nouveau, les questions soulevées sont de loin plus nombreuses que les questions résolues. Pour des raisons probablement voisines de celles que nous évoquions au terme de la première partie de ce chapitre, un constat de lourde incertitude se dégage de la revue des études concernant la perception des expressions faciales. On observe en particulier une très grande diversité des résultats, liée à l'ampleur des différences entre les stimuli et entre les procédures, ainsi qu'à l'effet d'un nombre élevé de variables du sujet.

Bilan et discussion

De l'ensemble de ces études (et de bien d'autres) résulte donc avant tout un constat général d'incertitude quant aux mécanismes de l'expression faciale des émotions et la perception ou reconnaissance de celle-ci. Un certain nombre d'*acquis* sont toutefois à mettre à l'actif de ces recherches (voir 702); au risque d'une généralisation abusive, nous les résumerons ainsi :

- l'expression faciale résulte de la combinaison de différentes parties du visage davantage que de l'état de telle ou telle partie;
- il semble y avoir quelques (5 à 8 semble-t-il) catégories de base dans les émotions véhiculées par l'expression faciale, et cette catégorisation n'est pas incompatible avec une analyse à plusieurs dimensions continues (qui inclut ces émotions «primaires» et tous leurs dérivés);
- la perception-reconnaissance des expressions et la production faciale d'émotions varient, en ce qui concerne les détails, en fonction de la culture; toutefois, ces conduites (et davantage l'expression que sa perception) semblent régies par des mécanismes essentiellement universels;
- tant pour l'expression que sa perception, les éléments principaux sont mis en place extrêmement tôt dans l'ontogenèse (même s'ils ne doivent pas être interprétés trop tôt en termes des structures cognitives que l'on peut appliquer à l'adulte).

Quant aux *difficultés,* elles nous paraissent relever des éléments suivants :

- l'entremêlement d'effets du visage et d'effets de l'expression elle-même dans les tâches de perception;
- la difficulté méthodologique à dissocier l'expression proprement dite et la perception de celle-ci;
- les ambiguïtés théoriques quant à la nature des émotions et les *a priori* de l'expérimentateur;
- les problèmes soulevés par l'effet du caractère spontané («émotionnel») ou posé des expressions analysées.

Chapitre 5
Cerveau et émotion

On ne peut aborder ici l'ensemble de la littérature qui traite du rôle du cerveau dans les conduites émotionnelles : elle est beaucoup trop abondante et ceci nous écarterait du propos de cet ouvrage. Il s'agit plutôt d'extraire des publications ce qui pourrait contribuer à comprendre, par le rôle des hémisphères cérébraux (dans leurs différences fonctionnelles éventuelles), les conduites émotionnelles humaines. Ce chapitre n'a en outre d'autre but que d'introduire le lecteur aux deux qui suivront.

C'est dire combien le chapitre sera partiel et partial. Dans un premier temps, on résumera les données neurophysiologiques actuellement disponibles. Ensuite, on examinera plus longuement le contrôle cérébral des comportements émotionnels humains. On réservera cependant pour plus tard le cas particulier des émotions faciales (troisième partie).

I. Données neurophysiologiques

Les données proviennent essentiellement d'études expérimentales conduites chez l'animal de laboratoire (principalement le rat, le chat, le chien, le singe). Ce premier point est schématique et s'inspire librement de textes généraux auxquels le lecteur peut recourir (par exemple 569 ou 577).

On notera d'abord que la conduite émotionnelle comprend[29] un certain nombre de *corrélats physiologiques généraux,* déjà indiqués :

modification de la transpiration ou la température de la peau, mouvements des poils, changements respiratoires, musculaires, glandulaires, cardio-vasculaires, sanguins, digestifs, électroencéphalographiques, modifications humorales portant sur l'excrétion de catécholamines (adrénaline, noradrénaline) ou de glucocorticoïdes. Ces productions hormonales expliquent sans doute, avec les manifestations du système nerveux végétatif, les autres modifications physiologiques. Il s'est avéré impossible de pouvoir caractériser chaque émotion par un ensemble spécifique de telles adaptations de l'organisme, nous l'avons vu au chapitre 3.

Plusieurs *structures cérébrales* sont impliquées dans les conduites émotionnelles. Ainsi, de manière globale, une activation importante de la formation réticulée [30] peut conduire à des comportements émotionnels. D'autre part, l'hypothalamus [31] semble occuper une place importante dans le contrôle cérébral des réactions émotionnelles : les expériences de stimulation ou lésion révèlent que la partie postéro-latérale de l'hypothalamus facilite les réactions émotionnelles [32] tandis que la partie ventro-médiane — qui contrôle la première — produit l'effet inverse. En troisième lieu, les structures limbiques [33] assurent une part importante de la régulation émotionnelle. La stimulation de régions limbiques provoque des conduites émotionnelles avec leurs composantes comportementales et végétatives (l'excitation de l'amygdale produit des manifestations de colère, de peur ou de fuite ; l'excitation de l'hippocampe donne lieu à des phénomènes de même ordre mais plus complexes car ils évoluent dans le temps) et la destruction de ces structures a un effet opposé (docilité, apaisement, diminution d'agressivité et des réactions émotionnelles dans le cas de l'amygdale, de l'hippocampe ou du cortex cingulaire avec un accroissement des conduites sexuelles dans le cas de l'amygdale ; activité émotionnelle plus fréquente mais d'intensité moindre dans le cas du septum). Enfin, certaines régions du cortex proprement dit (le néo-cortex) semblent impliquées dans les activités émotionnelles (l'électroencéphalogramme en témoigne : les ondes alpha disparaissent pendant les expériences émotionnelles). Ainsi, la destruction du cortex temporal a pu provoquer une augmentation des conduites sexuelles et une réduction des comportements émotionnels ; de même, l'ablation du cortex préfrontal crée une indifférence affective, et la stimulation des zones médianes du cortex préfrontal a permis de réduire notablement des conduites agressives [34].

La complexité des comportements émotionnels a donc son reflet dans celle des structures cérébrales impliquées. Il est utile de souligner que ces régions cérébrales sont étroitement connectées entre elles. En particulier, on va voir que deux systèmes anatomo-fonctionnels semblent assurer ces coordinations, chacun renvoyant (au niveau psychologique fonctionnel) à ce qui constitue sans doute les formes élémentaires des conduites émotionnelles.

Au point de vue comportemental, on peut distinguer deux classes de base: les conduites de recherche, d'intérêt, d'approche, de plaisir et les conduites négatives, d'évitement, d'échappement (et les diverses conduites, en particulier émotionnelles, pourraient se ranger de cette manière). Or, on a découvert des *structures cérébrales distinctes pour ces deux systèmes fondamentaux*: un système «positif» dont la stimulation est recherchée par l'animal, et un système «négatif» dont la stimulation est évitée par l'animal (voir par exemple 678)[35]. Le système positif s'étend depuis le tronc cérébral (*locus cœruleus*) jusque dans les structures préfrontales en passant par la région postéro-latérale de l'hypothalamus, le septum et l'amygdale (c'est un ensemble de fibres composant le faisceau médian du télencéphale). Le système négatif est pratiquement parallèle au premier mais situé près de la ligne médiane: substance grise mésencéphalique, régions périventriculaires, hypothalamus ventro-médian. Remarquons que ces considérations d'ordre anatomique doivent être quelque peu nuancées par de discrètes différences en fonction des espèces animales étudiées. Enfin, il semblerait (voir 437) que ces deux structures reposent sur des mécanismes biochimiques différents: les médiateurs synaptiques du système positif seraient la noradrénaline et la dopamine, il s'agirait par contre de l'acétylcholine dans le cas du système négatif (tout ceci donne cependant lieu à de nombreuses controverses: voir 678 ou 843).

II. Le cerveau humain et les conduites émotionnelles

Un certain nombre d'observations indiquent que les données neurophysiologiques recueillies chez l'animal sont probablement applicables à l'espèce humaine. Sur le plan pratique, ceci à donné naissance à diverses tentatives chirurgicales de modification de comportements pathologiques ainsi qu'à des approches médicamenteuses. Nous verrons que, chez l'homme, des différences fonctionnelles sont sans doute présentes entre les deux hémisphères dans leurs fonctions de contrôle des comportements émotionnels.

1. Hypothalamus, formation réticulée, système limbique

On ne peut détailler ici les faits disponibles. Retenons simplement (voir par exemple 210, 806, 807) de manière très générale que les considérations précédentes sont applicables à l'homme et que des conduites d'autostimulation ont été obtenues chez des sujets humains. L'avantage de ces études sur l'homme est que le sujet peut indiquer verbalement ce qu'il perçoit ou ressent, de sorte qu'une étude qualitative plus fine des conduites émotionnelles est possible.

La pathologie apporte également quelques éléments. Une atteinte fonctionnelle de l'hypothalamus peut produire chez l'homme (outre divers désordres hormonaux) des manifestations émotionnelles : états dépressifs et/ou excitation, agitation. De même, des lésions pathologiques ou chirurgicales du cortex cingulaire pourront provoquer des troubles variés, inconstants et évoluant dans le temps, des conduites émotionnelles (voir 289).

2. Structures néocorticales

Comme chez l'animal, la lésion d'aires du *cortex temporal* peut avoir des conséquences émotionnelles. Des patients atteints d'épilepsie temporale ont été décrits comme plus réactifs émotionnellement. De même, le syndrome d'accroissement des conduites sexuelles avec réduction des comportements émotionnels a été constaté chez des sujets atteints de destructions temporales.

Les *régions préfrontales* semblent assurer chez l'homme, entre autres choses, une fonction de contrôle des conduites émotionnelles. Au plan clinique d'abord, le syndrome frontal comprend en particulier des désordres émotionnels sous forme d'hypomanie ou, au contraire, d'un comportement apathique et indifférent. La première forme pourrait être liée aux lésions de la région orbitaire du lobe frontal, la seconde aux atteintes de la convexité. D'autre part, de nombreuses observations ont été pratiquées chez des sujets atteints de lésions préfrontales neurochirurgicales (exemple : ablation d'une tumeur) ou psychochirurgicales (correction de comportements considérés comme déviants); il apparaît ici aussi, parmi les nombreuses séquelles comportementales, diverses formes de modification des conduites émotionnelles.

3. Une asymétrie hémisphérique des conduites émotionnelles?

Diverses observations indiquent que les conduites émotionnelles sont, comme d'autres registres du comportement, contrôlées d'une manière asymétrique par les hémisphères cérébraux (voir 135, 290, 483, 732 pour des revues)[36].

Avant de développer ce point, notons d'abord qu'une tendance apparaît dans la littérature psychiatrique pour indiquer également une asymétrie hémisphérique sous-jacente aux troubles[37]: on trouverait des signes de dysfonctionnement hémisphérique droit dans les troubles affectifs comme la maniaco-dépression, et des signes de dysfonctionnement hémisphérique gauche (associés à un tableau évoquant un trouble du transfert interhémisphérique) dans la schizophrénie; notons à ce propos le patient de Cohen et Niska (168) présentant un syndrome maniaque associé à une lésion droite (voir également 125 ou 150). Le patient de Sackeim *et al.* (696) est intéressant. Il s'agit d'une maniaco-dépression où les auteurs montrent, au moyen de diverses mesures d'asymétrie (mouvements oculaires latéraux, identification de sons dans l'espace, écoute dichotique), que les asymétries fonctionnelles s'inversent régulièrement selon que le patient est en phase maniaque ou dépressive; de plus, ces asymétries ne correspondent pas à la tendance générale décrite dans la littérature: le patient semble connaître une activation hémisphérique droite en période maniaque, gauche en période dépressive. Ces asymétries fonctionnelles au cours des tableaux psychiatriques sont donc à considérer actuellement avec beaucoup de réserves. Scarone *et al.* (708) montrent d'ailleurs bien, chez des schizophrènes, combien ces asymétries dépendent de variables sémiologiques et du sujet. Gainotti (310) rappelle par ailleurs que d'anciens psychiatres français notaient que les symptômes de conversion des hystériques apparaissaient plus souvent sur l'hémicorps gauche que le droit, ce que confirment plusieurs études récentes (291, 312, 519, 764; voir cependant 54). Enfin, dans une revue clinique, Gautier-Smith (325) indique que les troubles du comportement sexuel sont plus souvent observés lors d'atteintes temporales, en particulier droites.

a) On dispose d'abord d'*observations cliniques* de sujets présentant une lésion cérébrale. Depuis longtemps (439), on a signalé que des sujets pouvaient être gravement aphasiques (lésions gauches) et conserver un certain langage automatique avec un contenu à tonalité émotionnelle (jurons, etc.); les mêmes phénomènes ont été observés chez des sujets ayant subi l'ablation chirurgicale de l'hémisphère gauche (753). Par ailleurs, les faits cliniques indiquent que la fréquence des réactions de catastrophe devant les troubles est plus élevée en cas de lésion gauche que droite (360), alors que les patients avec lésion droite sont plus souvent indifférents à l'égard de leurs troubles (407). L'anesthésie d'un hémisphère cérébral [38] confirme cette opposition de réactions (780) et l'usage de l'électrochoc unilatéral appuie cette distinction (voir 311). Ross et Mesulam (687) présentent deux sujets qui, à la suite d'une lésion droite, sont incapables d'exprimer leurs émotions (mais ils disent les ressentir, les vivre activement et être capables de les percevoir chez autrui); une observation similaire est rapportée par Bauer et Fennell (29) (à propos d'un patient qui est en outre prosopagnosique: *cfr* chapitre 6). Ultérieurement, Ross (686) analyse un ensemble de patients porteurs d'une lésion droite entraînant un trouble dans la modulation affective du langage: l'auteur tente d'y déceler diverses formes de ces «dysprosodies», d'une manière parallèle aux formes d'aphasies résultant des lésions gauches. Gazzaniga (326) signale un sujet dont les hémisphères sont déconnectés chirurgicalement et qui présente des réactions émotionnelles aux objets que l'on montre à son hémisphère droit (champ visuel gauche).

Ainsi, les faits cliniques pourraient montrer un rôle privilégié de l'hémisphère droit dans l'induction des conduites émotionnelles[39]: sa lésion réduit les réactions émotionnelles et sa stimulation les induit.

b) Les *études plus expérimentales des sujets cérébrolésés* vont appuyer ces observations. Gainotti (308, 309) compare des groupes de patients avec lésion d'un seul hémisphère et confirme la dissociation entre réactions de catastrophe et indifférence aux troubles (voir également 323). Robinson et Benson (673) confirment la présence d'un tableau dépressif en cas de lésion gauche entraînant une aphasie, et examinent l'effet du type d'aphasie. Black (55), au travers d'une échelle de personnalité, note la tendance plus marquée à la dépression en cas de lésion gauche qu'après une atteinte droite. Bear et Fedio (32) remarquent que des épileptiques par lésion temporale ont, entre les crises, une émotivité exagérée si la lésion est à droite; cette observation a été retrouvée chez des migraineux unilatéraux (550). Taylor et Marsh (778) observent une réduction de l'extraversion après lobectomie temporale gauche et Sackeim *et al.* (695) ont des résultats inconstants (voir également 675). Sackeim *et al.* (697) observent que les accès pathologiques de rire ou de pleurs sont plus fréquemment associés, respectivement, aux lésions hémisphériques droites ou gauches. Les auteurs notent en outre que les modifications d'humeur après une hémisphérectomie consistent surtout en une euphorie lorsque l'intervention a été pratiquée à droite. Enfin, ils indiquent que l'épilepsie gélastique (crise épileptique consistant en un accès de rire) est préférentiellement le résultat d'un foyer localisé dans l'hémisphère gauche. Strauss *et al.* (771) étudient les comportements de peur chez divers épileptiques : les peurs intercritiques de type social ou sexuel sont plus fréquentes chez les épileptiques par foyer gauche. Chez des patients dont les connexions entre les hémisphères ont été rompues, on montre que l'hémisphère droit seul peut générer la réaction à des stimuli émotionnels et que cette réponse est plus intense et différenciée que si c'est à l'hémisphère gauche que l'on présente les objets (328, 759). La réaction émotionnelle physiologique (rythme respiratoire et/ou variation de la résistance électrique de la peau) à des stimuli est diminuée ou abolie en cas de lésion droite mais non si la lésion est à gauche (415, 579), y compris lorsqu'on pondère les résultats par la performance à un test de perception d'émotions (868). La présence d'une lésion droite — et non gauche — réduit les possibilités d'intégrer correctement la composante émotionnelle de stimuli verbaux : mémorisation d'un texte à contenu émotionnel (830), jugement du caractère émotionnel de phrases entendues (414; non confirmé *in* 711), analyse ou production de prosodies, c'est-à-dire de l'intonation affective de phrases (794); Gardner *et al.* (322) observent qu'en cas de lésion droite les sujets analysent bien des dessins humoristiques à condition qu'une légende soit présente, et que leurs réactions sont exagérées (tout à fait absentes ou très intenses) par rapport à celles des sujets avec une atteinte gauche. Dekosky *et al.* (208) montrent que les sujets avec lésion droite nomment moins bien que les patients avec une lésion gauche l'émotion produite par des situations, mais non s'il s'agit de désigner la situation correspondant à l'émotion énoncée par l'examinateur. Cicone *et al.* (163) observent, en cas de lésion droite, des difficultés de perception du caractère émotionnel de dessins (et non s'il s'agit de phrases). Graves *et al.* (368; voir également 363) observent que des aphasiques (lésion gauche) lisent mieux des mots abstraits s'ils ont une valeur émotionnelle.

c) En troisième lieu, les *études menées chez les sujets normaux* viennent étayer ces asymétries hémisphériques; on peut y distinguer quatre procédures principales.

Dans la première, on invite le sujet à évoquer divers types de souvenirs affectivement intenses, tandis qu'on enregistre l'électroencéphalogramme. Davidson et Schwartz (191) observent une activation hémisphérique droite dans ces conditions; Harman et Ray (390) n'observent cependant rien de particulier à droite mais, à gauche, une activation pour le souvenir d'expériences agréables et une baisse d'activité pour les désagréables[40].

La deuxième méthode consiste à présenter des stimulations visuelles dans un seul champ visuel au moyen de lentilles posées sur l'œil, et à comparer les performances des champs gauche (hémisphère droit) et droit (hémisphère gauche). Il apparaît que la réponse émotionnelle (rythme cardiaque) à un film comique diminue s'il est présenté à l'hémisphère droit mais augmente s'il apparaît dans le champ droit, tandis que l'inverse est observé pour un film stressant; par ailleurs, l'estimation par les sujets de la tonalité affective des films montre que ceux-ci sont jugés plus déplaisants dans le champ gauche que le droit, sans différence en ce qui concerne leur caractère agréable (221, 222). Une variante de cette procédure consiste à présenter brièvement les stimuli dans un seul hémichamp visuel[56] : Graves et al. (368; voir également 363) montrent, par une épreuve de décision lexicale, une supériorité des mots émotionnels sur les non-émotionnels (mais l'hémichamp dans lequel se produit cette différence est fonction du sexe du sujet) et du champ droit sur le gauche (du moins chez les sujets masculins).

Une procédure comparable est employée dans le domaine de l'audition avec l'écoute dichotique ou sa variante monaurale[41]. On observe une supériorité de l'oreille gauche (hémisphère droit) sur l'oreille droite lorsqu'on fait reconnaître des prosodies (381), associer des bruits à valeur émotionnelle aux dessins correspondants (146) ou évaluer la tonalité affective de phrases (699). Zenhausern et al. (865) soumettent les sujets à l'écoute monaurale de messages qui, sous différentes tonalités affectives, rapportent un état émotionnel; la tâche est d'évaluer l'émotion rapportée par le message. Il apparaît que le choix repose plus sur le contenu que sur la tonalité lorsque c'est l'oreille droite qui est stimulée; le sexe du sujet influence en outre les asymétries observées. Fennell et Mulheira (279) observent, chez les mêmes sujets, une supériorité de l'oreille gauche lorsqu'il s'agit d'identifier la tonalité émotionnelle, de l'oreille droite s'il s'agit d'identifier les mots (voir également 706). Bryden et al. (118) notent la supériorité de l'oreille gauche dans une tâche d'évaluation de la tonalité émotionnelle de séquences musicales.

Enfin, une quatrième procédure consiste à examiner les mouvements des yeux du sujet[42] comme indicateurs d'une asymétrie hémisphérique. Schwartz et al. (717) observent des mouvements dirigés vers la gauche lorsqu'on pose au sujet des questions à valeur émotionnelle; Tucker et al. (795) confirment l'observation et montrent un phénomène similaire si les questions sont posées dans un contexte stressant. Ahern et Schwartz (7) indiquent que la question à valeur émotive positive (excitante) provoque plus de mouvements vers la droite et moins vers la gauche que la question portant sur la peur. Natale et Gur (599) ont des résultats qui vont dans le même sens et observent en outre que la déviation des yeux vers la droite facilite l'évocation de souvenirs joyeux et la déviation vers la gauche celle d'événements tristes[43].

4. Eléments de différenciation de cette asymétrie

Tout cet exposé tend à montrer que l'hémisphère droit, davantage que le gauche, contrôle l'activité émotionnelle du sujet humain. Il n'est toutefois pas évident que la dissociation soit aussi simple. En effet, l'examen minutieux de certains de ces travaux semble montrer que les deux hémisphères sont concernés, chacun pour un type différent de conduite émotionnelle (*cfr* 104).

On se souviendra d'abord de deux éléments cliniques. Le premier est le fait que des réactions émotionnelles, bien que de nature différente, sont observées tant après une atteinte gauche que droite. Le second est ce patient de Swash (776) atteint d'accès de rire par lésion gauche et les données de Sackeim *et al.* (695, 697) selon lesquelles les accès incontrôlés de pleurs sont plutôt associés à des lésions gauches et les accès de rire aux atteintes droites. De plus, c'est à gauche (en fronto-temporal) que Johanson *et al.* (446, 447) observent un accroissement d'activité lorsqu'ils accentuent l'anxiété des sujets névrotiques.

Par ailleurs, quelques études évoquées plus haut et consacrées aux sujets normaux apportent des nuances. Dans le travail de Harman et Ray (390), l'EEG droit n'est pas modifié si le sujet revit en imagination des situations émotives du passé; à gauche cependant, les émotions agréables induisent une activation et les désagréables une désactivation hémisphérique. Chez Carmon et Nachshon (146), le sujet identifie mieux les bruits émotionnels entendus à gauche mais surtout les pleurs, et le rire d'un homme produit l'asymétrie inverse. Dans les études de Dimond (221, 222), les films sont jugés plus désagréables dans le champ gauche que le droit mais aussi humoristiques dans les deux cas; le film comique a plus d'effet sur la fréquence cardiaque s'il est vu à droite qu'à gauche, et l'inverse est observé pour le film déplaisant. Tyler (799) considère que la situation d'anxiété favorise un mode de traitement qui relève davantage de l'hémisphère gauche que du droit (voir également 600 ou 604).

Enfin, dans la troisième partie, nous constaterons une différenciation de l'asymétrie émotionnelle qui va dans le même sens si on considère les émotions faciales.

D'une manière encore provisoire, il semble donc bien que la supériorité de l'hémisphère droit dans les conduites émotionnelles soit surtout le fait des émotions négatives. On dispose d'encore trop peu de données pour parler d'une supériorité gauche pour les émotions positives, mais les faits plaident pour une telle éventualité. Nous reviendrons sur ces questions mais on doit noter que ces interprétations ne font pas l'unanimité des auteurs (voir les revues théoriques 120, 135, 483, 793).

Chapitre 6
Le cerveau perçoit le visage

Introduction

Nous allons constater que les données de neuropsychologie clinique ou expérimentale convergent pour indiquer une probable supériorité de l'hémisphère droit dans les mécanismes de perception du visage humain (voir 99, 100). Deux restrictions cependant sont à apporter. D'une part, ceci ne signifie pas une incompétence de l'hémisphère gauche: les données, pathologiques ou recueillies auprès de sujets normaux, montrent une participation non négligeable du cortex gauche dans le processus. D'autre part, les études expérimentales conduites chez les sujets normaux révèlent que cette asymétrie hémisphérique est fragile: elle peut disparaître, voire s'inverser, moyennant des modifications méthodologiques ou du stimulus. Enfin, cette convergence de vues n'a encore qu'une valeur empirique: on ne sait aujourd'hui pratiquement rien des mécanismes propres au cortex droit qui le rendent prévalent dans la perception des visages.

Les points successifs du chapitre correspondent à la fois à l'ordre logique des recherches et à l'ordre chronologique de ces études. Une première période est principalement marquée d'observations cliniques de patients qui, à la suite d'une lésion cérébrale, devenaient incapables de reconnaître des visages familiers. Vient ensuite une phase de recherches plus expérimentales (depuis 1966) dans lesquelles on soumet des patients avec lésion cérébrale à des tests de perception ou reconnaissance de visages. Suit alors (depuis 1971) une période durant laquelle on soumet des sujets normaux à des épreuves de perception de visages, en vue de comparer les compétences respectives de leurs hémisphères gauche et droit. Plus récemment encore (depuis 1975), ce type d'études est mené chez les enfants normaux.

I. Un étrange symptôme

1. Une agnosie visuelle parmi d'autres

L'agnosie visuelle désigne un trouble de la reconnaissance visuelle, produit par une lésion cérébrale et non explicable par des déficits visuels élémentaires ou une détérioration générale. On distingue diverses formes d'agnosie visuelle selon le type de stimuli: objets, dessins, couleurs, formes, etc.

L'agnosie visuelle est identifiée dès le début de la neuropsychologie (seconde moitié du 19e siècle). On trouve, à cette époque, quelques descriptions de patients chez qui le déficit portait en outre ou principalement sur les visages familiers. Néanmoins, il faudra attendre 1947 pour faire de cette agnosie une entité clinique spécifique. Depuis lors, l'attention des chercheurs a été attirée par ce symptôme et les cas publiés sont devenus plus nombreux.

2. Historique

Comme le soulignent Rondot et Tzavaras (679), «l'histoire de la prosopagnosie commence avec celle de l'agnosie visuelle» (p. 134). Ce terme, du grec *prosopon* = visage, n'est en réalité forgé que récemment par Bodamer (59). Néanmoins, l'analyse rétrospective des publications montre que des cas de prosopagnosie avaient été décrits avant 1947.

Dans les anciennes descriptions de cas d'agnosie visuelle, il s'est trouvé des auteurs pour mentionner que leur sujet présentait en outre des difficultés à reconnaître visuellement des personnes familières; on considérait généralement que ce trouble faisait partie de l'agnosie visuelle. Certains, cependant, ont été frappés par l'importance du trouble pour les visages: on a parlé de «cécité morphologique» (Millian: 571), Hoff et Pötzl l'ont inscrit dans le déficit de la vue pour les ensembles (425), Nielsen (605) distingue l'agnosie visuelle pour les stimuli inanimés de l'agnosie visuelle pour les stimuli animés (y compris les visages), Donini (226) établit un parallèle entre le trouble de la reconnaissance de l'image spéculaire complexe et le déficit prosopagnosique.

S'il est habituel d'attribuer à Charcot (156) la première observation en cette matière, on peut retrouver des descriptions antérieures de prosopagnosies (438, 657, 831). Après Charcot, divers auteurs décrivent des cas d'agnosies visuelles où les visages sont impliqués à des degrés divers et pour lesquels l'attention des auteurs est peu ou fortement attirée sur ce point précis[44].

En 1947, Bodamer présente la description de trois cas qui, entre autres, ont souffert de troubles de la reconnaissance des visages (59). Leur symptomatologie était néanmoins fort complexe dans la mesure où ils présentaient bon nombre d'autres déficits; il s'agissait de trois blessés de guerre chez qui le traumatisme a provoqué divers signes de souffrance cérébrale sévère. Comme le soulignent Rondot et Tzavaras (679, p. 135), si «le premier il en (la prosopagnosie) fait un trouble spécifique (...), on doit convenir qu'il fallait une certaine audace pour isoler d'un ensemble symptomatique aussi complexe un trouble sélectif de la reconnaissance des visages »[45].

Bodamer insiste sur l'existence de cas de prosopagnosie sans agnosie visuelle pour les objets ou les formes (Lissauer: 527; Nielsen: 605): pour lui, cette observation suffit à montrer le caractère spécifique du déficit. Il met par ailleurs l'accent sur le fait que le prosopagnosique identifie généralement bien le visage comme étant un visage, le déficit portant avant tout sur l'individualisation de ce stimulus. Enfin, Bodamer souligne l'utilisation par le prosopagnosique de stratégies compensatoires de reconnaissance des personnes, reposant surtout sur la modalité auditive (voix, bruit de pas,...). Wilbrand (837) relevait déjà cette stratégie.

Au niveau interprétatif, Bodamer considère la prosopagnosie comme le déficit d'une fonction perceptive très fondamentale et génétiquement primitive, antérieure à la reconnaissance des objets inanimés. Comportementalement, ses patients ont l'attention à ce point attirée sur la région des yeux qu'ils ne peuvent s'en détacher, appréhender l'ensemble du visage et reconnaître le personnage. L'auteur appelle cette zone une « ocula », région épargnée du visage-cible (par analogie aux épargnes de la « macula » dans beaucoup de déficits du champ visuel). Pour le prosopagnosique, il s'agirait en quelque sorte d'une régression à un stade infantile du développement. L'auteur s'appuie ici sur les études de Kaïla (457) indiquant que le nourrisson fixe son regard sur les yeux de la mère et sourit avant tout au regard maternel. Notons que Bodamer montre que ses patients identifient le visage comme tel ainsi que ses parties, ce qui pourrait poser problème à l'interprétation que lui-même propose.

La publication de Bodamer suscitera des commentaires en sens divers, tant en ce qui concerne les trois cas qu'à propos des interprétations avancées. On doit surtout à cet auteur d'avoir provoqué des réactions, qui seront l'occasion d'un grand nombre d'études pendant ces 35 dernières années.

Ces études peuvent être distinguées en trois catégories : descriptions de cas isolés de prosopagnosie, tentatives de synthèse clinique, études expérimentales sur les compétences respectives des hémisphères cérébraux dans la perception de visages chez les patients cérébrolésés d'abord, les sujets normaux ensuite. Cette troisième classe d'études fait l'objet des sections ultérieures du chapitre. Les cas isolés publiés [46] constitueront le donné à partir duquel divers auteurs [47] vont s'efforcer de réaliser une description synthétique cohérente du trouble et d'en proposer une interprétation. Les points suivants de cette première section du chapitre résument ces éléments.

3. *La prosopagnosie*

Cliniquement, nous l'avons vu, la prosopagnosie consiste en un trouble de la reconnaissance visuelle du visage humain, provoqué par une lésion hémisphérique et non explicable par d'autres signes cliniques (détérioration générale, déficits de fonctions perceptives plus élémentaires, etc.). Cette déficience est donc doublement spécifique : elle ne concerne que la modalité visuelle et ne porte que sur le visage humain. Cette caractéristique rend compte du fait que le trouble peut passer inaperçu dans la vie quotidienne du patient : il use en effet de stratégies de suppléance qui permettent de reconnaître les personnes par d'autres informations visuelles (démarche, coiffure, vêtements, lunettes, taille, barbe, moustache, cicatrice, etc.) ou des éléments non visuels (voix, pas,...).

Tous les degrés de gravité sont possibles. Dans quelques cas, le patient ne se reconnaît pas lui-même (le patient de Charcot est célèbre à ce propos : il s'excuse auprès du personnage ... rencontré dans un miroir !). Parfois, le patient ne se reconnaît pas sur une photographie. D'autres formes de prosopagnosie concernent surtout la reconnaissance de personnes familières. Parfois encore, il s'agit de la reconnaissance de visages célèbres. Dans certains cas, le trouble porte simplement sur le sexe, l'âge où la mimique du personnage.

Cette prosopagnosie peut être de durée très variable, allant de quelques jours à plusieurs années. Elle peut par ailleurs être paroxystique (c'est-à-dire se produire en crises). Il n'est pas habituel de reconnaître comme prosopagnosie l'illusion de modification ou déformation (métamorphopsie) des visages; ces « prosopométamorphopsies » n'empêchent d'ailleurs pas d'office la reconnaissance.

Statistiquement la prosopagnosie touche surtout les patients de sexe masculin (554), ce qui est attendu (elle est souvent d'origine vasculaire, étiologie plus fréquente chez les hommes).

4. *Troubles associés*

Non explicable par d'autres déficits, la prosopagnosie n'est pas pour autant le seul trouble du patient. Parfois devenue « pure » ou isolée après une longue évolution, elle appartient généralement à un ensemble de symptômes de lésion hémisphérique.

Les symptômes les plus fréquents sont les atteintes du champ visuel (le champ gauche est quasi toujours atteint), puis les troubles du schéma corporel et de l'équilibre, des difficultés de calcul ou de lecture secondaires à un déficit des relations spatiales. D'aucuns ont suggéré que la prosopagnosie, l'agnosie des couleurs et l'atteinte de la mémoire spatiale pourraient constituer une triade symptomatique typique (voir 521, 565).

D'une manière encore provisoire, on observe donc la prosopagnosie en association avec divers signes qui, pour le neuropsychologue clinicien, évoquent une lésion des régions postérieures du cortex cérébral de l'hémisphère droit. Cette latéralisation droite est d'autant plus probable que les signes typiques de lésions gauches ne sont jamais associés à la prosopagnosie.

5. *Anatomie*

Dans la grande majorité des observations[48], y compris celles où l'anatomie n'est pas disponible, les données cliniques évoquent en fait une atteinte hémisphérique postérieure bilatérale à prédominance droite; elle serait même exclusivement droite dans quelques cas. L'atteinte du champ visuel est pratiquement la règle et elle est bilatérale dans la moitié des cas. Lorsqu'elle est unilatérale, elle concerne le champ visuel gauche, surtout la partie supérieure. Les zones postérieures de l'hémisphère droit sont régulièrement touchées. Dans tous les cas contrôlés[48], la jonction occipito-temporale de la face interne de l'hémisphère droit est impliquée. Par ailleurs, une seconde lésion est mise en évidence, située dans les zones postérieures gauches (non nécessairement symétrique à la première)[49].

Une interprétation (565) suggère que la région critique est la jonction occipito-temporale droite, où convergent les informations occipitales droites (par le faisceau longitudinal inférieur) et gauches (par le corps calleux). Toute lésion unilatérale de cette zone ou toute atteinte bilatérale des voies qui y arrivent pourraient donc engendrer la prosopagnosie. Damasio *et al.* (185) proposent plutôt que la prosopagnosie résulte d'une atteinte bilatérale de la région occipito-temporale.

6. Interprétations

A partir des éléments cliniques, diverses interprétations ont été suggérées. Certaines engendreront les études expérimentales mentionnées plus loin.

On ne reviendra pas sur les idées défendues par Bodamer (59). Certains auteurs ont tenté une *explication mnésique* : Nielsen (605) parle d'irréminiscence, Hécaen (404, 409) ne néglige pas un éventuel déficit de la mémoire, Lhermitte et Pillon (522) soulignent que la reconnaissance du visage relève d'apprentissages précoces ultérieurement étendus à d'autres types d'objets, Charcot (156) considérait le trouble mnésique comme fondamental. Bruyer *et al.* (117), à partir de l'analyse d'un cas, rejoignent cette interprétation mnésique en la nuançant : le patient dispose en mémoire d'informations mais auxquelles il n'accède plus (voir également 185).

Hoff et Pötzl (425) contestent une telle interprétation. Ils insistent sur le fait que l'évocation des images visuelles n'est pas nécessairement atteinte chez le prosopagnosique et, inversement, qu'un trouble de l'évocation ne s'accompagne pas d'office d'une agnosie visuelle pour les objets ou visages. Ces auteurs défendent la thèse d'une association entre une agnosie visuelle et un trouble du *schéma corporel*. Plus tard (648), Pötzl précise en termes de trouble de la fonction de mesure (déficience de l'interprétation des informations provenant de la vergence des yeux) associé à un déficit de l'évocation des traces mnésiques concernant le schéma corporel, ces déficits ne se manifestant cliniquement que s'ils concernent la reconnaissance visuelle.

Pour Stollreiter-Butzon (767) et Bay (30), la prosopagnosie reflète un trouble de la *perception simultanée*, dans le contexte d'une déficience de la « synthèse psychique ». Galli (313) présente la prosopagnosie comme un trouble de la vision du visage en tant qu'ensemble, et un déficit de l'appréhension des relations entre ses parties: la structure du visage n'est plus représentée.

Bornstein (64) objecte à ces interprétations gestaltistes[50] que le prosopagnosique reconnaît bien les parties du visage, même s'il ne peut plus l'identifier. Faust (274, 276) objecte à son tour que, contrairement aux faits, un tel déficit devrait retentir en outre sur la perception d'autres objets que les visages. Cet auteur va plutôt considérer le signe clinique comme non spécifique au visage mais comme expression d'un syndrome plus général: l'atteinte de la *fonction d'individualisation* (à l'appui, il présente le cas d'un sujet prosopagnosique souffrant de difficultés à individualiser des sièges); il s'agirait, en quelque sorte, d'une difficulté à distinguer des objets de forme et fonction très voisines. Hécaen (404, 408, 410) partage globalement cette opinion, en particulier par suite de l'association fréquente entre la prosopagnosie et un trouble de la mémoire spatiale (Rondot *et al.*, 680, présentent cependant un cas de prosopagnosie qui subsiste après disparition des troubles spatiaux; *cfr* également 117). L'auteur insiste néanmoins sur l'adjonction de déficits visuels, du schéma corporel ou de l'équilibre et ne néglige pas, on l'a vu, le facteur mnésique.

Nous sommes ici au cœur de la problématique concernant la *spécificité* d'une fonction cérébrale de reconnaissance du visage humain. Certains auteurs (50, 159, 274, 340, 522, 523) ne reconnaissent pas cette spécificité: la reconnaissance du visage n'est qu'un cas particulier d'individualisation du stimulus dans sa catégorie et est commun à d'autres catégories (voitures, bâtiments, lieux, animaux,...). Ce qui est spécifique, c'est l'opération d'individualisation et non la classe d'objets sur laquelle elle porte. Sa particularité serait de concerner les objets visuellement complexes et difficilement verbalisables.

La position inverse est défendue par Bodamer (59), Yin (851 à 853) ou Tzavaras *et al.* (801, 802). On reviendra plus loin sur les recherches de ces auteurs; ils estiment que l'existence d'agnosies visuelles où les objets d'une même catégorie sont mal identifiés mais sans prosopagnosie associée, représente un argument important. La prosopagnosie ne serait plus que la forme mineure d'un déficit de l'individualisation, qui subsiste après les autres signes et qui est rare.

Une opinion intermédiaire est défendue par Hécaen *et al.* (410). Ces auteurs étudient 25 cas de prosopagnosie et y repèrent deux groupes d'égale ampleur: chez les uns, des troubles spatiaux mais non de la lecture ou des gnosies visuelles sont associés; chez les autres, inversement, on trouve des déficits de la lecture et des gnosies visuelles sans trouble de l'espace. Au premier groupe correspondrait un déficit de la reconnaissance des catégories visuelles spécifiques (les visages et les lieux, c'est-à-dire les objets visuels complexes difficiles à verbaliser), le second groupe indiquerait un déficit plus général (touchant la reconnaissance visuelle des visages, objets et textes)[51]. Enfin, Hay et Young (397) suggèrent de distinguer la question de la spécificité (existe-t-il des processus cognitifs qui concernent les visages et rien que ces derniers, et sont-ils organisés en un système séparé?) de celle de l'unicité (ces processus sont-ils d'une nature particulière?) : leur revue de littérature les conduits à accepter la spécificité mais non l'unicité. Pour Damasio *et al.* (185), le trouble n'est pas limité aux visages humains : il porte sur tout stimulus visuel «ambigu», dont la reconnaissance dépend de l'évocation d'éléments contextuels.

En conclusion, de nombreuses divergences subsistent quant à l'interprétation de la prosopagnosie. Sans méconnaître les hypothèses mixtes, il semble bien que l'on rencontre quatre types de propositions dans la littérature, selon que l'on croise la divergence entre les tenants d'un déficit perceptif et ceux qui suggèrent une interprétation mnésique, avec l'opposition entre un trouble spécifiquement limité aux visages et le reflet d'une déficience plus générale. Il n'est pas interdit de penser que ces divergences ne sont pas dramatiques et reflètent plutôt l'existence de *formes diverses de prosopagnosies*, diversité éventuellement liée à des lésions différemment localisées. Ajoutons cependant qu'on assiste aujourd'hui à un glissement conceptuel dans l'interprétation de la prosopagnosie, glissement vers un mode d'analyse qui rejoint celui, plus général, de la psychologie qui recourt au «traitement de l'information» (117, 185).

II. Recherches chez les sujets avec lésions cérébrales

L'existence — mais aussi la rareté — de ce symptôme va provoquer diverses questions dans la communauté scientifique : la rareté du trouble ne tient-elle pas au fait qu'il s'agit d'un signe infraclinique, fréquent mais qui passe inaperçu dans la pratique courante? Que se passe-t-il de particulier dans l'hémisphère droit qui le rende plus sensible que le gauche au visage? Qu'en est-il du traitement cérébral des visages humains? Que peut-on découvrir de l'intervention du cerveau dans la perception, la mémorisation et la reconnaissance du visage? Qu'est-ce que le visage a de particulier du point de vue du cerveau qui l'analyse?

Pour aborder ces différentes questions, une première stratégie de recherche voit le jour. On va soumettre à des tâches de perception ou reconnaissance de visages, des patients porteurs de lésions cérébrales; on va alors comparer les performances selon que la lésion est à gauche ou à droite. Souvent, un groupe contrôle de sujets normaux est également testé. Notons que les patients ne sont pas retenus sur base de la présence de troubles prosopagnosiques et qu'on s'efforce généralement de ne retenir que des droitiers [52].

Les études qui ont pour objet propre la «reconnaissance» de visages chez les cérébrolésés peuvent être dissociées, sur le plan expérimental, en deux classes [53].

1. Perception de visages

Dans ces travaux, on va généralement demander au sujet d'examiner des visages et de les retrouver parmi d'autres. On accentue parfois la difficulté en modifiant l'éclairage à la prise de vue, en changeant la position ou la mimique, en ajoutant des accessoires, en présentant des photos floues, en ne présentant que des parties de visages. Dans certains cas, on demande au sujet de décider si deux visages sont les mêmes ou pas. On ne détaillera pas ici les expériences [54].

Les résultats convergent globalement pour indiquer que les sujets avec une lésion droite sont au total inférieurs aux autres. Les sujets avec lésion gauche ne diffèrent pas toujours des normaux et la présence d'une hémianopsie (en tant que signe de lésion postérieure) n'a pas toujours un effet sur les performances, pas plus que l'aphasie. Cette asymétrie est moins marquée s'il s'agit de gauchers [52, 61]. D'autre part, les patients avec une lésion droite deviennent sensibles à la présentation de fragments asymétriques de visages (215) et les évitent s'ils le peuvent (102); leur fragilité porte en outre surtout sur les traits faciaux centraux, tout comme chez les jeunes enfants (114).

Dans certains cas, les auteurs ont pu soumettre à leurs épreuves des patients prosopagnosiques ou présentant des signes cliniques de ce symptôme (115, 117, 215, 536, 801, 802). Les résultats sont inconstants et ne témoignent certainement pas d'un déficit obligatoire de la part de ces patients.

2. *Mémorisation et reconnaissance de visages*

Cette fois, la procédure consiste à demander aux sujets de répondre (choisir) alors que le ou les modèles ne sont plus visibles et ont donc dû être mémorisés (109, 111, 214, 215, 371, 574, 808, 823, 835, 852, 853).

Ici également, les travaux convergent (sauf 371) pour indiquer des performances plus faibles en cas de lésion droite, surtout postérieure (attestée par l'hémianopsie) ou temporale. Notons l'absence de corrélation entre ces épreuves avec visages inconnus et des épreuves de reconnaissance de visages célèbres, en cas de lésion droite. Observons enfin que ces patients lésés à droite ne bénéficient pas de l'adjonction d'un encodage physique (évaluer la longueur du nez) ou inférentiel (sympathie du personnage) dans leurs performances de reconnaissance : ces données sont similaires à celles des déments mais s'écartent par contre de celles de sujets amnésiques ou normaux (51).

3. *La question de la spécificité*

Certaines de ces études abordent la question de la spécificité. Elle consiste à examiner s'il existe dans le cerveau — en particulier dans les structures postérieures de l'hémisphère droit — un mécanisme de perception qui serait spécifiquement concerné par les visages, à l'exclusion d'autres stimuli visuels complexes peu verbalisables.

La recherche de Tzavaras *et al.* (801) tend à répondre affirmativement à cette interrogation : les deux épreuves qui concernent les visages sont corrélées entre elles et pas avec les autres, chez les seuls sujets avec une lésion droite. De même, Whiteley et Warrington (835) montrent une telle dissociation, et qui se vérifie au niveau anatomique. Dans la même ligne, Yin (852, 853) observe une performance des sujets avec lésion postérieure droite qui est spécifique aux visages. Semblablement, Wasserstein *et al.* (826) défendent la spécificité, y compris sur une base anatomique, en n'observant pas de corrélation entre une épreuve de perception de visages et une épreuve de perception d'autres stimuli visuels complexes, chez des patients atteints d'une lésion droite. Van Lancker et Canter (808) soumettent des patients lésés à gauche ou à droite à un test de reconnaissance (trouver le nom en choix multiple) de visages et de voix célèbres : les patients lésés à droite sont déficients dans les deux épreuves, et ces déficits tendent à s'associer chez un même sujet uniquement en cas de lésion droite. Pour les auteurs, il existerait un mode holistique commun de traitement des voix et des visages, déficient en cas de lésion droite. De Renzi et Spinnler (214) considèrent l'absence de similitude entre les performances pour des visages et pour des sièges comme un argument en défaveur de la spécificité: la relation importante entre visages et figures géométriques tendrait plutôt à considérer les premiers comme un cas particulier de stimuli visuels peu verbalisables et difficiles à discriminer. Si Bruyer (111) ne peut isoler une spécificité hémisphérique droite pour les visages par rapport à des fleurs ou des maisons, une autre étude (109) lui permet de dissocier, en cas de lésion droite, les visages célèbres de fleurs familières ou de monuments célèbres. Enfin, Bruyer et Velge (116) analysent la corrélation entre les performances perceptives pour les têtes de chiens, des «faces» d'automobiles ou des bâtiments: les résultats sont inconstants.

Par ailleurs, si on retient la conception d'un mécanisme spécifique aux visages, des arguments viennent indiquer que cette spécificité pourrait venir au caractère mono-orienté des visages. En effet, Yin (852, 853) a montré que cette particularité se limite aux visages à l'endroit. Bruyer (103) indique de surcroît qu'elle ne concerne que les visages suffisamment nets sur le plan perceptif, mais Bruyer et Velge (116) ne peuvent retrouver un effet de l'orientation qui interagirait avec la latéralisation des lésions cérébrales.

4. Autres études

Il existe divers autres travaux où on soumet des patients cérébrolésés à la perception de visages. Cependant, cette procédure est employée en vue d'examiner d'autres problématiques que la perception des visages à proprement parler. On peut y déceler les thèmes suivants.

D'une part, on applique de telles procédures à des *sujets dont les hémisphères cérébraux sont déconnectés*[55]. Levy *et al.* (515) présentent pendant un court instant des visages chimériques formés de l'assemblage de deux moitiés de faces différentes. Invité à désigner parmi plusieurs visages celui ou ceux qu'il vient de voir, le sujet a tendance à choisir plus souvent le visage correspondant à l'hémiface apparue dans le champ gauche (c'est-à-dire à l'hémisphère droit); le phénomène est cependant également observé pour d'autres catégories d'objets. La réadministration de ce test à d'autres sujets déconnectés (444; MacKay, 1976 et Dunne, 1977, cités *in* 573) a donné des résultats inconstants. Sperry *et al.* (759) présentent à de tels sujets différents objets ou personnages (dont le patient lui-même) dans un champ visuel; il apparaît une bonne reconnaissance quel que soit le champ visuel utilisé. Dans cette expérimentation, le réflexe galvanique (mais non la réponse cardiaque) augmente lorsque le patient se voit lui-même, quel que soit le champ stimulé et de la même manière que des sujets normaux (649). Une étude ultérieure (650) note cette fois un avantage pour le champ visuel gauche.

En second lieu, on sait qu'un trouble résultant fréquemment des lésions cérébrales concerne la mémoire (amnésie traumatique ou alcoolique notamment), et divers auteurs vont analyser le *syndrome amnésique* dans le cas particulier de la mémorisation de visages. On va d'abord confirmer globalement l'idée que, chez les amnésiques par traumatisme ou syndrome de Korsakoff d'origine alcoolique, le déficit porte surtout sur les faits relativement récents (545) voire même, comme en cas de lésion droite, sur la mémorisation immédiate de visages inconnus (228). On observe en outre que ces patients sont plus sensibles que les normaux au nombre de stimuli à mémoriser et au délai de rétention lorsqu'il s'agit de visages (824). De même, des sujets cérébrolésés bénéficient moins de l'imagerie visuelle que les normaux pour mémoriser des paires mots-visages (mais non des paires de mots), surtout si on impose un délai de rétention (517). Il apparaît cependant que les amnésiques peuvent bénéficier, dans la mémorisation de visages, d'une aide au moment de l'encodage perceptif (553). Biber *et al.* (51) montrent par ailleurs que la performance de ces patients peut s'améliorer nettement à la reconnaissance des visages, si les sujets ont été aidés à réaliser un encodage d'un niveau «profond» (c'est-à-dire évaluant les personnages quant à la sympathie) (voir également 568). Cependant, si les sujets déments de Wilson *et al.* (839) sont déficitaires à la fois dans un test de perception de visages et une épreuve de reconnaissance de visages, l'absence de corrélation entre ces épreuves ne permet pas d'établir un lien de causalité entre les deux déficits.

Quelques travaux vont porter sur la *reconnaissance de soi* lors de lésions cérébrales. La reconnaissance dans le miroir paraît atteinte d'une manière qui est directement reliée à la gravité de la démence (9, 647). La reconnaissance de soi sur des photographies, on l'a vu, semble préservée chez les sujets avec déconnexion des hémisphères (ci-dessus). Quant à la reconnaissance de soi sur un écran TV dans un circuit fermé de vidéo (570), on a déjà indiqué les difficultés que peuvent y rencontrer les normaux ou les patients psychiatriques (chapitre 2). Il apparaît en outre qu'un prosopagnosique échoue (mais aussi dans le miroir; *cfr* également 117), de même que des déments (alors qu'ils se sont reconnus dans le miroir) ou des amnésiques par syndrome de Korsakoff. Les sujets aphasiques ou atteints de lésions postérieures gauches peuvent réussir, mais non les patients avec une lésion postérieure droite. La présence d'hémianopsie n'est cependant pas un critère décisif.

Les épreuves de perception de visages, construites pour les patients «cérébrolésés», ont parfois fait l'objet de *prolongements psychométriques* dans la perspective de tests d'organicité. Levin et Benton (509) montrent que le test de Benton et Van Allen (42) permet de discriminer les cérébrolésés des cas psychiatriques, ces derniers ne différant pas des normaux à cette épreuve. Levin *et al.* (510) montrent qu'une version raccourcie de ce test est aussi sensible que l'original aux lésions cérébrales. La performance à cette forme courte semble en outre un bon indicateur de la gravité du coma qui a suivi un traumatisme (511). Enfin, Bentin et Gordon (40) incluent cette version abrégée dans une batterie plus large d'épreuves et retrouvent l'infériorité des sujets avec lésions droites par rapport aux lésions gauches et aux normaux.

Berent (44) examine l'*effet de l'électrochoc* sur des épreuves de perception de visages. L'électrochoc gauche entraîne une chute de performances dans un test où le sujet doit apparier des expressions faciales en faisant abstraction du personnage photographié. Par contre, l'électrochoc droit affecte une tâche d'appariement de visages, abstraction faite de leur expression.

Bruyer (109, 111) analyse le *rôle du langage* dans la perception de visages chez les sujets cérébrolésés, et confronte les visages à d'autres stimuli visuels complexes. On observe une meilleure reconnaissance des stimuli connus par rapport aux inconnus, et des stimuli inconnus non verbalisés par rapport aux verbalisés: si ces effets sont obtenus dans tous les groupes, ils sont les plus nets en cas d'atteinte droite et, dans ce dernier cas, l'étude des corrélations semble autoriser une dissociation des processus selon qu'il s'agit de dénommer ou désigner des stimuli célèbres, désigner des visages connus en reconnaissance différée, ou désigner des visages inconnus mais verbalisés; par ailleurs, la reconnaissance est facilitée par une verbalisation préalable, surtout en cas de lésion droite. Il existe une hypothèse dans la littérature selon laquelle l'aphasie dite «fluente» résulterait d'une déficience (sémantique) du mécanisme de catégorisation par élaboration d'un «schéma» ou «prototype»; Wayland et Taplin (829) examinent cette hypothèse en soumettant des aphasiques à une épreuve de catégorisation de dessins de visages par construction d'un prototype. Il apparaît effectivement que les aphasiques fluents ne peuvent élaborer un tel schéma, leur performance étant en outre corrélée à celle de dénomination ainsi qu'au score à un autre test visuoperceptif.

Enfin, Vilkki et Laitinen (811, 812) indiquent que l'asymétrie hémisphérique pour la perception de visages *n'est pas exclusivement corticale*. En effet, elle se manifeste également dans des cas de lésions chirurgicales du thalamus.

III. Recherches chez les sujets normaux

Les observations de prosopagnosies et les recherches effectuées dans des populations de patients porteurs de lésions convergent donc pour souligner une participation plus importante de l'hémisphère cérébral droit dans la perception de visages. On notera cependant que ces deux ensembles d'études ne peuvent exclure toute participation de l'hémisphère gauche et qu'il n'est pas évident que les processus cérébraux soient identiques pour les visages connus et inconnus. D'autre part, il paraît vraisemblable que des fonctions cérébrales soient spécifiquement consacrées au visage.

Un certain nombre de chercheurs vont examiner, chez les sujets normaux, les compétences respectives des hémisphères dans la fonction de perception des visages. Ces études nécessiteront une technologie appropriée [56]. Elles vont concerner différentes problématiques : l'asymétrie se retrouve-t-elle chez le sujet normal et, si oui, est-elle également en faveur de l'hémisphère droit ? est-elle absolue ou dépendante de variables méthodologiques (durée de présentation, mode de réponse, etc.) ou du sujet (âge, sexe, latéralité, etc.) ? est-elle limitée au visage ou inscrite dans un contexte plus large d'asymétrie pour la perception de stimuli visuels complexes peu verbalisables ? est-elle exactement « l'inverse » de la dominance gauche pour le langage ? les modes de traitement de l'information sont-ils différents entre les deux hémisphères ? chaque hémisphère est-il seul habilité à traiter un type de données ou bien est-il simplement « un peu plus » apte que l'autre ? Ces questions sont en fait celles de toute la neuropsychologie expérimentale.

1. *Note méthodologique préalable*

Tous les travaux n'ont pas utilisé la même procédure. Il s'agira donc de faire preuve de prudence dans le degré de généralité auquel des résultats obtenus de manières différentes peuvent conduire (voir 100, 105).

On peut distinguer les procédures en fonction de la charge mnésique à laquelle elles font appel et du nombre de stimuli impliqués. Ainsi, une *première série d'études* est composée de comparaisons pairées de similarité : on présente deux visages au sujet qui décide s'ils sont identiques ou non. Ces deux visages peuvent être montrés simultanément, dans le même champ visuel ou un dans chaque champ; dans cette procédure simultanée, le sujet répond en pressant un bouton (exemple : presser le bouton s'ils sont les mêmes et ne rien faire s'ils diffèrent) ou deux boutons (le premier s'ils sont les mêmes, le second s'ils sont différents) (329 exp. 1, 463, 584 exp. 1 et 5, 766). Une seconde variante de comparaison pairée consiste à décider si deux visages, présentés l'un après l'autre et séparés par un intervalle défini, sont identiques; ces deux visages apparaissent ou non dans le même champ ou, dans certains cas, un des deux apparaît au centre. La réponse du sujet peut être à nouveau émise par la pression d'un (ou deux) bouton(s) (49, 85, 123, 584 exp. 3 et 4, 622 exp. 1, 727; variante *in* 389) ou verbale : dans ce dernier cas, le sujet dit à voix haute le résultat de son choix (« mêmes » / « différents » ou « oui » / « non ») (251, 329 exp. 2, 388, 419, 520, 855). Dans une *seconde série de recherches,* on présente un seul visage à la fois; il s'agit en fait de quelques visages différents mais qui reviennent plusieurs fois et le sujet doit pouvoir les distinguer : pour un ou certains visages étudiés préalablement, il s'agit de répondre en pressant un bouton et s'abstenir dans les autres cas (ou presser un second bouton)[57]. Une *troisième procédure* consiste à retrouver parmi plusieurs visages, présentés ensemble ou un à un, ceux qui ont été préalablement mémorisés[58]. Il peut également s'agir d'une identification (640, exp. 1; 857) ou d'une reconnaissance en choix multiple (513, 514, 633, 641, 688).

Ces trois groupes de recherches reprennent la plupart des études qui concernent notre propos. On doit, pour être complet, ajouter quelques études où on demande au sujet d'effectuer un choix entre deux alternatives en indiquant une préférence, de dénommer des visages célèbres ou familiers, ou de lire (dans les expériences de contrôle avec stimuli verbaux)[59].

Le paramètre de réponse sur lequel vont porter les analyses de résultats sera généralement le temps de réaction du sujet (temps qui s'écoule avant la production de la réponse). Dans certains cas, les auteurs étudient plutôt le nombre de réponses correctes ou le nombre d'erreurs.

2. Tendance générale des résultats

S'il y a des exceptions sur lesquelles nous allons revenir, la grande majorité des résultats s'accorde à indiquer une asymétrie dans la perception de visages chez les sujets normaux. *La réponse est habituellement « meilleure »* (c'est-à-dire plus rapide ou plus souvent correcte) *pour les visages apparus dans le champ visuel gauche.* On rejoint donc les données provenant de la pathologie pour indiquer une supériorité de l'hémisphère droit dans ce type de tâche. Il apparaît en outre que l'hémisphère droit est plus compétent que le gauche dès l'étape qui consiste à discriminer des visages d'autres stimuli qui leur ressemblent beaucoup (395).

Cet avantage de l'hémisphère droit se vérifie, que les stimuli soient des photos ou des dessins, ne paraît pas secondaire à nos habitudes oculo-motrices de lecture (de la gauche vers la droite) et résiste même à une mémorisation portant sur 48 heures ou à des tâches concurrentes latéralisées. Lorsque l'expérience comprend un test complémentaire avec du matériel verbal, on observe généralement une double dissociation: avantage de l'hémisphère droit pour les visages, du gauche pour le matériel verbal. La supériorité hémisphérique droite, d'autre part, paraît peu explicable par la nature de la tâche qui précède immédiatement ou la nature du signal qui sert de point central de fixation. Enfin, il est intéressant de noter que cette supériorité droite est surtout marquée lorsque la tâche consiste à comparer deux visages orientés différemment et s'accentue lorsqu'on applique aux visages un filtre de hautes fréquences qui ne laisse visibles que les traits généraux (463).

D'ailleurs, comme on le suggérait au chapitre 2, une voie de recherche sans doute prometteuse consiste à présenter des visages légèrement modifiés (expressions, poses, ...) dans les épreuves de reconnaissance. A cet égard, quelques travaux de neuropsychologie ont à ce jour recouru à cette procédure (49, 766, 769). Il est particulièrement intéressant de noter, précisément, que les asymétries hémisphériques sont les plus marquées dans ces conditions expérimentales.

Ceci n'implique cependant pas une incompétence totale de l'hémisphère gauche. Les visages qui lui sont présentés (champ visuel droit) donnent lieu à une réponse meilleure que celle qui résulterait du hasard. La question demeure cependant ouverte de savoir si l'hémisphère droit est seul capable de traiter les visages ou s'il est simplement plus habile que le gauche[60].

Il s'agit par ailleurs de faire montre de prudence. Si les asymétries de réponses en fonction du champ visuel sont bien des données observables, *les asymétries hémisphériques ne sont que des inférences* : elles ne constituent pas nécessairement la seule interprétation possible des asymétries observées (biais attentionnels, stratégies perceptives, etc.). On use donc ici d'un abus de langage simplificateur, certes commode mais bien délicat à manier.

3. Exceptions à la règle

Dans certains cas, les résultats ne s'accordent pas à la règle générale. On en trouve l'explication — lorsqu'elle est possible — dans la méthode utilisée ou chez les sujets testés eux-mêmes (pour ce dernier point, voir 4 ci-dessous).

En effet, les variables méthodologiques peuvent avoir joué dans certaines recherches.

Ainsi, Bradshaw *et al.* (85) n'obtiennent pas l'asymétrie mais testaient en fait l'hypothèse selon laquelle une information transférée d'un hémisphère à l'autre connaîtrait, pour utiliser une grossière image, une inversion en miroir.

Certains travaux indiquent que cet avantage de l'hémisphère droit n'est valable que pour des *durées* de rétention de moins de 20 secondes (388); d'autres, par contre, trouvent cette supériorité même après un délai de 48 heures (449); d'autres enfin ne voient surgir l'asymétrie qu'après au moins 50 msec. à moins que l'intervalle soit occupé (584).

D'autre part, lorsqu'on présente des *visages à l'envers* (ce que Yin faisait chez les sujets cérébrolésés), la tâche est plus difficile que s'ils sont perçus à l'endroit, mais l'inversion ne modifie pas nécessairement les asymétries hémisphériques : l'avantage du champ gauche subsiste chez Ellis et Shepherd (251), l'asymétrie disparaît chez Rapaczynski et Ehrlichman (658) ou Young et Bion (856, 857), l'inversion ne rend pas la tâche plus difficile pour les seuls visages du champ droit chez Leehey *et al.* (504). Bradshaw *et al.* (86) montrent, en comparant des maisons, des visages à l'endroit et des visages à l'envers, que la supériorité hémisphérique droite pour les visages n'est ni inévitable, ni spécifique aux visages (même aux visages à l'endroit). Dans l'étude de St. John (766), les jugements de similitude/ différence sont mieux effectués lorsque les stimuli sont présentés à l'hémisphère droit, mais cette asymétrie tient bien davantage aux visages qu'aux autres stimuli (chaussures).

En troisième lieu, cette règle générale est moins évidente si on présente aux sujets des *visages célèbres ou connus :* inversion de l'asymétrie en faveur de l'hémisphère gauche, que la réponse soit une dénomination ou la pression d'un bouton chez Marzi et Berlucchi (548) ou Marzi *et al.* (549), mais maintien de l'avantage hémisphérique droit chez Moscovitch *et al.* (584), Leehey et Cahn (503), Young et Bion (857) ou Levine et Koch-Weser (514); les asymétries seraient toutefois plus dépendantes de la *familiarité* que de la possibilité de nommer (804); Proudfoot (656) obtient un avantage hémisphérique gauche dans une épreuve de dénomination de visages avec lesquels les sujets ont été préalablement familiarisés; toutefois, l'auteur considère que l'asymétrie hémisphérique relève davantage des contraintes cognitives que de la nature du stimulus ou de la tâche : en effet, d'une part cette asymétrie disparaît lorsque la difficulté perceptive est accentuée (en faisant suivre le stimulus d'un visage distracteur présenté dans le même champ visuel), d'autre part les asymétries évoluent en sens opposés selon que, au cours de la familiarisation, l'accent a été mis sur des particularités physiques du visage ou sur des informations d'ordre social relatives au personnage perçu. Ross et Turkewitz (688) analysent les asymétries durant la familiarisation avec des visages : les sujets présentant un avantage initial du champ droit maintiennent cette asymétrie, mais ceux qui ont une supériorité initiale du champ gauche passent au cours du processus par une symétrie, pour revenir enfin à l'asymétrie initiale.

Par ailleurs, Jones (450) observe une supériorité hémisphérique gauche, surtout imputable aux sujets masculins, lorsque la tâche consiste à identifier l'appartenance sexuelle des visages (*cfr* également 451, 726). Enfin, Patterson et Bradshaw (622, exp. 1) n'obtiennent cet avantage que lorsque les deux visages à comparer sont identiques et observent même un avantage hémisphérique gauche (exp. 3) si la comparaison est rendue plus difficile (les visages ne diffèrent que par un détail; voir également 86, exp. 2); de même, Geffen *et al.* (329, exp. 2) suppriment toute asymétrie en requérant une réponse verbale dans une tâche de comparaison de visages ou une réponse orale non discriminative dans une tâche de perception de chiffres (exp. 4). Chez Galper et Costa (321), on observe une double asymétrie inverse selon qu'on attire l'attention sur l'impression générale ou sur des détails physiques du visage (*cfr* également 656 ci-dessus). Bowers et Heilman (76) montrent que le temps de réaction manuelle à un signal sonore est amélioré mais seulement pour la main droite si le signal est précédé d'un stimulus avertisseur qui est un mot, un visage étant sans influence. Remarquons en terminant que Ornstein *et al.* (615) vérifient les asymétries attendues pour les régions pariétales mais non centrales des hémisphères (EEG).

Les recherches de Sergent (726, 727) permettent d'affiner notre compréhension des mécanismes de perception du visage en introduisant résolument, dans les débats neuropsychologiques, les modes d'analyse de la psychologie expérimentale (voir le chapitre 2, partie II); une telle procédure était déjà amorcée par exemple chez Geffen *et al.* (329), Patterson et Bradshaw (622) ou Moscovitch *et al.* (584) et devrait s'accentuer dans les années qui viennent. A travers trois expériences de comparaisons pairées de dessins de visages, l'auteur montre:

- une efficacité de traitement plus élevée dans le champ droit que le gauche: il s'agit (donc?) d'une tâche de nature «analytique»;
- que cet avantage hémisphérique gauche relève d'une analyse des visages qui va du haut vers le bas plutôt que du contour vers les traits intérieurs: ce processus analytique est donc une stratégie sérielle d'exploration de détails de haut en bas, davantage que le passage progressif d'une approche globale vers un examen localisé;
- qu'il ne subsiste qu'un effet d'ipsilatéralité (la main qui est du côté du champ stimulé est plus prompte que l'autre) lorsqu'on présente uniquement les traits faciaux hors de leur contexte «visage», les différences entre les stimuli étant difficiles à percevoir;
- que si ces différences deviennent plus apparentes, le traitement analytique et du haut vers le bas apparaît à nouveau, mais il se produit principalement une disparition de l'avantage hémisphérique gauche.

Ainsi, les compétences hémisphériques droites n'émergent que pour les tâches «faciles» et la perception de visages consiste à détecter la différence la plus saillante — où qu'elle se trouve — lorsqu'il s'agit de l'hémisphère droit, tandis qu'elle consiste à détecter la différence en fonction de sa position s'il s'agit de l'hémisphère gauche. De surcroît, le mode hémisphérique gauche de traitement est le plus efficace, y compris pour des visages.

4. *Variables du sujet*

Les travaux ne manquent pas où les résultats globaux confirment les asymétries attendues mais dans lesquels un nombre non négligeable de sujets font exception. Dans la plupart des cas, cependant, on ne dispose pas d'informations précises sur ces sujets qui échappent à la règle. Dans certaines études, les auteurs vont cependant étudier, incidemment ou comme objet principal de la recherche, diverses variables propres au sujet (pour des revues récentes traitant de l'effet des variables du sujet sur les asymétries latérales, voir 23, 270 ou 558 en ce qui concerne le sexe, 866 pour l'âge, 644 pour les traits cognitifs).

D'abord, en ce qui concerne le *sexe*, on peut distinguer les recherches où tous les sujets sont du même sexe (ce qui empêche un effet éventuel de cette variable), celles qui englobent des sujets des deux sexes mais où l'effet de cette variable n'est pas étudié, celles qui ont testé cet effet mais parmi d'autres, celles enfin qui sont véritablement consacrées à cette variable. Les résultats sont contradictoires : pas d'influence du sexe (542, 634, 766), supériorité des hommes (622, exp. 1; 857) ou asymétrie hémisphérique provenant des sujets masculins (388, 625, 670), supériorité des femmes (86, 333, 450).

D'autre part, quelques auteurs ont examiné l'asymétrie hémisphérique en fonction de la «*dépendance du champ*» (voir la note 15). Il apparaît unanimement que les asymétries observées sont dues aux sujets «*field independent*», les «*field dependent*» ayant des asymétries inverses ou une supériorité hémisphérique gauche quelle que soit la nature des stimuli (614, 648, 658, 867).

En troisième lieu, on rappellera l'étude de Ross et Turkewitz (688) qui montre l'influence des «*habitudes cognitives hémisphériques*» sur les asymétries dans des tâches de familiarisation.

En quatrième lieu, quelques auteurs ont étudié l'asymétrie hémisphérique pour les visages en fonction de l'*âge*. Reynolds et Jeeves (667) retrouvent l'asymétrie chez des adultes et des enfants de 13-14 ans mais non de 7-8 ans; Young et Ellis (855) confirment l'asymétrie sans différence due à l'âge chez des enfants de 5, 7 et 11 ans; Phippard (633) obtient l'avantage hémisphérique gauche pour les mots et, chez les sujets de 17 à 23 ans mais non ceux de 11 à 15 ans, la supériorité droite pour les visages; Pirozzolo et Rayner (641) retrouvent cette double asymétrie chez des enfants normaux de 12 ans et demi; Young et Bion (856) confirment et montrent en outre que l'asymétrie n'apparaît que pour les visages à l'endroit (et seulement chez les garçons s'il y a beaucoup de visages différents) (voir également 857); Marcel et Rajan (542) vérifient les asymétries dans un groupe d'enfants de 7 à 9 ans; Broman (89) n'observe pas d'asymétrie chez les adultes ou les enfants de 13 ans, un avantage hémisphérique droit pour les visages chez les enfants de 10 ans et ceux de 7 ans, et un avantage hémisphérique droit pour du matériel verbal chez ces enfants de 7 ans; Levine (513) observe qu'il faut attendre l'âge de dix ans pour voir apparaître la supériorité hémisphérique droite dans la perception de visages (alors que la supériorité gauche pour les mots est déjà présente à huit ans), mais que cette supériorité s'observe dès l'âge de huit ans si les visages présentés sont très familiers. A nouveau donc, les résultats sont contradictoires. Ils procèdent cependant de méthodes expérimentales différentes.

Quelques auteurs se sont attachés à étudier les asymétries hémisphériques en fonction de la *latéralité* des sujets[61]. Les résultats tendent à ne pas trouver de variation importante d'asymétrie chez les gauchers (123, 333, 418). Gilbert et Bakan (334) observent une asymétrie un peu moins marquée. Gilbert (332) obtient une fragilité des faiblement gauchers par rapport aux autres sujets (droitiers mais également fortement gauchers) et Lawson (501) une interaction complexe entre la latéralité, le sexe et la manière d'écrire. Dans ces deux études, cependant, ces effets ne modifient pas l'asymétrie hémisphérique pour les visages. Chez Piazza (634), la supériorité hémisphérique droite provient des droitiers sans antécédents familiaux de gaucherie.

Notons enfin que si Phippard (633) obtient les asymétries attendues pour des visages et du matériel verbal chez des sujets normaux adultes ou des *sourds* qui ont appris à communiquer par le canal oral, aucune asymétrie ne se produit chez les sourds qui communiquent par d'autres moyens (gestualité, etc.). De même, Pirozzolo et Rayner (641) observent un avantage du champ gauche pour les visages et du droit pour les mots chez des sujets normaux, les *dyslexiques* ne manifestant que l'asymétrie pour les visages.

Conclusions

1. Ainsi, les observations convergent pour indiquer que *c'est probablement plus avec sa moitié droite que notre cerveau analyse les visages*. Les cas de prosopagnosie, les études menées chez les patients avec lésion cérébrale et les recherches conduites chez les sujets normaux, plaident pour cette interprétation.

Cet avantage hémisphérique droit pourrait cependant constituer une simple application du même avantage pour la perception de stimuli visuels complexes difficiles à verbaliser. Il semblerait toutefois que les visages constituent quelque chose de spécifique : ceci ne vaut en effet que s'ils sont présentés à l'endroit et de manière nette.

Cependant, il pourrait s'agir plus d'un avantage que d'une exclusivité. En effet, la pathologie et l'expérimentation enseignent une participation probable de l'hémisphère gauche; en outre, la supériorité droite tient à de subtiles variables méthodologiques ou du sujet qui peuvent la supprimer ou l'inverser. Ainsi, l'avantage hémisphérique droit pour la perception de visages *est réel mais fragile*. Des auteurs comme Gazzaniga et Ledoux (328) plaident pour une sorte d'équicompétence hémisphérique, chaque hémisphère recourant d'ailleurs à une stratégie propre (p. 71). Moscovitch (580), de manière plus nuancée et documentée, pense que les premières étapes de l'analyse d'un stimulus, durant lesquelles le cerveau repère les caractéristiques physiques élémentaires de l'objet, sont effectuées et de la même manière par les deux hémisphères. L'asymétrie apparaît ultérieurement lorsque l'information parvient aux zones secondaires associatives (qui sont d'ailleurs anatomiquement différentes à gauche et à droite), sous l'effet de facteurs comme la nature du stimulus, la nature de la tâche, voire l'attention et l'expectative du sujet. Cette asymétrie serait alors fonctionnellement (mais non structurellement) transmise aux aires tertiaires associatives pour les traitements plus élaborés. L'auteur propose ce modèle dual, ne jugeant tout à fait satisfaisant aucun des modèles classiques: matériel verbal à gauche — non verbal à droite, traitement séquentiel à gauche — spatial à droite, analyse sérielle à gauche — en parallèle et simultanée à droite, procédure analytique à gauche — globaliste à droite. Par ailleurs, dans le cas plus spécifique du visage, il semble bien difficile de soutenir aujourd'hui qu'un hémisphère soit nécessaire (bien qu'un seul soit suffisant), les deux contribuant au processus en fonction des variables que nous venons de rappeler; les arguments sont par ailleurs divergents quant à la spécificité ou non de l'avantage hémisphérique droit pour l'appréhension des visages (voir également 729). Il semble bien aujourd'hui, pour les visages mais également d'autres catégories d'objets, que chaque hémisphère soit capable de traiter l'information (en fonction de la tâche, des consignes, etc.), bien que non nécessairement d'une façon identique dans les deux cas (voir 84, 321, 463, 726, 727, etc.).

Ce qui paraît cependant clair, c'est la différence de traitement qui est appliqué aux visages selon qu'ils sont nouveaux ou connus:
- la brisure de la courbe de développement, présente autour de 12 ans, ne s'observe que pour les visages nouveaux;
- la stratégie initiale analytique est présente chez les jeunes enfants, les prosopagnosiques, les adultes lésés à droite et les amnésiques; elle n'est par ailleurs efficace que pour les visages connus;

- l'avantage hémisphérique droit n'est donc valable que pour les visages nouveaux et semble apparaître précisément après 10 ans;
- en pathologie, (a) le prosopagnosique a des difficultés aux visages connus et rarement pour les visages nouveaux, tandis que (b) les lésés à droite ont des troubles qui portent surtout sur les visages nouveaux: ils ne sont pas nécessairement prosopagnosiques et, lorsqu'il y a également des troubles pour les visages connus, ils sont le fait d'autres sujets du groupe;
- les visages inconnus sont mieux traités dans le champ gauche; les visages «moyennement familiers» seraient mieux traités dans le droit; les visages «hautement familiers» (c'est-à-dire impliqués dans la vie quotidienne) seraient à nouveau mieux traités dans le champ gauche.

Il demeure toutefois que cet avantage unilatéral droit rejoint la même supériorité de l'hémisphère droit pour les conduites émotionnelles (chapitre 5). Il s'agira à présent d'examiner les fonctions cérébrales dans la perception et la production d'émotions par le visage (troisième partie).

2. On ne dispose pas à proprement parler de théorie neuropsychologique de la perception ou de la reconnaissance du visage. Néanmoins, nous pouvons tenter de resituer les faits dans le *contexte plus général des asymétries hémisphériques fonctionnelles,* en nous efforçant d'intégrer tant les tendances générales des résultats que les exceptions.

La neuropsychologie, dans l'évolution de ses travaux, a élaboré divers modèles visant à rendre compte des asymétries observées (voir par exemple 166 ou 749). Les «incertitudes développementales» que nous avons rencontrées pourraient par ailleurs se concevoir dans le cadre d'une ontogénèse asymétrique de ces spécialisations hémisphériques, comme le proposent certains auteurs. Ces considérations pourraient de plus être étendues aux suggestions selon lesquelles l'asymétrie fonctionnelle hémisphérique serait moins marquée chez les gauchers, en particulier les gauchers familiaux: ces hypothèses générales rendraient compte des effets de la latéralité en ce qui concerne la perception des visages. Enfin, la question est ouverte de savoir si l'asymétrie fonctionnelle hémisphérique est ou non liée au sexe; à nouveau, les effets du sexe que nous avons rencontrés pourraient s'y rattacher. Dans ces trois cas, toutefois, les présentes remarques peuvent s'appliquer aux différents modèles d'asymétrie.

Une première voie proposée lie cette asymétrie à la nature des stimuli et du matériel: l'hémisphère gauche est dominant dans le traitement du *matériel linguistique* et le droit est dominant s'il s'agit de *stimuli visuo-spatiaux complexes*. La tendance générale des faits présentés ici pourrait s'inscrire dans un modèle de ce type, puisque nous observons une supériorité hémisphérique droite pour ces stimuli visuels complexes que sont les visages et, dans les expériences où ce contrôle est pratiqué, un avantage gauche pour le matériel linguistique. En outre, la probable supériorité hémisphérique gauche dans le cas des visages célèbres pourrait s'inscrire dans le modèle, dans la mesure où on peut penser que ces stimuli sont actuellement encodés par leur label verbal. Enfin, le modèle pourrait rendre compte de l'implication hémisphérique gauche dans la prosopagnosie (pour des raisons similaires).

Une deuxième formulation du modèle met davantage l'accent sur le mode de traitement propre à chaque hémisphère. L'hémisphère gauche procéderait d'une *manière séquentielle ou sérielle*, tandis que le droit traiterait les informations *en parallèle* : le modèle lié à la nature du stimulus (ci-dessus) ne serait qu'un cas particulier de ce dernier, dans la mesure où le langage est surtout traité d'une manière successive, tandis que les stimuli complexes se prêtent mieux à une analyse en parallèle de leurs composantes. A nouveau, la tendance générale des résultats concernant les visages peut s'inscrire dans un modèle de ce genre, y compris l'implication hémisphérique gauche dans la reconnaissance des visages célèbres et dans la prosopagnosie. En outre, un tel modèle rendrait compte de l'absence d'asymétrie lorsqu'un jugement oral est requis : une sorte de compétence, annulant l'asymétrie, surgirait entre la nature verbale de la réponse (hémisphère gauche) et celle des stimuli (visages). Le modèle rendrait également compte de la supériorité hémisphérique gauche lorsque le sujet doit décider si deux visages, qui ne diffèrent que par un détail, sont ou non différents : la procédure sérielle de traitement, à la recherche du trait distinctif, est alors probablement la plus efficace. De même, le modèle rendrait compte de la supériorité hémisphérique gauche dans la tâche de catégorisation, si on admet que cette dernière revient à attribuer un paramètre linguistique au stimulus. Enfin, le modèle s'appliquerait aux données indiquant un avantage hémisphérique droit lorsque le sujet doit retrouver de profil un visage préalablement vu de face ou lorsqu'il s'efforce de se faire une impression générale à propos du visage : compte tenu dela courte durée de présentation des stimuli, on peut supposer que le mode « parallé-liste » de traitement des informations est le plus efficace.

Un troisième modèle d'asymétrie pourrait être considéré comme une variante du précédent. Il postule que le mode de traitement hémisphérique gauche est principalement *analytique*, tandis que l'hémisphère droit fonctionne de manière *globaliste, gestaltiste, holistique* (il se distingue du deuxième modèle en mettant moins l'accent sur le paramètre temporel du traitement). Globalement parlant, il paraît pouvoir assumer tous les faits dont le deuxième modèle rend compte. En outre, il rendrait compte de l'absence d'asymétrie lorsqu'il s'agit de comparer deux visages présentés dans le même champ (avantage hémisphérique droit pour des visages, en compétition avec la difficulté de la tâche qui requiert un mode analytique de traitement), lorsque le sujet doit confronter deux visages qui se suivent à moins de 100 msec. (*idem*), ou lorsqu'il s'agit de reconnaître des visages à l'envers (impossibilité, dans ce cas, de mener une analyse globaliste: cfr chap. 2).

Quant au *modèle attentionnel*, un ensemble de recherches destinées à tester spécifiquement cette hypothèse issue des travaux de Kinsbourne (465, par exemple) n'a pu le vérifier (47, 421, 468, 581, 640), du moins en ce qui concerne les visages.

Au total, la dichotomie traitement analytique — traitement globaliste nous paraît donc rencontrer au mieux les données. Il demeure néanmoins qu'aucun modèle théorique ne peut englober la totalité des faits décrits. Il paraît peu probable qu'aucun hémisphère soit seul à traiter les visages, d'autant plus que ces études ne prennent pas en compte le rôle des commissures interhémisphériques par lesquelles, entre la présentation du (des) stimulus(i) et l'émission de la réponse, des transferts mal connus d'informations sont probablement en cause. Nous avons souligné plus haut l'insatisfaction envers ces modèles, qui a conduit des auteurs comme Gazzaniga et Ledoux (328) ou Moscovitch (580) à suggérer des alternatives. Rappelons que dans le modèle dual de ce dernier auteur, les deux hémisphères reçoivent l'information et accomplissent de la même manière le début du traitement (repérage des caractéristiques physiques élémentaires du stimulus), l'asymétrie de fonctionnement émergeant lors du traitement plus élaboré dans lequel le cerveau extrait les propriétés catégorielles du stimulus; cette activité est assurée par les aires associatives secondaires, anatomiquement différentes à gauche et à droite. Enfin, les analyses encore plus élaborées sont assurées par les aires tertiaires, anatomiquement symétriques mais auxquelles une asymétrie fonctionnelle est transmise du fait du traitement asymétrique antérieur. L'asymétrie surgit par suite de variables comme la nature du stimulus, la nature de la tâche ou même l'attention ou l'expectative du sujet. Bertelson (48), dans une revue sur les asymétries observées chez le sujet normal, est également plus qu'hésitant à l'égard de ces différents modèles (*cfr* également 83 ou 166): comme on peut le soupçonner à partir de données rassemblées dans ce chapitre, il est vraisemblable (a) qu'on ne dispose pas à ce jour d'interprétation des mécanismes sous-jacents aux différences fonctionnelles hémisphériques, et (b) plus fondamentalement, que l'interprétation des asymétries comportementales observées par la seule asymétrie cérébrale soit largement insuffisante.

Sergent (726, 727) accentue nettement cette tendance théorique qui tend à *relativiser l'ampleur des différences latérales et/ou hémisphériques*. Pour l'auteur, l'hémisphère gauche est parfaitement apte à traiter du matériel visuo-spatial complexe comme les visages et ce sont les conditions procédurales particulières qui, plutôt que de montrer une supériorité hémisphérique droite, empêchent cette compétence gauche de se produire: le processus holistique ou globaliste hémisphérique droit ne se produit que pour les niveaux élémentaires de traitement et n'est spécifique d'aucune catégorie de stimuli. Sergent considère que, dans le cas particulier des visages, la tendance générale de la littérature à suggérer une supériorité hémisphérique droite s'explique par des biais de procédure: dans les expériences où il s'agit de répondre uniquement pour le(s) visage(s)-cible(s), on favorise le jugement d'identité qui est globaliste, et dans les expériences de similitude/différence on se contente souvent d'étudier les réponses d'identité qui procèdent d'un traitement plus élémentaire (et plus rapide) que celles de différence. Quant à l'interprétation des différences de temps de réaction en fonction de l'hémisphère stimulé, elle est marquée d'une ambiguïté, selon l'auteur: ou bien elles signifient que les deux hémisphères traitent le matériel et que l'un est simplement plus rapide que l'autre, ou bien on considère qu'un seul hémisphère est capable de traiter ce matériel de sorte que si l'autre hémisphère est stimulé, il doit d'abord transférer l'information à son «collègue». Il y a de plus, dans la littérature, un paradoxe qui veut que pour montrer les compétences d'un hémisphère on s'efforce de montrer qu'il est supérieur à l'autre (comme s'il fallait, dit Sergent, battre Connors pour montrer qu'on est capable de jouer au tennis!).

Cette proposition selon laquelle l'hémisphère gauche est plus efficace dans les tâches d'identification de visages, et le droit dans les tâches de discrimination de visages, devrait retenir l'attention. Il serait en particulier utile, non seulement de tester la validité de cette hypothèse, mais d'en examiner le degré de généralité. On pourrait rechercher si elle est généralisable, d'une part à d'autres modalités (par exemple tactile: Bruyer et Stroot, *en cours*), d'autre part aux autres paramètres de la «perception d'autrui» tels que l'écriture (Bruyer et Secq, *en cours*) ou la voix.

Les recherches de Sergent sont importantes puisqu'elles indiquent que les visages peuvent être traités par l'hémisphère gauche, sans que cette asymétrie relève d'un traitement verbal (comme c'est le cas des études où il s'agit de dénommer, ou celles dans lesquelles les visages sont connus, célèbres ou familiers): les visages sont traités de façon analytique et du haut vers le bas, et l'hémisphère gauche est plus performant que le droit. L'hémisphère gauche a donc bien des compétences visuo-spatiales, mais qualitativement différentes de celles, holistiques, de l'hémisphère droit. Chaque hémisphère est donc «équipé» pour traiter ces stimuli, mais chacun est sensible à des propriétés différentes des stimuli. Ces possibilités hémisphériques gauches sont en outre accentuées par la difficulté de la tâche et exigent un certain temps en sorte qu'il apparaît que les classiques supériorités droites ne se produisent, en quelque sorte, que «par défaut». Pour Sergent, l'émergence de cet avantage hémisphérique droit avec le temps n'implique pas *de facto*, comme le suggère Moscovitch (ci-dessus), qu'il n'y a pas d'asymétrie dans les premières étapes du processus: on peut penser qu'il y a, dès le départ, une double asymétrie (en sorte qu'au total il n'y a pas de différence latérale mesurable) et que, lorsque le temps augmente, les différences les moins saillantes entre les stimuli s'estompent de sorte que le mode analytique de traitement devient moins efficace et que l'avantage hémisphérique droit émerge.

Signalons que Sergent est à ce jour occupée à tenir des raisonnements similaires — et validés expérimentalement — pour d'autres stimuli et d'autres formes d'asymétries (voir 728, 729).

Quoi qu'il en soit, le cas particulier de la perception des visages nous a renvoyés à la complexité des problématiques que soulève l'observation d'une asymétrie (hémisphérique?) latérale.

TROISIEME PARTIE

TRAITEMENT CEREBRAL DES EXPRESSIONS FACIALES

Introduction

D'un point de vue neuropsychologique, les éléments dont on dispose indiquent une dominance de l'hémisphère droit dans les fonctions de perception du visage (chapitre 6) et de contrôle des conduites émotionnelles (chapitre 5). On ajoutera cependant, d'une part que les mécanismes fonctionnels ou structuraux sous-jacents sont loin d'être élucidés, d'autre part que cette règle souffre d'exceptions nombreuses et diverses (et que l'explication par les différences cérébrales est sans doute trop sommaire), en troisième lieu qu'on ne dispose actuellement d'aucun système théorique explicatif. Ces limitations ne sont d'ailleurs pas indépendantes et la résolution de l'un de ces points entraînera des aménagements dans les deux autres. On notera en outre que ces limitations ne sont pas propres aux questions de perception de visages ou d'émotions: elles composent en fait la trame de toute la recherche neuropsychologique contemporaine.

Il nous faut à présent cerner au plus près la question synthétique de cet ouvrage et présenter les données disponibles quant au rôle des hémisphères cérébraux dans le contrôle des émotions faciales. On distinguera la perception des expressions faciales et la production de telles expressions.

I. Asymétrie hémisphérique pour la perception des expressions faciales émotionnelles

1. Données cliniques

Le lecteur se souviendra que, chez certains sujets prosopagnosiques, le déficit concerne la reconnaissance des expressions faciales.

Par ailleurs, Damasio *et al.*, (184) observent un avantage hémisphérique droit dans un test de reconnaissance d'expressions faciales émotionnelles chez un sujet dont on a sectionné le splenium du corps calleux.

Le patient de Howieson *et al.* (428) présente une agnosie visuelle pour les objets mais reconnaît assez bien des visages célèbres et parfaitement les expressions faciales. Le patient de Bowers et Heilman (77), à la suite d'une lésion droite, perçoit adéquatement les visages mais non les expressions faciales. Un patient que nous avons suivi (117), manifestement prosopagnosique, percevait normalement les expressions faciales.

2. Recherches chez les patients cérébrolésés

Kurucz et Feldmar (480) et Kurucz *et al.* (481) montrent, chez des patients cérébrolésés (lésions diffuses), la possibilité d'une dissociation entre le trouble de perception des visages et celui portant sur la perception des expressions faciales. Dans une série d'épreuves de désignation et appariement d'expressions faciales, Brosgole *et al.* (91) observent que des déments séniles restent capables d'opérations adéquates sur ce type de stimuli, à condition que la médiation verbale explicite soit faible: les auteurs y voient l'indice d'un trouble, chez de tels patients, dans la connexion entre le résultat (correct) du traitement sur les données visuelles et la signification (verbale?) affective du stimuli. Dans le travail de Tzavaras *et al.* (801), les sujets avec une lésion droite sont globalement perturbés à la perception de visages, mais sont surtout mis en difficulté lorsqu'ils doivent apparier des visages ayant des expressions différentes. Berent (44) a par ailleurs montré que l'électrochoc droit réduisait la possibilité de perception de visages qui diffèrent par l'expression (et l'électrochoc gauche réduit la perception d'expressions émises par des visages différents). Bruyer (108) a conduit une étude dans laquelle les sujets avec une lésion droite sont inférieurs aux sujets avec une lésion gauche dans une épreuve d'appariements d'expressions faciales, du moins si la netteté des photos est préservée. Dekosky *et al.* (208) montrent que les sujets avec une lésion droite sont inférieurs aux sujets avec une lésion gauche lorsqu'il s'agit de dénommer ou désigner l'expression d'un visage, surtout s'ils doivent discriminer deux expressions. Ceci serait toutefois secondaire à leurs troubles de perception des visages. Kremin (479) signale un déficit à apparier des expressions faciales en cas de lésion droite et Goldblum (345) des difficultés de désignation d'expressions émotionnelles, mais non si elles sont conventionnelles, chez ces mêmes sujets; de plus, ce déficit est surtout imputable aux patients héminégligents et ce sont les patients lésés à gauche qui présentent des difficultés pour les expressions conventionnelles. Cicone et al. (163) montrent, en cas de lésion droite, des difficultés à apparier des expressions faciales, non secondaires aux difficultés à apparier des visages. Dans le travail déjà mentionné de Blunk (58), les patients porteurs d'une lésion droite présentent, outre les difficultés à apparier les visages, une déficience d'appariement d'expressions faciales; cependant, à la différence de ce qui se passe chez les normaux et les sujets lésés à gauche, il n'y a pas de corrélation dans ce groupe entre les deux épreuves. Borod et Koff (69) notent que les sujets lésés à droite sont déficients dans une épreuve de compréhension d'émotions faciales. Zoccolotti et al. (868) observent un déficit des patients lésés à droite dans une épreuve d'appariement d'expressions faciales, mais cette déficience perceptive visuelle ne peut rendre compte de l'absence de réponse physiologique (résistance cutanée: cfr. chap. 5, II) aux stimuli émotionnels, manifestée par ces mêmes patients. Seron et al. (736) observent un déficit chez les aphasiques dans des rangements d'expressions faciales et des appariements entre une situation émotionnelle et l'expression correspondante, ce trouble étant corrélé au déficit de compréhension du langage. Prigatano (654) n'obtient pas de différence notoire entre lésions gauches, droites et bilatérales, antérieures ou postérieures, dans des épreuves de perception ou mémorisation d'expressions faciales émotionnelles; une tendance se dessine toutefois dans laquelle il semble que les lésions postérieures mènent en perception à une performance plus faible, alors que ce sont les lésions droites ou frontales qui fragilisent le plus la mémorisation. Kolb et Taylor (476) observent que les sujets lésés à gauche apparient difficilement une situation émotionnelle énoncée dans la légende d'une figure avec le nom de l'émotion correspondante, alors que les patients lésés à droite ont des difficultés à apparier une expression faciale avec l'émotion-cible de même type (visage expressif servant de modèle).

3. Sujets normaux

Suberi et McKeever (775) montrent que les sujets discriminent mieux les visages présentés dans le champ gauche que le droit; toutefois, cette différence est principalement due aux groupes de sujets auxquels on présentait des visages porteurs d'une expression émotionnelle. Dans la recherche de Buchtel *et al.* (119), les sujets discriminent entre des visages joyeux, neutres ou tristes présentés dans un champ visuel: une donnée intéressante est que si les visages joyeux sont plus rapidement perçus lorsque les dents sont visibles (rire) que si elles demeurent cachées (sourire), cette différence n'est valable que pour les stimuli du champ visuel droit. Dans le travail de Ley et Bryden (520), les sujets devaient porter un jugement de similitude non seulement entre deux visages mais en outre entre leurs expressions émotionnelles; en sus de la meilleure reconnaissance des visages du champ gauche, les sujets ont fait preuve d'une meilleure perception des expressions présentées à gauche (c'est-à-dire à l'hémisphère droit); les données de Hansch et Pirozzolo (389) vont dans le même sens. Il est par ailleurs important de noter que ces auteurs parviennent à montrer, par une procédure statistique élaborée[62], que ces deux asymétries sont indépendantes: les sujets ne reconnaissent pas mieux les visages du champ gauche PARCE QU'ils reconnaissent mieux les expressions présentées à gauche, et ils ne reconnaissent pas mieux les expressions du champ gauche PARCE QUE les visages sont mieux perçus de ce côté: les deux phénomènes se produisent en parallèle, l'un ne pouvant expliquer causalement l'autre. Landis *et al.* (489) demandent à leurs sujets si un dessin de visage vu de face en champ central et une photo de visage vu de profil dans un hémichamp présentent ou non la même expression; les auteurs observent de meilleures réponses lorsque le profil est apparu dans le champ gauche (voir également 490). Reuter-Lorenz et Davidson (666) présentent simultanément un visage dans chaque champ visuel, un neutre et un émotionnel; le sujet doit indiquer de quel côté est apparu le visage expressif. Il apparaît que l'expression de tristesse donne une meilleure réponse si elle est apparue à gauche tandis que la mimique joyeuse est mieux identifiée à droite. Natale et Gur (599) notent que les expressions faciales sont jugées plus positives dans le champ droit que le gauche. Strauss et Moscovitch (769) obtiennent, avec le même matériel, une supériorité hémisphérique droite dans la perception de visages (s'ils émettent la même expression) et dans la perception ou la mémorisation des expressions (si elles sont émises par des visages différents), les deux processus paraissant néanmoins relever de mécanismes distincts. Enfin, Ladavas *et al.* (484) observent que la supériorité hémisphérique droite dans la perception d'expressions faciales provient des femmes.

Safer (698) d'une part, McKeever et Dixon (559) de l'autre, s'attachent à rechercher les relations entre l'asymétrie pour la perception des expression faciales et l'interaction entre le sexe et la nature de l'encodage. Les résultats de Safer le conduisent à considérer que les émotions sont codées à la fois de manière verbale (hémisphérique gauche) et par l'imagerie (hémisphère droit), les femmes ayant un accès particulièrement aisé au second type de codage. Quant à McKeever et Dixon, ils observent un avantage de l'hémisphère droit dans une tâche de discrimination d'expressions, à condition que les sujets soient féminins et aient reçu la consigne d'élaborer une représentation imagée émotionnelle lors de la perception des stimuli. Dans cette ligne, Zoccolotti *et al.* (869) observent une supériorité du champ gauche dans la perception de visages neutres ou émotionnels chez les sujets « indépendants du champ » : pour les « dépendants », cette asymétrie n'est vérifiée qu'aux visages émotionnels. Le sexe est sans effet dans cette étude.

Quelques recherches sont enfin consacrées à la problématique suivante : des travaux de psychologie expérimentale sur lesquels nous reviendrons (voir également chapitre 4) tendent à indiquer que l'on juge plus expressive l'hémiface gauche d'un partenaire, alors que l'hémiface droite semble la plus similaire à la mimique du visage dans sa totalité. Par ailleurs, on l'a vu, nous percevons mieux un visage avec notre hémisphère droit (champ gauche) et il en va de même pour l'expression faciale. Certains auteurs posent ainsi la question d'un biais perceptif pour expliquer les asymétries expressives : on jugerait plus semblable à l'expression de l'ensemble du visage celle de l'hémiface droite non pas parce qu'elle diffère de la gauche mais en réalité parce que, en situation de vis-à-vis, elle apparaît dans le champ gauche de l'observateur.

Gilbert et Bakan (334) et Finlay et French (285) plaident pour une telle interprétation. Les premiers présentent trois photographies d'un même visage : le visage « normal » et deux chimères symétriques, l'une construite en apposant une hémiface du visage normal avec sa propre image en miroir et l'autre construite avec l'autre hémiface. Cette triade de photos provient soit de la photo originale, soit de l'image en miroir de celle-ci (voir figure 4). Le sujet doit choisir la chimère qui lui paraît ressembler le plus au visage normal. L'hypothèse est la suivante : si l'asymétrie du visage n'est que secondaire à l'asymétrie perceptive du sujet qui observe, on doit obtenir les

146   LE VISAGE ET L'EXPRESSION FACIALE

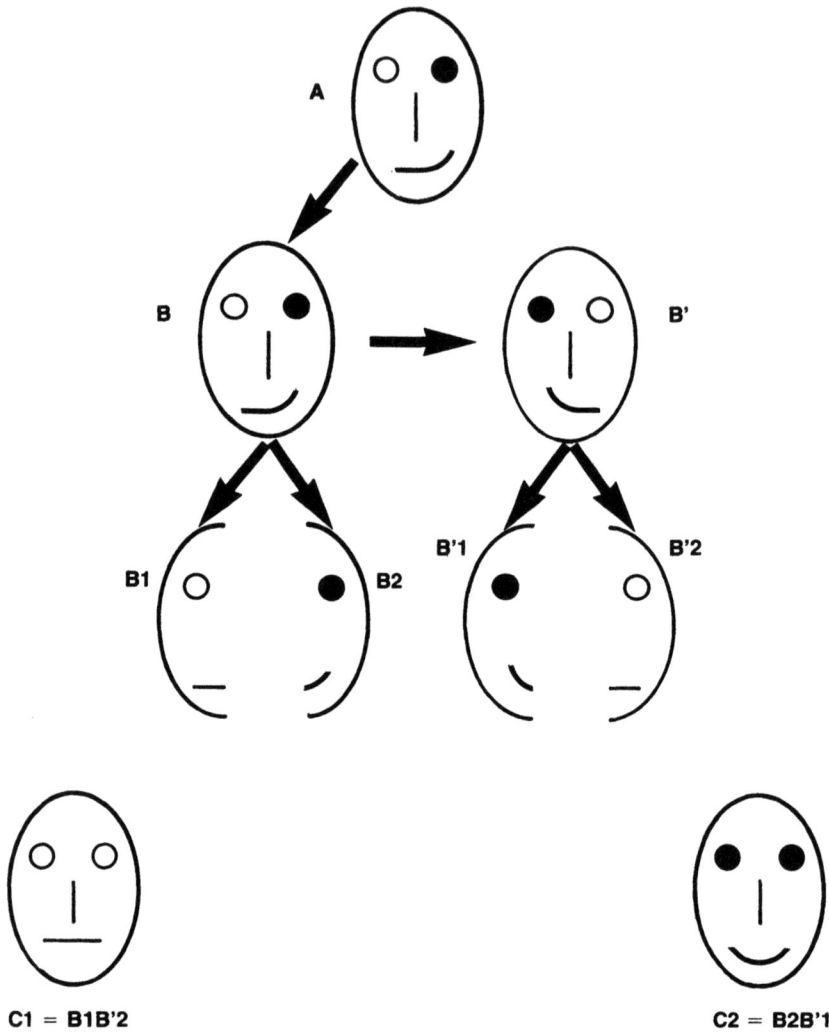

Figure 4. Schéma décrivant le modèle de construction des chimères dans l'étude de Gilbert et Bakan : A = le personnage photographié ; B et B' = la photo originale (B) de A et son image en miroir (B') ; C1 et C2 = les deux chimères symétriques. Dans l'expérience, le sujet doit choisir entre C1 et C2 celle qui ressemble le plus à B ou à B'.

mêmes résultats que le modèle soit la photo normale ou l'image en miroir de cette dernière. Les résultats confirment l'hypothèse : on préfère l'hémiface droite, pour les deux types de modèles. Cependant, cette préférence est plus nette pour la condition « originale », cette asymétrie est moins marquée chez les sujets gauchers et chez les sujets (Israéliens) dont les habitudes oculo-motrices de lecture sont inversées par rapport à celles des Occidentaux (ces sujets lisent de droite à gauche). Les auteurs concluent donc que l'hémiface droite du personnage observé est jugée plus représentative que la gauche de l'expression totale du visage parce qu'elle apparaît en fait dans le champ visuel gauche de l'observateur. Les études de Oltman *et al.* (614) et Lawson (501) confirment les résultats de Gilbert et Bakan[63]. Finlay et French (285) vont également défendre la notion d'un biais de l'observateur pour rendre compte des asymétries faciales. Les sujets étudient d'abord des visages normaux ; on leur présente ensuite des hémivisages dans un hémichamp visuel et ils doivent, pour chaque hémiface, décider si elle appartient ou non à un des visages préalablement étudiés. Ces hémifaces sont la gauche, la droite ou leur image en miroir, et elles apparaissent dans le champ gauche ou droit. Outre l'avantage du champ gauche lorsqu'on étudie le nombre de réponses correctes, il n'apparaît pas de différence entre l'hémiface gauche et la droite pour un champ donné. Ainsi, les différences proviennent exclusivement de la supériorité du champ gauche de l'observateur. La recherche de Heller et Levy (416) bouscule toutefois cette conclusion sans doute hâtive : les auteurs y montrent en effet, d'une part que la supériorité du champ gauche dans la discrimination de chimères asymétriques n'est le fait que des observateurs droitiers, d'autre part que l'hémiface gauche est plus expressive que la droite, que le personnage photographié soit gaucher ou droitier ; enfin, ces deux asymétries ne sont pas corrélées en sorte qu'on ne peut expliquer l'asymétrie expressive par un biais perceptif.

4. *Conclusion*

Les données cliniques, les recherches chez les patients avec lésion cérébrale et les études chez les sujets normaux indiquent donc une supériorité de l'hémisphère droit dans la perception des expressions faciales : ces dernières sont mieux analysées si la lésion est à gauche ou lorsqu'elles apparaissent dans le champ gauche. En outre, d'aucuns pensent que cette asymétrie suffit à expliquer les asymétries expressives : si l'hémiface droite paraît mieux refléter l'expression du visage, c'est parce qu'elle apparaît dans le champ visuel gauche. Cette interprétation paraît étayée par la première expérience de

Campbell (132). L'auteur réalise deux photos par personnages, une neutre et une avec l'expression de sourire; elle construit ainsi, par personnage, quatre chimères asymétriques en apposant une hémiface neutre et une hémiface souriante. On présente alors aux sujets deux chimères successives en champ central: les sujets doivent indiquer celle qui est la plus joyeuse. Les résultats montrent que l'on juge plus expressives les chimères dont la moitié souriante est dans le champ gauche, qu'elle provienne de l'hémiface droite ou de l'hémiface gauche du personnage photographié. Dans une autre recherche et avec la même procédure, Campbell (133) retrouve cette supériorité de l'hémiface gauche chez des gauchers, mais uniquement pour le sourire.

Malgré ces arguments qui semblent indiquer que l'asymétrie faciale est un artéfact provoqué par l'asymétrie visuelle de l'observateur, nous rappellerons l'étude de Heller et Levy (416) qui ne vérifie pas cette assertion et allons rencontrer des faits qui attestent la réalité de l'asymétrie expressive.

II. Asymétrie hémisphérique pour la production d'expressions faciales émotionnelles

Divers faits cliniques et expérimentaux suggèrent en effet qu'une réelle asymétrie expressive existe, par-delà l'asymétrie perceptive (pour une revue voir 107 ou 693).

1. *Données cliniques*

On mentionnera les observations indiquant une perturbation de l'expression faciale à la suite d'une lésion hémisphérique unilatérale.

Ainsi, le patient de Swash (776) souffrait d'accès de rire après une lésion temporale gauche. De même, les deux patients de Ross et Mesulam (687) s'avèrent incapables, après une atteinte droite, d'émettre des expressions faciales émotionnelles. Notons aussi les accès de rire en cas de lésion droite, de pleurs en cas de lésion gauche, dans l'étude de Sackeim *et al.* (695).

2. *Etudes chez les patients cérébrolésés*

Preilowski (650) rapporte que les deux sujets commissurotomisés[55] ont produit plus de réponses émotionnelles, telles que le rire, pour les visages présentés dans le champ gauche que ceux du champ droit. Duffy et Buck (230) observent une performance normale de sujets aphasiques ou de patients avec lésion droite dans une épreuve d'expressions faciales spontanées. Dans une autre étude des auteurs (121), il apparaît toutefois que les sujets lésés à droite présentent une expression faciale spontanée moins adéquate à la situation que les aphasiques (lésions gauches). Bruyer (110) a étudié l'asymétrie faciale de sujets porteurs de lésion cérébrale unilatérale par la méthode des chimères symétriques. Les résultats montrent que la supériorité de l'hémivisage gauche n'est confirmée que chez les patients dont l'hémisphère droit est intact; en outre, l'expression du sourire ne donne lieu à aucune asymétrie. Dans une recherche concernant principalement les sujets normaux (*infra*), Borod et Koff (69) montrent que les patients lésés à droite présentent, par rapport aux lésés à gauche, une inadéquation dans la production d'expressions faciales, qu'elles soient spontanées ou posées (nous avons en outre vu que ces sujets présentaient un déficit de compréhension des émotions faciales); de plus, alors que les normaux et les lésés à gauche ont une expression faciale plus marquée sur l'hémivisage gauche, l'hémiface droite est plus expressive en cas de lésion droite.

Enfin, Kolb et Milner (474, 475) observent, en cas de lésion frontale, des difficultés à produire des séquences faciales gestuelles.

3. *Sujets normaux*

Ces recherches sont plusieurs à conforter l'hypothèse de l'asymétrie expressive faciale.

On peut d'abord rappeler des études déjà mentionnées au chapitre 5, si on admet que les mouvements des yeux participent à l'expression faciale: ainsi, une déviation du regard vers la gauche est induite par une situation émotionnelle dans les expériences de Schwartz *et al.* (717), Tucker *et al.* (795) ou Ahern et Schwartz (7); elle est liée au type d'émotion et facilite différentiellement le rappel de faits émotionnels dans l'étude de Natale et Gur (599). On peut également indiquer la recherche de Schwartz *et al.* (718) où les auteurs montrent une activité motrice (électromyographie) plus importante dans la moitié gauche du visage, au repos ou lorsque le sujet produit volontairement diverses expressions faciales émotionnelles. Analysant l'activité faciale de sujets occupés à résoudre des tâches cognitives, Rinn *et al.* (669) observent une expression de sourire plus marquée à gauche et sans relation avec les paramètre de personnalité, et un regard généralement dévié vers la droite, cette asymétrie étant liée au trait de «assurance».

Par ailleurs, si Gilbert et Bakan (334) plaident pour une asymétrie davantage perceptive qu'expressive (ci-dessus), le choix de la chimère «droite» était plus net lorsque le modèle était l'original que s'il s'agissait de son image en miroir: l'impression de l'observateur selon laquelle l'hémiface droite supporte plus l'expression générale du visage (que la gauche) pourrait résulter d'une réelle asymétrie expressive. Ensuite, dans l'expérience de Campbell (132), il est apparu que la supériorité expressive de l'hémiface apparue dans le champ gauche était plus marquée pour les chimères en miroir (également *infra* 134): l'hémiface gauche serait donc plus expressive. D'ailleurs, dans une seconde expérience, cet auteur construit des chimères, symétriques cette fois, au moyen des photos neutres et souriantes et leur miroir; on présente aux sujets les deux chimères neutres en demandant d'indiquer la plus «triste» ou les deux chimères souriantes en demandant d'indiquer la plus «joyeuse». Les sujets jugent plus expressive la chimère construite à partir de l'hémiface gauche du personnage. On confirme par là l'impression d'asymétrie expressive qui était pressentie au terme de la première expérience (voir également Campbell (133) qui confirme ces observations chez des gauchers, du moins pour le sourire).

Chaurasia et Goswani (157) ont étudié, par des enregistrements, l'asymétrie latérale de plusieurs mouvements faciaux chez plus de 300 sujets adultes normaux. Globalement parlant, les gauchers et les droitiers présentent une nette asymétrie, en faveur de l'hémiface gauche chez les droitiers, de la droite chez les gauchers.

Sackeim et ses collaborateurs (692, 694) construisent des triades de visages: l'original, une chimère symétrique à partir de l'hémiface gauche et une chimère symétrique avec l'hémivisage droit; il s'agit d'un mode de construction comparable à celui qu'ont utilisé Gilbert et Bakan (334; voir ci-dessus la figure 4)[64]. De telles constructions sont effectuées pour différentes expressions émotionnelles. Pour chacune des trois photos, le sujet doit choisir l'expression la plus apparente et procéder à une estimation (échelle à sept points) de l'intensité de l'expression. Les résultats montrent que la chimère «droite» ressemble plus à l'original que la gauche et que cette dernière est plus expressive que la droite. Ces deux points confirment les autres travaux. Moscovitch et Olds (582, 583) ont examiné des sujets dans diverses situations (au restaurant, au laboratoire,...) et concluent à une expression faciale plus intense à gauche qu'à droite; ceci n'est toutefois vérifié que chez les droitiers. Borod et Caron (68) retrouvent la supériorité expressive de l'hémiface gauche, seulement pour certaines expressions et surtout chez les droitiers (voir également 70). Stringer et May (773) construisent des chimères symétriques au moyen d'un système vidéo sophistiqué et les résultats révèlent des asymétries latérales qui varient en fonction de l'expression envisagée; une seconde expérience, dans laquelle seules les hémifaces sont présentées, conduit à des résultats de même ordre. Alford et Alford (13) n'observent pas de différences nettes entre les gauchers et les droitiers quant à l'asymétrie faciale; les auteurs observent en outre que les sujets masculins exécutent plus facilement (que les femmes) des mouvements faciaux unilatéraux au moyen de l'hémiface non préférée. Karch et Grant (459) retrouvent la supériorité expressive de l'hémiface gauche au travers d'adjectifs descriptifs, tandis que Rappeport et Friendly (660) notent que l'hémiface gauche est jugée plus plaisante que la droite, en particulier chez les gauchers. Cacioppo et Petty (130) notent que l'expression faciale spontanée est plus nette sur l'hémivisage gauche, alors que l'expression posée ou volontaire est davantage assurée par la moitié droite du visage; en outre, le type d'expression détermine le sens de l'asymétrie (expression de tristesse plus nette à gauche, expression de réflexion plus marquée à droite). Ekman *et al.* (247) conduisent à ce propos une étude chez des enfants et des adultes et montrent que la supériorité expressive de l'hémiface gauche est surtout le fait des mouvements volontaires, c'est-à-dire non émotionnels (voir également 120). Strauss *et al.* (770) confirment la supériorité expressive gauche chez des enfants de 5 à 12 ans mais non (585) chez des enfants plus jeunes. Rubin et Rubin (689) confirment à leur tour ces faits chez des enfants de 8 à 10 ans, du moins s'ils sont droitiers.

Borod et Koff (69; voir également 472) retrouvent, au travers d'expressions faciales volontaires, la supériorité expressive de l'hémiface gauche; celle-ci se vérifie chez les gauchers tout autant que chez les droitiers, mais se limite aux expressions négatives. Des mesures complémentaires pourraient évoquer, dans tous ces travaux, l'existence d'un biais « structural » : ces mêmes auteurs observent en effet que la partie droite du visage est plus large que la gauche, même si cette dernière est supérieure à la droite en mobilité. Enfin, ces auteurs retrouvent, pour des expressions spontanées ou posées, la supériorité gauche pour les expressions négatives (chez les hommes et les femmes), supériorité qui ne subsiste que chez les hommes en ce qui concerne les expressions positives (pas d'asymétrie chez les femmes). Une autre étude (70) confirme d'ailleurs que l'asymétrie faciale pour des mouvements volontaires est, uniquement chez les hommes, corrélée aux autres mesures de dominance latérale (positivement ou négativement selon qu'il s'agit d'émotions positives ou négatives).

Toujours à propos de l'expression faciale sans émotion (c'est-à-dire posée ou volontaire mais mimant une expression émotionnelle), Cambell (134) observe que l'hémiface droite est jugée plus mobile que la gauche à condition que le personnage perçu soit silencieux (symétrie si le personnage est occupé à parler). De plus, dans ce travail on retrouve l'asymétrie perceptive de l'observateur déjà mise en évidence par Cambell (132): les juges estiment plus mobile l'hémiface droite lorsqu'on présente des photos normales, plus nettement la gauche lorsqu'on présente des photos inversées en miroir.

III. Précisions et conclusions

En conclusion, si l'hémisphère droit (champ gauche) semble plus apte que le gauche à percevoir les expressions faciales, il semble bien que cet hémisphère soit également plus apte que le gauche à générer ces mêmes expressions (hémiface gauche). Notons l'existence, à ce niveau, d'un *double paradoxe*. Le premier, qui se rattache à des données déjà présentées au chapitre 4, est le suivant: l'hémivisage gauche est le plus expressif mais l'expression globale du visage, sur le plan qualitatif, revient plus à l'hémivisage droit. Le second paradoxe énonce que si nous analysons surtout l'hémivisage droit, à la fois parce qu'il est plus représentatif de l'expression du visage entier et parce qu'il tombe dans notre champ visuel gauche, c'est pourtant l'hémiface gauche qui est la plus expressive. Ce paradoxe, qui tient à la situation particulière de vis-à-vis, rend peut-être compte de ce que la fameuse Joconde de Léonard de Vinci constitue une énigme pour un grand nombre de commentateurs (*cfr* 106). Ce paradoxe se double toutefois d'une cohérence au plan anatomique: c'est le même hémisphère, le droit, qui contrôle à la fois l'expression faciale et la perception de cette expression.

Il nous faut cependant encore nuancer, la situation est complexe. Nous avons vu au chapitre 5 que la supériorité hémisphérique droite dans le contrôle des conduites émotionnelles concernait surtout les émotions négatives (les positives relevant probablement de l'hémisphère gauche). Il semble bien que cette différenciation des asymétries soit également vraie pour les expressions faciales ou la perception de ces dernières (voir 104; également 119, 698, 769, 793).

Envisageons d'abord le *niveau perceptif*. Dans la recherche de Ley et Bryden (520), les sujets présentent une meilleure performance pour les stimuli apparus dans le champ gauche, et l'asymétrie maximale est le fait de l'émotion la plus négative. Dans un travail de

Reuter-Lorenz et Davidson (666), les sujets perçoivent mieux l'expression joyeuse dans le champ droit et la tristesse dans le champ gauche. Dans l'étude de Bruyer (108), la faiblesse des sujets avec lésion droite est la plus nette pour le sourire. Chez Natale et Gur (599) l'expression est jugée plus positive dans le champ visuel droit (voir aussi 600). Notons cependant que Cicone *et al.* (163) montrent que les sujets avec une lésion gauche apparient moins bien l'expression de joie que les autres expressions, l'inverse se produisant en cas de lésion droite. Chez des bébés de dix mois, Fox et Davidson (294) observent à l'EEG une activation gauche plus nette par les expressions joyeuses que par les expressions tristes que l'on présente au sujet.

Au *niveau expressif* ensuite, on peut repérer quelques éléments de différenciation. Ainsi, les sujets de Schwartz et ses collaborateurs (7, 718) manifestent, dans une situation émotionnelle, une motricité faciale gauche et une déviation des yeux vers la gauche s'il s'agit d'émotions négatives mais une activité plus nette à droite et une déviation oculaire vers la droite pour les émotions positives; Natale et Gur (599) obtiennent l'inverse. Par contre, ils trouvent une facilitation du rappel de faits agréables si le regard est dévié vers la droite, désagréables dans le cas contraire (*cfr* également 367). Dans les travaux du groupe de Sackeim (692, 694), si l'hémiface gauche est jugée plus expressive que la droite ceci n'est pas le cas pour la joie, l'asymétrie est plus nette pour les émotions négatives et souffre du plus grand nombre d'exceptions pour les émotions positives. Enfin, la recherche de Bruyer (110) chez des patients cérébrolésés tend à conduire à la conception d'une dominance de l'hémisphère droit pour les conduites émotionnelles négatives, sans dominance hémisphérique pour les positives (voir également 130). Cependant, lorsque Strauss *et al.* (772) examinent les expressions faciales de sujets pendant le déroulement d'une crise épileptique déclenchée par une injection intraveineuse, ils n'observent pas de relation entre le caractère positif ou négatif des expressions et la latéralisation du foyer épileptogène. Il est enfin intéressant de noter que si l'hémiface gauche est plus expressive que la droite lors de productions émotionnelles, c'est la droite — gouvernée par l'hémisphère gauche, dominant pour le langage — qui est la plus active lors de la production de paroles (369).

L'étude de Strauss et Kaplan (768) est tout à fait particulière à maints égards. Nous devons préalablement signaler que l'image mentale que chacun a de son propre visage résulte surtout de l'expérience quotidienne du miroir. Or dans cette situation (et non dans le vis-à-vis avec un partenaire), notre hémiface gauche est perçue à gauche et la droite à droite. Strauss et Kaplan présentent une paire de chimères complémentaires issues du propre visage du sujet. A la question de savoir quelle chimère lui ressemble le plus, le sujet choisit la gauche s'il produit une expression de joie, la droite pour la tristesse; à la question de savoir quelle chimère est la plus expressive, le sujet choisit la gauche s'il s'agit de la tristesse. Ces asymétries enfin, proviennent exclusivement des sujets féminins. De plus Mita *et al.* (576) ont observé que l'on préfère voir sa propre photo inversée en miroir, alors que l'on préfère l'orientation normale s'il s'agit de visages familiers (voir également 725).

Observons toutefois dès à présent que l'hypothèse d'une supériorité hémisphérique droite limitée aux émotions à caractère désagréable souffre de données contradictoires (voir 119, 698, 769) et que d'autres formulations théoriques commencent aujourd'hui à apparaître dans la littérature (voir par exemple 120, 135, 793). Quoi qu'il en soit, cette problématique est analysée actuellement avec attention et il est à cet égard significatif de noter qu'elle a récemment fait l'objet d'une controverse dans la revue *Science* (22) et de *symposia* au sein de deux réunions récentes de l'*International Neuropsychological Society* (Atlanta, 1981; Pittsburgh, 1982). Cette problématique est donc en pleine mouvance et la distinction supplémentaire entre expression spontanée et expression volontaire ou posée est un lieu important de controverses.

Conclusions

> « Mourons pour des idées, d'accord, mais de mort lente »
> (Georges BRASSENS, Mourir pour des idées, 1972)
> - « Une fausse erreur n'est pas forcément une vérité vraie »
> - « Si rien n'est moins sûr que l'incertain, rien n'est plus certain que ce qui est aussi sûr »
> (Pierre DAC, Les Pensées, Paris : Le Cherche Midi, 1972, pp. 29 et 50)

La neuropsychologie (humaine), dans son *développement historique*, a connu un processus dialectique exemplaire (au sens hégélien).

Une première période — 1850 à 1950 environ — est caractérisée par «l'étude du donné immédiat»: le cortex cérébral et ses rapports au comportement. A cette époque, sans méconnaissance de la dualité hémisphérique, l'accent est mis sur la notion d'une dominance cérébrale stricte et la quasi ignorance des capacités fonctionnelles des aires associatives de l'hémisphère droit, le «mineur».

Depuis une trentaine d'années environ, la «découverte de la différence» constitue le moteur de bon nombre d'études cliniques ou expérimentales: cette période de médiatisation se caractérise par la mise en évidence d'arguments nombreux étayant l'idée d'une sorte de répartition fonctionnelle des tâches sur le plan bi-hémisphérique: la notion de spécialisation(s) supplante celle de dominance. Mais les différences observées ne sont généralement produites qu'au moyen de raffinements statistiques impressionnants, les cas isolés qui font exception ne sont pas rares et l'étude de sujets dont on sépare chirurgicalement les deux hémisphères cérébraux force à méditer (et expérimenter)[55].

On doit ainsi s'attendre, dans les années qui viennent, à une époque de «réunification conceptuelle»: il est en effet clair que le cerveau est un organe unique, et il va s'agir de mettre en place des modèles théoriques assurant une explication univoque des relations cerveau-comportement, modèles qui puissent néanmoins rendre compte des différences fonctionnelles hémisphériques mises en évidence durant la seconde période. Ce processus est aujourd'hui « en cours d'émergence », comme on l'a vu.

Revenons quelque peu à cette période contemporaine des *différences hémisphériques*. Par un procédé simplificateur probablement abusif, il nous paraît qu'elles pourraient se ramener à la dualité de ce que Kant présentait comme des formes *a priori* de la sensibilité : le temps et l'espace.

Le cortex hémisphérique gauche, en effet, semble particulièrement impliqué dans le contrôle des phénomènes comportementaux où la variable temporelle est fondamentale. On sait par exemple la dominance hémisphérique gauche dans l'activité langagière : l'émission (orale ou écrite) du langage, mais également le décodage réceptif de ce dernier (compréhension orale ou lecture), constituent des faits (quasi) exclusivement séquentiels. Autre exemple, la neuropsychologie clinique connaît bien ces troubles de la réalisation volontaire de séquences motrices familières, appelés apraxies idéomotrices ou idéatoires (entre autres), ou encore les troubles visuo-constructifs relevant d'un défaut de programmation de l'action. Par ailleurs, un certain nombre d'études montrent la dominance gauche dans l'apprentissage et/ou la réalisation d'activités manuelles précises et séquentielles. D'autres travaux enfin suggèrent l'importance de l'hémisphère gauche dans l'analyse des durées. Sur le plan interprétatif, des hypothèses formulent que le langage pourrait n'être qu'un cas particulier de ces processus temporels sous contrôle hémisphérique gauche, ou que cet hémisphère ne devient dominant pour le langage que parce qu'il est particulièrement performant dans ce contrôle du caractère séquentiel des événements.

D'autre part, on reconnaît aujourd'hui, outre des capacités linguistiques limitées, une compétence spatiale particulière au cortex cérébral droit. Les arguments, ici encore, sont cliniques et expérimentaux : agnosie spatiale unilatérale, trouble unilatéral du schéma corporel, troubles spatiaux dans les tâches visuo-constructives, difficultés visuo-perceptives. On tend par ailleurs à lui reconnaître une aptitude marquée aux aspects purement perceptifs des processus. Mais notons surtout deux autres particularités fonctionnelles reconnues — ou en voie de l'être — à l'hémisphère droit et qui faisaient l'objet de cet ouvrage : l'intégration des conduites émotionnelles et la reconnaissance visuelle du visage humain.

1. Hémisphère droit et conduites émotionnelles

On doit d'abord rappeler les nombreuses études, en neurophysiologie animale, qui s'attachent à montrer le rôle fondamental des structures sous-corticales dans la génération des conduites émotionnelles; les zones cruciales en cette matière sont principalement les régions limbiques, cingulaires et hypothalamiques. On mentionnera également les observations d'accès de rires et de pleurs incoercibles chez certains patients souffrant d'atteintes du tronc cérébral.

En ce qui concerne le cortex, on se souviendra d'abord des troubles de la conduite émotionnelle chez les patients porteurs d'atteintes des structures préfrontales, troubles pouvant tout autant relever de la dépression et de l'indifférence apathique que de l'euphorie et d'accès maniaques. Par ailleurs, des arguments de plus en plus précis tendent à indiquer une participation prépondérante du cortex cérébral droit dans ce contrôle des conduites émotionnelles.

D'une part, des *observations cliniques* attestent la conservation du langage affectif automatique chez des aphasiques, et une opposition entre les réactions de catastrophe émises par les sujets porteurs de lésions gauches et les comportements d'anosognosie et indifférence à la maladie en cas d'atteintes droites. Des cas de lésions droites ont également été rapportés dans lesquels les patients ont des difficultés à émettre des conduites émotives.

En deuxième lieu, des *études plus expérimentales de sujets porteurs de lésions unilatérales* sont venues étayer cette hypothèse : en cas de lésion droite, la réaction émotionnelle aux caractéristiques affectives de l'environnement est atténuée, qu'il s'agisse du réflexe galvanique à un choc électrique, de la réaction à des dessins humoristiques, de l'estimation du caractère émotif d'un message verbal, de la discrimination de prosodies ou de la mémorisation d'un matériel verbal à forte tonalité affective; par ailleurs, on a décrit des difficultés à émettre des prosodies en cas de lésion droite et une accentuation des conduites émotionnelles intercritiques chez des sujets souffrant d'épilepsie temporale droite. Souvenons-nous également que l'anesthésie transitoire d'un hémisphère cérébral par l'injection intracarotidienne d'amytal sodique [38] induit une réaction de catastrophe ou d'indifférence selon que l'hémisphère visé est respectivement le gauche ou le droit. Enfin, on a montré chez un sujet *split-brain* [55] que l'hémisphère droit seul pouvait générer une réaction émotionnelle.

En troisième lieu, diverses *études neuropsychologiques conduites chez des sujets normaux* vont encore renforcer cette hypothèse d'une asymétrie hémisphérique : écoute dichotique[41] avec identification de la prosodie ou la reconnaissance de sons émotifs, mouvements oculaires[42] dans une situation émotionnelle, modification unilatérale de l'EEG en condition émotionnelle, modification du rythme cardiaque lors de présentations unilatérales d'un stimulus stressant. On indiquera enfin les études qui, chez le sujet normal, montrent une supériorité hémisphérique droite dans l'analyse mais aussi la production d'expressions faciales émotionnelles : les expressions faciales sont mieux perçues et décodées par l'hémisphère droit que par le gauche, elles sont par ailleurs plus intenses sur la moitié gauche du visage, contrôlée par l'hémisphère droit.

Les données de latéralisation ne sont cependant pas simples à interpréter. La question n'est à ce jour pas résolue et on se trouve actuellement en présence d'*au moins trois propositions*, non nécessairement exclusives :
- l'hémisphère droit est impliqué dans les émotions négatives, les émotions positives relevant de l'hémisphère gauche ou n'étant pas latéralisées ;
- l'hémisphère droit assure le contrôle des émotions posées, les émotions spontanées n'étant pas asymétriques ;
- l'hémisphère droit assure la conduite émotionnelle mais subit une action inhibitrice provenant de l'hémisphère gauche.

Enfin, il n'est pas établi de manière certaine que l'asymétrie concernant l'expression faciale soit spécifique à ce type de conduite : il demeure possible qu'elle soit secondaire à l'asymétrie observée à propos des émotions en général et/ou des processus de traitements des visages.

2. *Hémisphère droit et perception du visage humain*

Des observations cliniques font état, depuis la seconde moitié du 19e siècle, de sujets qui présentent des difficultés d'identification visuelle de personnes qu'ils reconnaissaient pourtant parfaitement avant que survienne une atteinte du cortex cérébral. L'existence d'une agnosie des visages ou « prosopagnosie », relativement rare, a ainsi engendré une double activité dans les milieux neuropsychologiques : étude clinique de sujets souffrant de cette affection et recherches expérimentales comparant, chez des patients avec lésion corticale unilatérale et chez des sujets normaux par la méthode du tachistoscope à champs latéraux[56], les compétences hémisphériques droites et gauches dans la reconnaissance visuelle du visage humain. Limitons-nous, dans ces conclusions, à indiquer que les observations s'accordent généralement à révéler une *dominance hémisphérique droite* pour ce type de processus.

Cependant, nous l'avons abondamment souligné, cette dominance unilatérale disparaît ou est inversée dans différentes situations:
- au cours des toutes premières étapes du processus de traitement;
- lorsque la tâche ou le mode de réponse exige un traitement très analytique;
- lorsque les visages sont présentés d'une manière inhabituelle eu égard aux conditions de la vie quotidienne;
- lorsque le matériel présenté est familier et/ou bien connu (mais pas trop) du sujet;
- lorsque le sujet n'a pas encore élaboré (enfants) ou n'a plus à sa disposition (pathologie) la stratégie globaliste d'appréhension.

Enfin, il n'est pas aujourd'hui de réponse univoque à la question de savoir si les mécanismes — y compris le mode asymétrique de fonctionnement des hémisphères cérébraux — de traitement portant sur des visages sont spécifiques à ce type précis de stimuli.

3. Asymétrie fonctionnelle cérébrale

Nous avons présenté les études en mettant essentiellement l'accent sur des problématiques de modes de traitement. Il semble bien en effet que les asymétries fonctionnelles hémisphériques soient mieux approchées par le biais de la *nature des processus en jeu* que par celle du matériel à traiter (sans que ces deux possibilités soient pour autant strictement indépendantes): toute la neuropsychologie contemporaine en témoigne. Dans la mesure où nous n'avons considéré que la seule catégorie des visages humains, il est difficile d'étayer nettement la prévalence de ce mode d'approche. Toutefois, nous avons noté des conditions dans lesquelles la supériorité hémisphérique droite peut disparaître ou même céder le pas à une «dominance» gauche alors qu'il s'agit toujours de visages, et que les sujets lésés à gauche n'ont pas toujours produit des performances comparables à celles des sujets normaux.

Ainsi, dans la ligne des considérations de Moscovitch (580) dont nous avons fait état (voir également 547), on peut penser que les deux hémisphères cérébraux sont probablement capables de traiter, du moins à un certain niveau du processus, des stimuli de toute nature (également 726-729). Il reste que les phases ultérieures du traitement, en fonction de la nature des stimuli, du mode de processus requis par la tâche et du type de réponse attendue, sont vraisemblablement asymétriques (latéralisées, unihémisphériques) à partir, entre autres choses, d'asymétries morphologiques structurales du cerveau. Ce type de considérations est en train de se répandre en neuropsychologie — et Moscovitch en est sans doute un des défenseurs les plus solides — et constitue vraisemblablement l'amorce de cette troisième phase de l'histoire de la neuropsychologie : celle de la réunification conceptuelle du fonctionnement cérébral comme un processus unitaire. Les commentaires de Bradshaw et Nettleton (83) iraient dans le même sens lorsque ces auteurs suggèrent, plutôt que des dichotomies, de considérer des différences davantage quantitatives que qualificatives : il y aurait pour chacune de ces fonctions tout un *continuum* d'efficacité dans lequel on pourrait situer, en des lieux distincts, chacun des deux hémisphères (cfr aussi 300).

Nous avons donc abondamment montré combien la présence et la direction des différences latérales dans le traitement de stimuli faciaux étaient sujettes à de nombreuses variables, à un point tel que *l'interprétation par les asymétries cérébrales ne peut suffire*. En caricaturant à peine, on pourrait dire que l'expérimentateur peut décider à loisir de la présence et de la direction de telles différences : il lui « suffit » de manipuler ou contrôler adéquatement certains paramètres du sujet et/ou des variables du stimulus, de la procédure, de la tâche, des consignes ou du mode de réponse. Cette « liberté » ne se limite pas à ce type de matériel : elle est également valable pour d'autres stimuli, visuels ou non. Voyons quelques exemples. Ainsi, on peut déterminer la présence et la direction des asymétries dans des tâches de discrimination de figures non significatives selon que la discrimination est aisée ou non, selon le nombre de choix proposés dans une décision à choix multiples, selon que les figures sont présentées ensemble ou successivement, etc. (voir 37). De même, si la comparaison de deux mélodies présentées de manière dichotique donne lieu à un avantage de l'oreille gauche, ceci n'est le cas que des sujets non musiciens et, de plus, ces mêmes sujets peuvent produire une asymétrie inverse lorsqu'on accentue l'importance d'un mode analytique de comparaison (voir 624). Autre exemple, on peut induire une différence entre la main gauche et la main droite et la direction de cette asymétrie dans des tâches de lecture tactile de textes en Braille, selon le degré d'expertise du lecteur choisi ou la nature très sémantique ou au contraire très « spatiale » de la tâche imposée (voir 590). Sous un autre point de vue, et même en demeurant dans un type donné d'épreuve et de stimuli, les asymétries sont hautement dépendantes des variables mesurées et des conditions. Par exemple, des jugements de similitude/différence sur des paires de figures non significatives sont favorables au champ droit ou au gauche selon que les deux figures apparaissent simultanément ou successivement, selon qu'elles diffèrent de beaucoup ou non, selon que la décision correcte est une similitude ou une différence, etc. (*cfr* e.a. 726-729).

On conviendra néanmoins que l'étude des patients cérébrolésés comme celle des sujets normaux par la méthode de la stimulation unilatérale (visuelle, auditive ou autre) procèdent d'un *postulat* plus ou moins explicité et discuté selon les auteurs: celui *de l'unilatéralité des structures analysées*. En effet, d'une part l'étude des patients neurologiques, qui consiste à comparer des sujets lésés à gauche avec des patients atteints à droite, fait mine de passer sous silence un nombre important de variables comme l'ancienneté et l'étendue des lésions et les remaniements fonctionnels qui se produisent dans le cerveau lésé, la nature de la lésion d'un point de vue étiologique, l'âge des sujets, etc. Notre propos n'est évidemment pas de prôner le retour à (ou le maintien de) une approche localisationniste associationniste dont le caractère peu fécond du point de vue psychologique a été décrit (Moscovitch — 580 — y voit une sorte de «phrénologie» nouvelle manière); nous ne pouvons revenir en détail sur ces discussions qui débordent trop largement de notre problématique. Dimont (220) met lui aussi l'accent sur l'importance des variations individuelles du point de vue de la localisation cérébrale des fonctions (liées au sexe, à la culture, aux lésions); l'auteur, toutefois, tente de défendre quelque peu l'importance de cette localisation: «... the fact of variability does not refute the principle of specific localization any more than the fact that houses differ in their construction negates the need for a bathroom, living-room or kitchen» (p. 533). Ce que nous voulons simplement énoncer comme une limitation, c'est que la comparaison d'un groupe de sujets lésés à gauche avec un groupe de sujets lésés à droite n'entretient pas une relation d'équivalence avec — mais englobe probablement — une comparaison des performances hémisphériques gauches et droites. D'autre part, l'étude des cérébrolésés comme celle des normaux laissent fonctionner normalement les commissures interhémisphériques (en particulier le corps calleux) qui convoient des informations d'un hémisphère vers l'autre: il est donc difficile d'admettre que l'on teste un seul hémisphère dans la mesure où on méconnaît dans les grandes lignes ce transfert. En effet, chez le sujet normal, entre la présentation du stimulus à un hémisphère et l'émission de la réponse, se développe un processus cérébral très probablement bilatéral; chez le sujet cerébrolésé, d'une manière encore plus complexe sur le plan interprétatif, se produit un traitement dans les régions intactes de l'hémisphère lésé tout autant que dans l'autre hémisphère. L'étude des sujets commissurotomisés

(« *split-brain* ») lève en partie cette difficulté puisque, sous certaines conditions méthodologiques bien définies, on peut s'assurer de l'unilatéralité des processus activés. Toutefois, cette intervention a toujours un objectif thérapeutique et n'est donc pas pratiquée sur un sujet exempt de toute lésion cérébrale. La procédure la moins entachée de difficultés — mais peu tenable d'un point de vue déontologique ! — consisterait à soumettre des sujets normaux à la commissurotomie [55]...

Il est bien évidemment ambitieux, à partir de quelques études parcellaires sur la perception de visages, d'oser « rompre une lance » à l'égard du *localisationnisme* associationniste. Nous n'allons pas discuter en détail des difficultés, souvent assez techniques, inhérentes au modèle localisationniste lui-même : on en trouvera par exemple une discussion dans l'ouvrage de Hécaen et Albert (406, pp. 402-408) — discussion nuancée mais néanmoins favorable au localisationnisme des fonctions — ou dans le texte de Seron (730, en particulier pp. 437-441). Nous aimerions placer la discussion à un niveau plus général qui porte sur la nature de la neuropsychologie.

4. *Neuropsychologie*

Si l'on admet que la neuropsychologie représente une discipline de la psychologie, on se doit de lui reconnaître un *objet d'étude* qui coïncide — au moins en partie — avec celui de la psychologie. La neuropsychologie s'assigne donc pour objet l'explication du comportement, qu'il s'agisse — comme en psychologie — d'entreprendre l'analyse d'un point de vue behavioriste « environnementaliste » ou d'une manière, que l'on qualifiera de « cognitiviste » pour sacrifier aux usages, qui réfère aux modes de traitement, aux stratégies, en recourant à l'emploi d'entités mentales inférées et opérationnalisées. La seule particularité de la neuropsychologie, au plan méthodologique, réside dans le fait qu'elle va s'occuper de participer à l'explication scientifique du comportement par le biais de l'étude d'une conduite devenue pathologique à la suite d'une lésion cérébrale : elle peut ainsi constituer d'une part une sorte de test de modèles théoriques générés par la psychologie expérimentale, d'autre part le lieu de surgissement de modèles spécifiques à la conduite perturbée. Notons en outre que les progrès techniques font en sorte qu'une partie croissante de la neuropsychologie contemporaine observe des conduites non perturbées mais pour tenter cependant d'en rendre compte à partir d'observations portant sur les différences latérales dans l'exécution de ces conduites (et dont les asymétries cérébrales constituent un aspect — mais un aspect seulement — de l'explication).

Qu'elle examine la conduite devenue anormale à la suite d'une lésion du cerveau ou qu'elle rende compte des asymétries de la conduite normale, la neuropsychologie est ainsi probablement la discipline psychologique qui risque le plus de succomber à la tentation de verser dans la biologie ou la physiologie. A tout moment, la neuropsychologie court le danger de devenir une « neurophysiologie des conduites complexes ».

Eu égard à son objet, il nous paraît ainsi légitime de parler de *risque, tentation ou danger*. En effet, une telle déviation « neurophysiologiste » ôterait à la neuropsychologie son objet — le comportement — et ferait d'elle une sorte de neurophysiologie spécialisée : son objet d'étude deviendrait alors le fonctionnement du système nerveux central, ou du moins de ces structures nerveuses centrales qui contrôlent biologiquement les conduites complexes; le comportement serait ainsi réduit à un moyen de mise en évidence de processus physiologiques plutôt que l'objet d'étude. Il nous paraît donc que le danger du localisationnisme et de l'associationnisme, s'ils sont pratiqués sans une extrême prudence, réside dans le fait qu'ils ouvrent largement la porte à une étude neurologique ou neurophysiologique tout en fermant la voie d'une analyse de la conduite et de ses mécanismes. S'il est légitime de chercher des structures cérébrales qui président à l'émission de conduites complexes, il est peu probable que leur mise en évidence constitue une « explication » de ces dernières. Il demeure en outre bien évidemment que la neurophysiologie est parfaitement légitime dans le champ scientifique, mais son objet est sans doute autre chose que le comportement.

En *conclusion* donc, il apparaît que la neuropsychologie œuvre effectivement dans la trame d'une compréhension des phénomènes étudiés par la psychologie expérimentale (voir 113). Il s'agit simplement de faire montre d'une extrême prudence dans l'interprétation des données recueillies. Il est en effet vraisemblable que les asymétries latérales observées ne peuvent être entièrement expliquées par les différences fonctionnelles cérébrales : l'interprétation des données est sans doute multifactorielle, le facteur hémisphérique n'étant qu'un élément d'un ensemble plus large (48). En effet, si nous avons observé une participation privilégiée de l'hémisphère droit dans le contrôle des émotions, il est également apparu que l'hémisphère gauche n'était pas totalement incompétent en la matière et que des facteurs comme le type d'émotion, le caractère spontané ou non de la conduite ou le sexe du sujet pouvaient déterminer les asymétries latérales. De même, la perception du visage humain procède en grande partie de l'hémisphère droit mais ces différences cérébrales ne suffisent pas : nous avons constaté l'influence du sexe, de la dépendance du champ, de l'âge, de la nature de la tâche ou des caractéristiques du stimulus sur les asymétries.

Epilogue

« Que sais-je ? »
(célèbre collection française)

Il apparaît un sentiment bien étrange au terme de cette présentation : le paradoxe qui surgit résulte de la conjonction d'un nombre impressionnant de données publiées jusqu'à ce jour avec un étonnant manque de théories. Cette divergence est, nous semble-t-il, tout à la fois intéressante et explicable. Explicable, car les (nombreux) résultats présentent une diversité patente, les variables en cause sont (sans doute) très nombreuses et les questions pertinentes n'ont peut-être pas encore été posées ; intéressante, car cette lacune théorique force à réfléchir sur les faits disponibles, faits dont le nombre s'accroît sans cesse dans l'hétérogénéité et recule d'autant le moment des échafaudages théoriques. Ce qui émerge ici, c'est probablement la constatation du fait que nous sommes dans un champ particulièrement privilégié de la psychologie : en effet, voici enfin un domaine d'études où on ne construit pas une théorie à partir de quelques données (parfois même, les théories ont été construites avant ou sans les faits !). La difficulté conceptuelle est ainsi un utile stimulant à la recherche.

Il reste à améliorer encore (!) cette lacune théorique. Dans un langage que ne désavouerait peut-être pas Feyerabend (par exemple, 283)[65], on notera d'abord que toute élaboration théorique à venir devra pouvoir rendre compte des données observées : qu'il y ait ou non, chez le chercheur, des *a priori* théoriques plus ou moins explicités et préalables au recueil des données, il reste que des faits sont récoltés — et il est souhaitable qu'ils soient les plus nombreux possibles — qui devront bien un jour être interprétés par la théorie. On ajoutera d'autre part qu'il est question de se méfier, dans un domaine comme celui-ci (mais non exclusivement), des hypothèses, théories ou interprétations « bien établies » à partir d'une seule (ou quelques) publication(s): chacun sait dans les milieux de la recherche (a) que beaucoup de chercheurs répliquent, dans les laboratoires, des expériences « célèbres » mais sans (pouvoir) les publier car elles manquent d'originalité (*of course!*), (b) que les éditeurs de revues scientifiques n'aiment pas beaucoup publier des travaux qui ne démontrent pas d'effet, (c) que de telles réplications qui ne conduisent pas à retrouver les résultats des grands maîtres (les grands prêtres de notre religion « science ») sont légion (voir les bruits de couloir dans les réunions scientifiques) mais demeurent dans les tiroirs.

Nous espérons avant tout, au terme de cet ouvrage, avoir sensibilisé le lecteur à la complexité et aux ambiguïtés des interactions entre le fonctionnement cérébral et la perception du visage ou de l'expression faciale (émotionnelle). Un second objectif de ce texte, corollaire du précédent, serait d'indiquer à la fois l'abondance des travaux de toute nature à ce sujet, l'extrême prudence dont peuvent faire preuve les scientifiques dans l'interprétation théorique des faits qu'ils recueillent et l'ampleur des questions qui restent ouvertes. Si au moins un de ces objectifs était rencontré, nous considérerions l'entreprise comme un succès. Divulguer et, surtout, relativiser les « connaissances » scientifiques reste en effet un moyen efficace de réduction du pouvoir des hommes de science.

Novembre 1982.

> « *Quand quelqu'un vous dit :*
> "*Je me tue à vous le dire*"...
> *Laissez-le mourir...* »
> (*J. Prévert; Y. Montand*)

Notes

[1] La troisième partie, les chapitres 5 et 6 et surtout les chapitres 2 et 4 font l'objet de développements plus détaillés et plus techniques dans la thèse susmentionnée (105). Pour les aspects traités au chapitre 2 (également 4 et 6), nous recommandons vivement l'ouvrage publié sous la direction de Davies *et al.* (202).

[2] Voir par exemple Hécaen et Albert (406) ou Gazzaniga (327), la traduction française (1978) de l'ouvrage de Luria (530) ou le chapitre de Seron (pp. 431-485) dans le Manuel de Psychologie édité par Droz et Richelle (730). Sous un autre point de vue, l'ouvrage de Lecours et Lhermitte (502) peut s'avérer utile. Du point de vue thérapeutique, voir les livres de Jeannerod et Hécaen (443), Seron (731) ou Seron et Laterre (733). Les revues scientifiques de neuropsychologie sont, dans l'ordre de leur création: *Neuropsychologia, Cortex, Brain and Language, Clinical Neuropsychology, Journal of Clinical Neuropsychology, Brain and Cognition*. La revue *Cognitive Neuropsychology* est attendue pour 1984.

[3] Les termes techniques ou anatomiques utilisés ici font l'objet de développements dans la suite du texte.

[4] On décrit ici sommairement le «neurone type». Il en existe en fait une grande variété du point de vue, entre autres, de leur structure morphologique.

[5] Notons ici que ces aires primaires ont une représentation assez précise, sur le plan topographique, de la structure du champ moteur ou sensoriel correspondant. Ainsi, dans l'aire visuelle primaire on retrouve une organisation cellulaire reprenant en gros celle de la rétine. De même, l'aire sensitive primaire est structurée géographiquement à la manière de la peau d'où viennent les informations; cette structure est cependant inverse de celle du corps: la bouche et face sont représentées au pied de cette zone, le membre supérieur un peu plus haut, puis le tronc, puis le membre inférieur dans la partie la plus haute et débordant même sur la face interne (voir la figure 3). Les mêmes remarques sont applicables à l'aire motrice primaire.

[6] Cette présentation est à ce point sommaire et brève qu'elle en devient limite! La question de l'explication des asymétries hémisphériques représente en fait une bonne partie de l'activité des neuropsychologues. Elle soulève des problématiques complexes qui ne peuvent être présentées ici, mais nous y reviendrons.

[7] La notion de « race », appliquée à l'espèce humaine, n'a évidemment pas de valeur au sens scientifique du terme (*cfr.* 440, 441, ...). Elle est utilisée ici par un abus de langage simplificateur et, dans le cas particulier des visages, réfère à des facteurs (comme la chevelure ou la couleur de la peau) par lesquels on peut estimer avec une certaine fiabilité le groupe ethnique d'appartenance.

[8] En psychologie expérimentale, l'effet de récence signifie tout simplement que les stimuli les plus « récemment » perçus ont une probabilité accrue d'être reconnus.

[9] La reconnaissance consiste habituellement en une désignation adéquate de la bonne réponse parmi plusieurs alternatives proposées en choix multiple; le rappel consiste en une évocation verbale du stimulus (le nom du personnage, dans le cas de visages célèbres).

[10] Voir utilement la figure 4 dans la troisième partie du texte.

[11] - chez des bébés de 5 semaines à 7 mois : 268, 377, 378, 555, 828;
  - chez des enfants de 3 à 18 ans : 90, 144, 288, 460;
  - chez les adultes : 144, 155, 348, 563, 631, 710, 721, 741, 742, 851.

[12] Réf. 128, 148, 149, 175, 271-273, 377, 378, 382, 455, 462, 471, 518, 552, 782, 828.

[13] Réf. 57, 90, 142-144, 154, 158, 182, 218, 252, 277, 288, 348, 352, 353, 356, 460, 461, 596, 701, 821, 841.

[14] Notons cependant que la rotation des visages est également très difficile à intégrer pour les tout jeunes enfants (596).

[15] La « dépendance du champ » (« *field dependence* ») réfère à ce qu'il est convenu d'appeler un style cognitif, manière propre pour le sujet d'interpréter ce qu'il perçoit. Lorsqu'il perçoit un stimulus, le sujet *field-dependent* est dominé par ce qui environne l'objet, le fond sur lequel il se détache. Il lui est par exemple difficile d'isoler une figure simple dans un ensemble complexe, de percevoir la verticalité d'un trait dans un environnement inhabituel, etc. La *field-independence* paraît augmenter avec l'âge, semble corrélée à un mode de vie spécifique et des variables de personnalité. La *field-dependence* serait plus fréquente chez la femme, surtout après la puberté. Enfin, *field-dependence* et *independence* semblent plutôt les deux extrêmes de tout un continuum que deux catégories opposées qui permettraient de scinder les sujets en deux classes (voir 435). Pour une note critique sur le signe zodiacal, voir Bruyer (112).

[16] Définie comme la facilité à trouver un adjectif qui soit un bon descripteur du visage.

[17] Ou alors sous certaines conditions très particulières liées au délai de rétention, à la position du modèle parmi les stimuli proposés en reconnaissance (496), ou à la possibilité de prendre des notes (152).

[18] On appelle habituellement « distracteurs », dans un test de reconnaissance, les stimuli présentés au sujet et qui ne constituent pas la réponse correcte. Par exemple, supposons que le sujet ait préalablement examiné le visage A puis qu'il doive le retrouver parmi les visages A, B et C : on dira que B et C sont les distracteurs.

[19] Il s'agit d'expériences de reconnaissance de visages dans lesquelles on invite le sujet, lorsqu'il inspecte les visages à mémoriser, à porter des jugements à propos de diverses caractéristiques physiques ou psychologiques (supposées) du personnage examiné. Nous nous limitons ici aux effets des inférences sur la reconnaissance ultérieure, mais on peut préalablement mentionner certaines recherches utilisant l'inférence comme une procédure permettant d'envisager d'autres variables : âge et sexe des sujets (721), race, *a priori* culturels ou racisme du sujet (724), *field-dependence* (567), analyse structurale et classement de visages (293, 422). Les observations de Secord et Muthard (722) portent sur l'évaluation de traits physiques et de traits de personnalité de 24 visages par 140 sujets. Si l'accord est généralement bon entre les

juges, il est plus faible pour les traits de personnalité que pour les traits physiques; l'excentricité des visages en traits physiques est par ailleurs corrélée à l'excentricité des traits supposés de personnalité et les auteurs dégagent des profils de traits physiques reliés à des structures de personnalité; enfin, ils participent à ces études qui dégagent des catégories de visages (ici quatre groupes) sur base des traits inférés de personnalité. Ekman *et al.* (245) examinent l'influence de la taille des stimuli sur l'inférence des traits affectifs ou de personnalité. Dion *et al.* (223) indiquent que les visages jugés les plus attractifs sur base des traits physiques seront estimés plus désirables socialement, avoir un emploi plus prestigieux, une vie plus positive et être des partenaires plus probables. Bradshaw (81) montre que l'inférence de traits physiques (âge, sexe) ou de traits de personnalité à partir de visages dessinés est sous l'influence cumulative des traits faciaux; il note un effet différentiel de ces traits: si la hauteur du front paraît déterminante, l'écart interoculaire est par contre pratiquement sans influence.

[20] Réf. 51, 57, 75, 144, 204, 563, 592, 593, 623, 754, 774, 825, 841.

[21] Complexité tout de même toute relative: tout compte fait, un visage représente un objet qui est toujours orienté de la même façon, pratiquement symétrique, et composé des yeux, des sourcils, du nez et de la bouche auxquels on peut ajouter les oreilles, la chevelure, le front et le menton. On voit ici les limites d'utilisation de termes comme «complexité» qui n'ont pas, à ce jour et en ce qui concerne de tels stimuli, de définition opérationnelle précise (voir la citation de Lewis Carrol, en exergue de la section I de ce chapitre, pp. 25-26).

[22] - Lésions cérébrales: 117, 570, 649, 759;
 - Démences: 9, 570, 647;
 - Autisme infantile: 601;
 - Arriération: 738, 758;
 - Psychiatrie générale: 570;
 - Signe du miroir chez les psychotiques: 2, 212.

[23] - premiers cas: 138, 139, 236, 383;
 - ensuite: 14, 25, 26, 74, 88, 151, 172, 189, 209, 216, 225, 263, 264, 299, 343, 432, 495, 505, 507, 546, 595, 748, 765, 790, 809, 810;
 - cas récents: 11, 52, 56, 161, 162, 173, 266, 284, 346, 393, 398, 399, 466, 494, 528, 535, 543, 556, 566, 587, 606, 652, 684, 747, 750, 762, 785, 786, 792, 817, 832.

[24] Réf. 11, 161, 162, 399, 432, 528, 556, 566, 762, 817, 832. Voir également la discussion entre Thompson (785, 786) et Marciniak et Luckins (543).

[25] Il existe en statistique un test appelé le *chi-carré* (prononcé «ki carré», d'où le terme «kicariste»). Il permet notamment de tester si une répartition de faits observés est significativement différente d'une répartition qui serait due au hasard. La procédure consiste à comparer la répartition observée à une répartition fictive attendue qu'induirait le hasard; lorsque la différence entre ces deux répartitions franchit un seuil fixé, on dit que la répartition observée est «significative». Dans l'émotion, la différence entre l'événement attendu et l'événement observé est telle (significative) qu'elle provoque la réaction émotionnelle.

[26] L'émotion n'est pas ressentie, elle est action, comportée.

[27] Ceci est encore plus net, on l'a vu, lorsqu'on s'efforce de définir une émotion par l'ensemble des réactions musculo-glandulaires. Comme toujours en psychologie, le sens commun est en avance sur le savant: alors que le premier peut distinguer de grandes catégories d'émotions, le second n'y parvient pas; alors que le premier ne dit jamais «il a faim parce qu'il se passe telle réaction glandulaire» (et pour cause, puisque toutes ces réactions sont possibles sans l'émotion), le second s'y engage...

[28] Réf. 142, 218, 245, 320, 461, 561, 613, 623, 639, 701, 797, 838.

[29] Le terme « comprend » est à prendre dans un sens large et suffisamment général que pour ne sous-entendre aucun modèle théorique. Le lecteur peut y percevoir « s'accompagne de... », « se manifeste par... », voire même « s'explique par... » ou « explique ».

[30] La formation réticulée (ou réticulaire) désigne un ensemble de cellules nerveuses qui s'étend tout au long du tronc cérébral et se termine au thalamus. Elle est impliquée dans l'activation ou l'éveil cérébral global en réponse aux informations venant de l'extérieur. On a montré qu'à mesure que l'on accroît la stimulation de cette zone, l'organisme manifeste des comportements de plus en plus intenses d'éveil ou d'attention; pour les stimulations les plus fortes, la conduite provoquée a les caractères d'un comportement émotionnel.

[31] Région cérébrale située (comme son nom l'indique) en dessous du thalamus et occupant les bords inférieurs du 3e ventricule. Elle paraît importante dans le contrôle (par l'intermédiaire de l'hypophyse, glande voisine) des sécrétions hormonales du corps et la régulation neurophysiologique de nombreux éléments fondamentaux du comportement : émotions, motivations, conduites alimentaires, sexuelles, etc.

[32] La stimulation provoque les réactions végétatives qui accompagnent habituellement l'émotion, ainsi que des comportements de rage ou de peur. La lésion induit une diminution d'agressivité et l'apathie.

[33] Les structures limbiques ou « système limbique » composent les parties les plus anciennes du cortex : anciennes au point de vue ontogénétique car elles se structurent avant le reste du cortex chez le fœtus, anciennes au point de vue phylogénétique car elles sont apparues avant les autres dans l'évolution des espèces (et constituent, dans certaines espèces, la totalité du cortex). On les appelle parfois le « cerveau affectif » tant elles sont impliquées dans les aspects les plus « anciens » (ontogénétiquement et phylogénétiquement) de la conduite. C'est le néocortex ou cortex proprement dit qui vient ensuite compléter le cerveau (et assurer les aspects les plus récents de la conduite : les procédures comportementales rationnelles).

[34] Ces découvertes de laboratoire depuis l'expérimentation animale n'ont pas manqué de suggérer des applications neurochirurgicales dans le cadre des réactions de la société à diverses conduites humaines déviantes (psychochirurgie).

[35] C'est ce qu'on a appelé le comportement d'autostimulation. Si on installe une électrode dans ce *système positif* et si l'animal a la possibilité d'envoyer le courant électrique (en pressant un levier qui ferme le circuit et provoque la stimulation électrique de cette zone cérébrale), on observe qu'il découvre d'abord par hasard le mécanisme mais qu'ensuite le comportement de pression du levier devient de plus en plus fréquent. On dit que cette conduite a été renforcée, le renforcement étant ici la stimulation électrique. Cette technique a ultérieurement donné lieu à de très nombreuses recherches et une grande quantité de procédures expérimentales différentes (voir 217).

Quant au *système dit « négatif »*, sa mise en évidence a constitué une variante logique de celle du premier système. Les travaux initiaux en cette matière consistaient en l'exploration systématique du cerveau à la recherche des zones cérébrales donnant lieu à l'autostimulation : on a découvert, dans certains endroits du cerveau, un effet inverse (conduites de fuite, de peur, etc.). On a donc, pour ces régions « négatives », renversé la méthode : lorsque l'animal presse le levier, il met fin à la stimulation (échappement) ou l'empêche de se produire (évitement). De même, on a pu utiliser la stimulation de ces régions négatives comme stimulus conditionnel de toutes sortes de conduites d'évitement ou échappement (exemple : si l'animal parcourt tel trajet, il empêche ou interrompt la stimulation électrique). Ces faits témoignent du caractère « négatif », c'est-à-dire aversif ou désagréable, de la stimulation de ces régions cérébrales : l'animal s'y soustrait.

[36] Remarquons l'existence, dans la littérature récente, de données expérimentales qui tendraient à montrer une asymétrie hémisphérique du contrôle des conduites émotionneles chez l'animal (336, 337, 672, 674).

[37] Pour des revues et recherches récentes, on consultera : 4, 95, 237, 265, 280, 290-292, 311, 365, 372, 373, 544, 586, 603, 646, 665, 696, 708, 779, 814, 818, 833, 858, 864.

[38] Test dit « de Wada » (816) : on injecte un anesthésique — l'amytal sodique — dans l'artère carotide ; ceci entraîne pendant quelques minutes une anesthésie de la plus grande partie de l'hémisphère cérébral situé du côté de l'artère injectée.

[39] Toujours au plan clinique, Swash (776) présente cependant un patient souffrant d'accès de rire involontaire par lésion gauche. De même, l'hémisphère gauche ne peut être considéré comme sans importance : les réactions de catastrophe par atteinte gauche en témoignent.

[40] Davidson et Schwartz (191) mesuraient l'EEG des régions pariétales, Harman et Ray (390) celui des zones temporales. Voir également Ehrlichman et Wiener (238).

[41] On présente en même temps deux informations différentes, une à chaque oreille, et on examine si le sujet réagit plus volontiers pour une oreille que pour l'autre. Sachant que chaque oreille est surtout connectée à l'hémisphère cérébral du côté opposé, on peut déduire le cas échéant une asymétrie hémisphérique. Une variante de cette méthode est de ne stimuler qu'une seule oreille à la fois (stimulation monaurale).

[42] On considère que les mouvements spontanés horizontaux des yeux correspondent à l'activation d'un hémisphère de manière privilégiée : un mouvement vers la droite désignerait une activation de l'hémisphère gauche et *vice versa*. On doit cependant mentionner que cette inférence fait l'objet de discussions quant à sa pertinence (45, 239).

[43] A ces procédures sont venues s'adjoindre des formules plus hybrides dans lesquelles on enregistre l'activité électroencéphalographique en même temps que les mouvements des yeux (604), l'état émotionnel des sujets (604, 796, 836) ainsi que la stimulation visuelle (192, 604) ou auditive (131), le type de tâche imposé (796). Enfin, Johanson *et al.* (446, 447) mesurent l'activité hémisphérique des sujets en enregistrant le débit sanguin cérébral au cours de situations anxiogènes ou de repos. Globalement parlant, ces données rejoignent celles qui viennent d'être présentées.

[44] En particulier et chronologiquement : Reinhardt (1887), Freund (1889), Lissauer (1890), Groenouw (1891), Wilbrand (1892), Pick (1908), Probst (1910), Bonhoeffer (1915), Poppelreuter (1917), Reichardt (1918), Stauffenberg (1918), Heidenhain (1927), Jossmann (1929), Millian (1932), Feuchtwanger (1934), Frank (1934), Bardonnel *et al.* (1935), Hoff et Pötzl (1937), Nielsen (1937), Szatmari (1938), Donini (1939), Bengsten (1941), Pichler (1943), Adler (1944), Beichl (1944), Hécaen et David (1945), Faust (1947). On peut également mentionner Fog et Herrmann, Lenz, Mueller, Sanborg, Ennerth, Brain (cités par d'autres, en particulier 408).

[45] *Le premier sujet* est âgé de 24 ans lorsqu'il subit une blessure par balle, fracturant l'os pariétal gauche et l'occipital droit. Il en résulte une cécité corticale de plusieurs semaines suivie d'un grand nombre de déficits : désorientation, apraxie idéomotrice et constructive, inclinaison de l'écriture et du dessin, trouble du schéma corporel, alexie verbale, agnosie visuelle (objets, formes géométriques ; moins nette pour les couleurs), simultagnosie, métamorphosies, quadranopsie supérieure gauche, prosopagnosie. Le patient apprécie les visages autrement que les objets : il y reconnaît des visages mais ne peut les associer à des individus particuliers. Il est capable de discriminer les parties du visage, mais celui-ci lui paraît dépourvu d'expression, de signification, d'individualité, il est anodin et sans goût ; de même, le patient perçoit bien les expressions

faciales d'angoisse et de plaisir, mais s'avère incapable de les interpréter. La distinction entre hommes et femmes n'est pas toujours possible et, lorsqu'elle a lieu, le patient n'est jamais sûr de lui et se base sur des éléments extra-faciaux comme les cheveux. Lorsqu'on lui présente un miroir, il ne se reconnaît d'abord pas. Des difficultés existent également pour la reconnaissance d'animaux : il y parvient par la forme générale du corps mais non par la tête, un chien à poils longs est pris pour un être humain, un lapin est reconnu aux longues oreilles. Ultérieurement, la prosopagnosie va subsister tandis que la mémorisation de nouveaux visages se normalise.

Le second patient de Bodamer a 36 ans et est gaucher. Il a subi un traumatisme crânien entraînant de multiples contusions avec perte de connaissance. L'examen ultérieur révèle une hémiparésie et une hypoesthésie gauches, une hémiasomatognosie, une désorientation spatiale, des troubles de la concentration. Il présente une hémianopsie concentrique bilatérale avec un scotome paracentral. Il souffre d'aphasie, apraxie idéatoire et constructive, une discrète alexie verbale, un indistinction entre la droite et la gauche, une simultagnosie, une légère agnosie visuelle pour les objets et images, un trouble de la reconnaissance des couleurs. Il est prosopagnosique et, à l'épreuve du miroir, se trouve changé.

Le troisième patient a 22 ans lorsqu'il subit une fracture occipitale gauche entraînant une sévère atteinte cérébrale. On note en particulier une hémianopsie droite, de la dyslexie et des métamorphopsies pour les visages mais sans réelle prosopagnosie.

[46] Ci-après les publications qui, après Bodamer et dans l'ordre chronologique, ont décrit de nouveaux cas de prosopagnosie. Nous mentionnons toutes les publications contributives de manière large : certains cas sont très particuliers ou à la limite de la prosopagnosie pour des raisons très spécifiques (interférence de troubles associés, caractère paroxystique du trouble, aspect développemental du déficit, etc.) D'autre part, notons que certaines publications présentent plusieurs cas et, inversement, qu'un même cas peut avoir été décrit dans plusieurs textes. Berlin (1949), Birkmayer (1951), Hécaen *et al.* (1952), Alajouanine *et al.* (1953), Juliao *et al.* (1953), Klein et Stack (1953), Pallis (1955), De Busscher *et al.* (1956), Hécaen *et al.* (1956), Macrae et Trolle (1956), Hécaen *et al.* (1957), Alfandary (1958), Arseni et y Botez (1958), Chlenov et Beyn (1958), Bornstein et Kidron (1959), Bornstein et Tamarin (1959), Gentili *et al.* (1960), Dumézil (1961), Beyn et Knyazeva (1962), Pevzner *et al.* (1962), Bornstein (1963), Cole et Perez-Cruet (1964), Galli (1964), Gloning *et al.* (1966), Körner *et al.* (1967), Rondot *et al.* (1967), Salorio *et al.* (1967), De Renzi *et al.* (1968), Assal (1969), Bornstein *et al.* (1969), Gloning *et al.* (1970), Benton et Van Allen (1972), Lhermitte *et al.* (1972), Tzavaras *et al.* (1973), Benson *et al.* (1974), Meadows (1974), Lhermitte et Pillon (1975), Levin et Peters (1976), Schachter (1976), Cohn *et al.* (1977), Whiteley et Warrington (1977), Agnetti *et al.* (1978), Beck *et al.* (1978), Levine (1978), Cogan (1979), Damasio (1980), Ross (1980), Bever et Fennell (1981), Davidoff (1981), Dumont *et al.* (1981), Glowic et Violon (1981), Malone *et al.* (1981), North et Crémel (1981), Damasio *et al.* (1982), Nardelli *et al.* (1982), Bruyer *et al.* (sous presse).

[47] Bay (1950), Stollreiter-Butzon (1950), Faust (1951), Hécaen *et al.* (1952), Critchley (1953), Pötzl (1953), Faust (1955), Hécaen *et al.* (1956 et 1957), Dumezil (1961), Hécaen et Angelergues, (1961 et 1962), Gloning et Quatember (1966), Hécaen et Tzavaras (1968-69), Rondot et Tzavaras (1969), Hécaen (1972 et 1981), Tzavaras (1972), Meadows (1974), Samson (1974), Lhermitte et Pillon (1975), Mazzucchi *et al.* (1977), Hécaen et Albert (1978). Voir également Teuber (1976), Bruyer (1979), Benton (1980), ou Damasio *et al.* (1982).

[48] Les éléments d'anatomie ici présentés proviennent d'un nombre réduit de données sûres. Si environ 80 cas bien décrits de prosopagnosie ont été publiés, on ne dispose de données anatomo-pathologiques (autopsie du cerveau) que pour une douzaine

d'entre eux, peu précises dans deux cas. Pour une autre douzaine de cas, des éléments neurochirurgicaux et/ou neuroradiologiques suffisamment précis sont publiés. C'est donc depuis environ 25 données que ces hypothèses anatomiques sont établies. Pour une étude anatomique des cas publiés, voir Meadows (565) ou Damasio *et al.* (185).

[49] Deux ou trois cas font exception en ne montrant de manière certaine qu'une lésion gauche. Il s'agit cependant de sujets gauchers (803) (voir la note 52) ou présentant des signes cliniques évidents de lésion droite (170).

[50] La psychologie de la forme ou *Gestaltpsychologie* désigne une école de psychologie pour laquelle l'interprétation des faits psychiques doit reposer sur l'analyse de la structure (*gestalt*) de la forme observée et des relations entre ses parties.

[51] Reconnaître un visage paraît nécessiter une opération en deux temps (non limitée aux visages d'ailleurs, mais non généralisable non plus à toute activité de reconnaissance visuelle): l'assigner à la classe des visages puis l'individualiser. En fait, la spécificité proprement dite n'a été que rarement analysée: dans bon nombre de recherches, le sujet n'est soumis qu'à des visages et ne doit donc accomplir que la seconde étape du processus. Inversement, dans les épreuves de reconnaissance d'autres objets, le sujet doit rarement aller jusqu'à l'individualisation. Quelques études s'en rapprochent (exemples: 515, 522, 523, 801, 802), mais un test utile serait de faire individualiser un stimulus parmi des objets de la même classe mais aussi d'autres catégories. Nous avons tenté une expérience de ce type chez des sujets cérébrolésés (*infra*: 116) et chez un patient prosopagnosique (117). Une autre limitation interne à ce débat sur la spécificité (99) réside dans le fait qu'il s'agit de sujets humains reconnaissant des visages humains: une étude neuropsychologique serait à conduire où la reconnaissance inter-espèces serait étudiée. Des difficultés importantes sur le plan méthodologique doivent cependant être attendues.

[52] Les notions d'asymétrie fonctionnelle entre les hémisphères, décrites au premier chapitre, ne sont en effet vraiment valables que pour les droitiers. Les gauchers, en particulier les gauchers familiaux, semblent présenter une autre organisation cérébrale fonctionnelle: pour le langage en tout cas, la participation hémisphérique serait plus bilatérale.

[53] Dans toutes les recherches portant sur des groupes, nous ne parlerons que des «différences» statistiquement vérifiées.

[54] Réf. 42, 58, 101, 103, 111, 115, 116, 163, 208, 215, 385, 448, 479, 602, 801, 802, 835.

[55] Comme on le verra plus loin, l'anatomie des voies visuelles est telle qu'un stimulus présenté dans un hémichamp visuel est perçu par l'hémisphère du côté opposé. Si, en plus, les connexions entre les hémisphères sont chirurgicalement rompues à but thérapeutique (ce qui est le cas dans les études présentées ici), on peut considérer que l'autre hémisphère n'est aucunement impliqué dans le processus. Cette procédure est la commissurotomie.

[56] Les informations visuelles atteignant la moitié gauche de chaque rétine aboutissent au cortex visuel de l'hémisphère gauche et inversement. Etant donné la structure de l'œil, ce qui parvient à la partie gauche de la rétine provient de stimulations lumineuses du champ visuel droit et réciproquement. Chaque hémisphère cérébral reçoit donc des informations issues du champ visuel du côté opposé. En contrôlant le champ visuel dans lequel on délivre les stimuli, on peut donc décider de stimuler uniquement un hémisphère; si on présente des stimuli tantôt à gauche et tantôt à droite, le sujet ne pouvant prévoir le côté qui sera utilisé, on peut ensuite comparer les performances respectives des deux hémisphères. Pour ce faire, on invite le sujet à fixer un point central puis on délivre le stimulus à gauche ou à droite du point pendant une durée suffisamment brève (moins de 300 msec. environ) pour que le sujet n'ait pas le temps de tourner les yeux vers le stimulus (tachistoscopie). Des raffinements techniques plus

récents permettent d'éviter ces durées courtes : des lentilles de contact sont placées sur les yeux de manière à pouvoir stimuler un seul champ visuel pendant une longue durée et en autorisant les mouvements oculaires.

Certains auteurs contrôlent en outre diverses variables supplémentaires : l'œil stimulé (procédure monoculaire : un des yeux est occlus), enregistrement des mouvements oculaires éventuels (par électro-oculographie, caméra ou réflexion d'un rayon infra-rouge sur l'œil), main utilisée pour répondre (contrôlée par l'hémisphère du côté opposé). Sauf explication dans le texte, il s'agira de sujets droitiers (cfr note 61).

Pour une discussion de cette procédure (et des résultats obtenus), on consultera l'ouvrage de Beaumont (33). De même, on trouvera une synthèse des travaux de neuropsychologie expérimentale chez le sujet normal dans l'ouvrage rédigé sous la direction de Umilta (804). Alors que le présent ouvrage était déjà sous presse, nous avons eu connaissance de l'excellent livre de M.P. BRYDEN : *Laterality ; functional asymmetry in the intact brain*, New York, Academic Press, 1982.

[57] Réf. 47, 86, 89, 329 (exp. 5), 333, 584 (exp. 2), 622 (exp. 2 et 3), 625, 643, 667, 670, 671, 775, 805, 867.

[58] Réf. 78, 285, 321, 332, 333, 396, 418, 449, 503, 615, 658, 761 ; *cfr.* également 420 et 580.

[59] - effectuer un choix : 334, 420, 501, 572, 614, 643, 688, 719 ;
- visages connus à dénommer : 503, 548, 549, 656, 805, 857 ;
- lecture : 329 (exp. 3), 420, 421, 468, 503, 504, 513, 542, 640 (exp. 1).

[60] Dans cette hypothèse, les visages présentés à droite informent l'hémisphère gauche qui doit alors, par le corps calleux, transmettre l'information au droit. Ce transfert entraînerait une perte de temps (réponse plus lente) et/ou un appauvrissement de l'information (erreurs plus fréquentes).

La seconde hypothèse stipule que les deux hémisphères peuvent analyser les visages mais que les caractéristiques fonctionnelles de l'hémisphère droit le rendent plus apte à traiter des visages (il induit alors une réponse plus rapide ou plus souvent correcte) que le gauche.

[61] On considère généralement en neuropsychologie que, pour les fonctions linguistiques, les droitiers (ou même les gauchers non familiaux) ont une dominance de l'hémisphère gauche, tandis que les gauchers familiaux auraient une asymétrie moins nette, une représentation plus bilatérale du langage. La question considérée ici est de savoir si la règle est la même, mais en miroir, pour les visages : l'hémisphère droit paraît dominant chez le droitier, qu'en est-il des gauchers ?

[62] Analyse des corrélations et analyses de covariance.

[63] Ces études nuancent cependant la recherche de Gilbert et Bakan : Oltman *et al.* montrent que cette asymétrie est le fait des *field-independent* uniquement ; Lawson montre l'influence, sur ces asymétries, de variables comme le sexe, la latéralité ou la manière d'écrire.

[64] Ces auteurs ne vont toutefois pas construire de triades avec l'original en miroir comme modèle, à l'inverse de Gilbert et Bakan. Notons également la controverse générée par les études de Sackeim *et al.* (*Science*, 1980) (22).

[65] Théoricien de la philosophie des sciences qui défend une épistémologie anarchiste de la connaissance.

Lectures conseillées

BEAUMONT J.G. (ed.), *Divided visual field studies of cerebral organization*, London: Academic Press, 1982.
BERTELSON P., Lateral differences in normal man and lateralization of brain function. *Intern. J. of Psychol.*, 1982, *17*, 173-210.
BODAMER J., Die Prosop-agnosie. *Arch. Psychiat. Nervenkr.*, 1947, *179*, 6-54.
BRADSHAW J.L. et NETTLETON N.C., The nature of hemispheric specialization in man. *Behav. Brain Sci.*, 1981, *4*, 51-91.
BRUYER R., Perception du visage humain et différences cérébrales hémisphériques chez le sujet normal. *Année Psychol.*, 1980, *80*, 631-653.
BRUYER R., Implication différentielle des hémisphères cérébraux dans les conduites émotionnelles. *Acta Psychiat. Belg.*, 1980, *80*, 266-280.
BRUYER R., L'asymétrie du visage humain: état de la question. *Psychol. Belg.*, 1981, *21*, 7-15.
BRYDEN M.P., *Laterality: functional asymmetry in the intact brain*, New York: Academic Press, 1982.
CAMPBELL R., The lateralization of emotion: a critical review. *Intern. J. of Psychol.*, 1982, *17*, 211-229.
CAREY S. et DIAMOND R., Maturational determination of the developmental course of face encoding. *In* CAPLAN D. (ed.), *Biological bases of mental processes*, Cambridge: MIT Press, 1980.
COHEN, G., Theoretical interpretation of lateral asymmetries. *In* BEAUMONT J.G. (ed.), *Divided Visual Field Studies of Cerebral Organisation*, London: Academic Press, 1982, pp. 87-111.
DAMASIO A.R., DAMASIO H. et VAN HOESEN G.W., Prosopagnosia: anatomic basis and behaviorial mechanisms. *Neurology*, 1982, *32*, 331-341.
DAVIES G., ELLIS H. et SHEPHERD J. (eds.), *Perceiving and remembering faces*, London: Academic Press, 1981.
   Dans ce dernier ouvrage, on notera tout particulièrement les chapitres suivants:
   - CAREY S. *The development of face perception*, pp. 9-38;

- SHEPHERD J. *Social factors in face recognition*, pp. 55-79;
- GOLDSTEIN A. et CHANCE J., *Laboratory studies of face recognition*, pp. 81-104;
- SHEPHERD J., DAVIES G. et ELLIS H., *Studies of cue saliency*, pp. 105-131;
- SALZEN E., *Perception of emotion in faces*, pp. 133-169;
- ELLIS H., *Theoretical aspects of face recognition*, pp. 171-197.

EKMAN P. et OSTER H., Facial expression of emotion. *Ann. Rev. Psychol.*, 1979, *30*, 527-554.

EKMAN P., FRIESEN W.V. et ELLSWORTH P., *Emotion in the human face*, New York: Pergamon Press, 1972.

ELLIS, H.D., Recognising faces. *Brit. J. Psychol.*, 1975, *66*, 409-426.

FAIRWEATHER H., Sex differences: little reason for females to play midfield. *In* BEAUMONT J.G. (*ed.*), *Divided Visual Field Studies of Cerebral Organisation*, London: Academic Press, 1982.

GALIN, D., Implications for psychiatry of left and right cerebral specialization. *Arch. Gen. psychiatr.*, 1974, *31*, 572-583.

GAZZANIGA M.S. (*ed.*). *Handbook of behavioral neurobiology; 2: neuropsychology*, New York: Plenum Press, 1979. Voir en particulier le chapitre de MOSCOVITCH M., Information processing and the cerebral hemispheres.

GRUNEBERG M.M., MORRIS P.E. et SYKES R.N. (*eds.*). *Practical aspects of memory*, New York: Academic Press, 1978.

GRUZELIER J. et FLOR-HENRY P. (*eds.*). *Hemisphere asymmetries of function in psychopathology*, Amsterdam: Elsevier, 1979.

HAY D.C. et YOUNG A.W. The human face. *In* ELLIS A.W. (*ed.*), *Normality and pathology in cognitive functions*, New York: Academic Press, 1982.

HÉCAEN H. et ALBERT M.L., *Human Neuropsychology*, New York: Wiley, 1978.

HÉCAEN H., ANGELERGUES R., BERNHARDT C. et CHIARELLI J. Essai de distinction des modalités cliniques de l'agnosie des physionomies. *Rev. Neurol.*, 1957, *96*, 125-144.

LIGGET J. *The human face*, London: Constable, 1974.

MARIN R.S. et TUCKER G.J. Psychopathology and hemispheric dysfunction. *J. Nerv. Ment. Dis.*, 1981, *169*, 546-557.

McGLONE J., Sex differences in human brain asymmetry: a critical survey. *Behav. Brain Sci.*, 1980, *3*, 215-226.

MEADOWS J.C. The anatomical basis of prosopagnosia. *J. Neurol. Neurosurg. Psychiat.*, 1974, *37*, 489-501.

MEULDERS M. et BOISACQ-SCHEPENS N. *Abrégé de neuropsychophysiologie (tome 2)*, Paris: Masson, 1978.

SACKEIM H.A. et GUR R.C. Facial asymmetry and the communication of emotion. *In* CACIOPPO J.T. and PETTY R.E. (*eds.*), *Social psychophysiology*, New York: Guilford Press, 1982 (*sous presse*).

SERGENT J. et BINDRA D. Differential hemispheric processing of faces: methodological considerations and reinterpretation. *Psychol. Bull.*, 1981, *89*, 541-554.

SERON X. et VANDERLINDEN M. Vers une neuropsychologie humaine des conduites émotionnelles? *Année Psychol.*, 1979, *79*, 229-252.

TUCKER D.M. Lateral brain function, emotion and conceptualization. *Psychol. Bull.*, 1981, *89*, 19-46.

YIN R.K., Face perception: a review of experiments with infants, normal adults, and brain-injured persons. *In* HELD R., LEIBOWITZ H.W. et TEUBER H.L. (*eds*), *Handbook of sensory physiology, vol. VIII: perception*, New York: Springer, 1978.

Bibliographie (alphabétique)

(1) ABELSON, R.P.; SERMAT, V. Multidimensional scaling of facial expressions. *J. Exp. Psychol.*, 1962, *63*, 546-554.
(2) ABELY, P. Le signe du miroir dans les psychoses et plus spécialement dans la démence précoce. *Ann. Méd. Psych.*, 1930, *I*, 28-36.
(3) ABRAHAM, P. Sur la dissymétrie latérale de la figure humaine. *J. Psychol. Norm. Pathol.*, 1934, 587-596.
(4) ABRAMS, R.; REDFIELD, J.; TAYLOR, M.A. Cognitive dysfunction in schizophrenia, affective disorder and organic brain disease. *Brit. J. Psychiat.*, 1981, *139*, 190-194.
(5) ADLER, A. Disintegration and restoration of optic recognition in visual agnosia. Analysis of a case. *Arch. Neurol. Psychiat.*, 1944, *51*, 243-259.
(6) AGNETTI, V.; CARRERAS, M.; PINNA, L.; ROSATI, G. Ictal prosopagnosia and epileptogenic damage of the dominant hemisphere. A case history. *Cortex*, 1978, *14*, 50-57.
(7) AHERN, G.L.; SCHWARTZ, G.E. Differential lateralization for positive versus negative emotion. *Neuropsychologia*, 1979, *17*, 693-698.
(8) AHRENS, R. Beitrag zur Entwicklung des Physionomie- und Mimikerkennerns. *Z. Exp. Angew. Psychol.*, 1954, *2*, 412-454 und 599-633.
(9) AJURIAGUERRA, J. de; STREJILEVITCH, M.; TISSOT, R. A propos de quelques conduites devant le miroir de sujets atteints de syndromes démentiels du grand âge. *Neuropsychologia*, 1963, *1*, 59-73.
(10) ALAJOUANINE, T.; LHERMITTE, F.; SABOURAUD, C.; RIBAUCOURT, B. de. Agnosie visuelle sans alexie. *Rev. Neurol.*, 1953, *89*, 158.
(11) ALEXANDER, M.P.; STUSS, D.T.; BENSON, D.F. Capgras syndrome : a reduplicative phenomenon. *Neurology*, 1979, *29*, 334-339.
(12) ALFANDARY, I. L'agnosie optique congénitale. Agnosie pour objets, prosopagnosie, apraxie d'habillement. *Rev. Neurol.*, 1958, *99*, 283-292.
(13) ALFORD, R.; ALFORD, K.F. Sex differences in asymmetry in the facial expression of emotion. *Neuropsychologia*, 1981, *19*, 605-608.

(14) ALMEIDA-PRADO, J.N. de. Illusion des sosies. *Ann. Méd. Psych.*, 1951, *II*, 106.
(15) AMBROSE, J.A. The development of the smiling response in early infancy. *In:* FOSS, I.B.M. (ed.), *Determinants of infant behavior*, London: Methuen, 1961, pp. 179-201.
(16) AMSTERDAM, B. Mirror self-image reactions before age two. *Devel. Psychobiol.*, 1972, *5*, 297-305.
(17) ANDERSON, J.R.; PAULSON, R. Interference in memory for pictorial information. *Cognitive Psychology*, 1978, *10*, 178-202.
(18) ANDERSON, L.D. Estimation of intelligence by means of printed photographs. *J. Appl. Psychol.*, 1921, *5*, 152-155.
(19) ANDREW, R.J. Evolution of facial expression. *Science*, 1963, *142*, 1034-1041.
(20) ARSENI, C.; BOTEZ, Y. M.I. Consideraciones sobre un caso de agnosia de la fisionomias. *Rev. Neuro-Psiquiatria*, 1958, *21*, 583-594.
(21) ASSAL, G. Régression des troubles de la reconnaissance des physionomies et de la mémoire topographique chez un malade opéré d'un hématome intracérébral pariéto-temporal droit. *Rev. Neurol.*, 1969, *121*, 184-185.
(22) Asymmetry in facial expression. *Discussion in: Science*, 1980, *209*, 833-836.
(23) BAGNARA, S.; SIMION, F. Su possibili differenze nella specializzazione emisferica fra uomini e donne. *In:* UMILTA et al. (eds.) *Neuropsicologia sperimentale*, Milano: Franco Angeli, 1982.
(24) BAHRICK, H.P.; BAHRICK, P.O.; WITTLINGER, R.P. Fifty years of memory for names and faces: a cross-sectional approach. *J. Exp. Psychol: Gen.*, 1975, *104*, 54-75.
(25) BALL, J.R.B.; KIDSON, M.A. The Capgras syndrome a rarity? *Austr. New Zealand J. Psychiat.*, 1968, *2/I*, 44-45.
(26) BANKIER, R.G. Capgras syndrome: the illusion of doubles. *Can. Psychiat. Assoc. J.*, 1966, *11*, 426-429.
(27) BARDONNEL; AJURIAGUERRA, J. de; LECOMTE, M. Syndrome aphasoagnoso-apraxique (sur les troubles de la notion du moi et de la notion spatiale dans une démence présénile). *Ann. Méd. Psych.*, 1935, *93*, 798-805.
(28) BARUK, H. Prosopagnosie à la suite d'électrochocs en série chez une malade faussement diagnostiquée schizophrène. *Ann. Méd. Psych.*, 1974, *I*, 517-522.
(29) BAUER, R.; FENNELL, E. Hypoemotionality and prosopagnosia: a visuolimbic disconnection syndrome? *Communication*, Intern. Neuropsychol. Soc., Atlanta, 1981.
(30) BAY, E. *Agnosie und Funktionswandel*. Monographien aus dern. Gesamtgebiete der Neurologie und Psychiatrie, n° 73. *Published by* H.W. GRUHLE, H. SPATZ and P. VOGEL, Berlin: Springer-Verlag, 1950.
(31) BEAR, D.M.; FEDIO, P. Quantitative analysis of interictal behavior in temporal lobe epilepsy. *Arch. Neurol.*, 1977, *34*, 454-467.
(32) BEARDSWORTH, T.; BUCKNER, T. The ability to recognize oneself from a video recording of one's movements without seeing one's body. *Bull. Psychon. Soc.*, 1981, *18*, 19-22.
(33) BEAUMONT, J.G. (ed.). *Divided visual field studies of cerebral organization*, London: Academic Press, 1982.
(34) BECK, U.; ASCHAYERI, H.; KELLER, H. Prosopagnosie und Farberkennungsstörung bei Rückbildung von Rindenblindheit. *Arch. Psychiat. Nervenkr.*, 1978, *225*, 55-66.
(35) BEICHEL, L. *Z. Neur.*, 1944; *cité in* HECAEN, H. et al., 1952.
(36) BELL, C. *The anatomy and philosophy of expression*, London, 1806.

(37) BENDROR, E.; MORAIS, J. Effets de latéralité dans l'identification de formes sans signification. *Communication*, Soc. belge Psychol., Gand, 1982.
(38) BENGTSEN, K.G.; FOG, M.; HERMANN, K. Z. *Neur.*, 1941; cité in HECAEN, H. et al., 1952.
(39) BENSON, D.F.; SEGARRA, J.; ALBERT, M.L. Visual agnosia-prosopagnosia. A clinico-pathologic correlation. *Arch. Neurol.*, 1974, *30*, 307-310.
(40) BENTIN, S.; GORDON, H.W. Assessment of cognitive asymmetries in brain-damaged and normal subjects: validation of a test battery. *J. Neurol. Neurosurg. Psychiat.*, 1979, *42*, 715-723.
(41) BENTON, A.L. The neuropsychology of facial recognition. *Am. Psychol.*, 1980, *35*, 176-186.
(42) BENTON, A.L.; VAN ALLEN, M.W. Impairment in facial recognition in patients with cerebral disease. *Cortex*, 1968, *4*, 344-358.
(43) BENTON, A.L.; VAN ALLEN, M.W. Prosopagnosia and facial discrimination. *J. Neurol. Sci.*, 1972, *15*, 167-172.
(44) BERENT, S. Functional asymmetry of the human brain in the recognition of faces. *Neuropsychologia*, 1977, *15*, 829-831.
(45) BERG, M.R.; HARRIS, L.J. The effect of experimenter location and subject anxiety on cerebral activation as measured by lateral eye movements. *Neuropsychologia*, 1980, *18*, 89-93.
(46) BERLIN, L. Presenile sclerosis (Alzheimer's disease) with features resembling Pick's disease. *Arch. Neurol. Psych.*, 1949, *61*, 369-384.
(47) BERLUCCHI, G.; BRIZZOLARA, D.; MARZI, C.A.; RIZZOLATTI, G.; UMILTA, C. Can lateral asymmetries in attention explain interfield differences in visual perception? *Cortex*, 1974, *10*, 177-185.
(48) BERTELSON, P. Lateral differences in normal man and lateralization of brain function. *Intern. J. Psychol.*, 1982, *17*, 173-210.
(49) BERTELSON, P.; VAN HAELEN, H.; MORAIS, J. Left hemifield superiority and the extraction of physiognomic information. *In*: STEELE RUSSEL, I.; VAN HOF, M.W. and BERLUCCHI, G. *(eds.), Structure and function of cerebral commissures*, London: Mac Millan, 1979.
(50) BEYN, E.S.; KNYAZEVA, G.R. The problem of prosopagnosia. *J. Neurol. Neurosurg. Psychiat.*, 1962, *25*, 154-158.
(51) BIBER, C.; BUTTERS, N.; ROSEN, J.; GERSTMAN, L.; MATTIS, S. Encoding strategies and recognition of faces by alcoholic Korsakoff and other brain-damaged patients. *J. Clin. Neuropsychol.*, 1981, *3*, 315-330.
(52) BIEDER, J. Délire des sosies. *Ann. Méd. Psych.*, 1973, *1*, 659-673.
(53) BIRKMAYER, W. *Hirnverletzungen*, Wien: J. Springer, 1951.
(54) BISHOP, E.R.; MOBLEY, M.C.; FARR, W.F. Lateralization of conversion symptoms. *Compr. Psychiat.*, 1978, *19*, 393-396.
(55) BLACK, F.W. Unilateral brain lesions and MMPI performance: a preliminary study. *Percept. Mot. Skills*, 1975, *40*, 87-93.
(56) BLAND, R.C. Capgras syndrome: a case report. *Can. Psychiat. Assoc. J.*, 1971, *16*, 369-371.
(57) BLANEY, R.L.; WINOGRAD, E. Developmental differences in children's recognition memory for faces. *Develop. Psychol.*, 1978, *14*, 441-442.
(58) BLUNK, R. Recognition of emotion and physiognomy in right- and left-hemisphere damaged patients and normals. *Communication*, Intern. Neuropsychol. Soc., Deauville, 1982.
(59) BODAMER, J. Die Prosop-agnosie. *Arch. Psychiat. Nervenkr.*, 1947, *179*, 6-54.
(60) BOND, E.K. Perception of form by the human infant. *Psychol. Bull.*, 1972, *77*, 225-245.

(61) BONHOEFFER, K. *Mschr. Psychiat.*, 1915; cité in HECAEN, H. *et al.* 1952.
(62) BORGES, M.A.; VAUGHN, L.S. Cognitive differences between the sexes in memory for names and faces. *Percept. Mot. Skills*, 1977, *45*, 317-318.
(63) BORING, G.E.; TITCHENER, E.B. A model for the demonstration of facial expression. *Amer. J. Psychol.*, 1923, *34*, 471-485.
(64) BORNSTEIN, B. Prosopagnosie. *Excerpta Medica*, 1965, *94*, F112-F113.
(65) BORNSTEIN, B.; KIDRON, D.P. Prosopagnosia. *J. Neurol. Neurosurg. Psychiat.*, 1959, *22*, 124-131.
(66) BORNSTEIN, B.; TAMARIN, G. Examen psychométrique d'un cas de prosopagnosie. *Rev. Psychol. Appl.*, 1959, *9*, 109-116.
(67) BORNSTEIN, B.; SROKA, H.; MUNITZ, H. Prosopagnosia with animal face agnosia. *Cortex*, 1969, *5*, 164-169.
(68) BOROD, J.C.; CARON, H.S. Facedness and emotion related to lateral dominance, sex and expression type. *Neuropsychologia*, 1980, *18*, 237-241.
(69) BOROD, J.C.; KOFF, E. Facial asymmetry and lateral dominance in normal and brain damaged adults. *Texte d'une communication*, Intern. Neuropsychol. Soc., Pittsburgh, 1982.
(70) BOROD, J.C.; CARON, H.S.; KOFF, E. Asymmetry in positive and negative facial expressions: sex differences. *Neuropsychologia*, 1981, *19*, 819-824.
(71) BOULANGER-BALLEYGUIER, G. Premières réactions devant le miroir. *Enfance*, 1964, 51-67.
(72) BOULANGER-BALLEYGUIER, G. Les étapes de la reconnaissance de soi devant le miroir. *Enfance*, 1967, 91-116.
(73) BOULANGER-BALLEYGUIER, G. Comparaison entre l'évolution des réactions du chat et de l'enfant devant le miroir. *J. Psychol. Norm. Pathol.*, 1968, *I*, 73-84.
(74) BOUVIER. *Le syndrome « illusion des sosies »*. Thèse de Paris, 1926.
(75) BOWER, G.H.; KARLIN, M.B. Depth of processing pictures of faces and recognition memory. *J. Exp. Psychol.*, 1974, *103*, 751-757.
(76) BOWERS, D.; HEILMAN, K.M. Material-specific hemispheric activation. *Neuropsychologia*, 1980, *18*, 309-319.
(77) BOWERS, D.; HEILMAN, K. A dissociation between the processing of affective and non-affective faces: a case study. *Communication*, Intern. Neuropsychol. Soc., Atlanta, 1981.
(78) BOWERS, D.; HEILMAN, K.M.; SATZ, P.; ALTMAN, A. Simultaneous performance on verbal, non-verbal and motor tasks by right-handed adults. *Cortex*, 1978, *14*, 540-556.
(79) BOYLE, E.; APARICIO, A.M.; KAYE, J.; ACKER, M. Auditory and visual memory losses in aging populations. *J. Am. Geriat. Soc.*, 1975, *23*, 284-286.
(80) BRACKBILL, Y. Extinction of the smiling response in infants as a function of reinforcement schedule. *Child Devel.*, 1958, *29*, 115-124.
(81) BRADSHAW, J.L. The information conveyed by varying the dimensions of features in human outline faces. *Percept. Psychoph.*, 1969, *6*, 5-9.
(82) BRADSHAW, J.L.; WALLACE, G. Models for the processing and identification of faces. *Percept. Psychoph.*, 1971, *9*, 443-448.
(83) BRADSHAW, J.L.; NETTLETON, N.C. The nature of hemispheric specialization in man. *Behav. Brain Sciences*, 1981, *4*, 51-91.
(84) BRADSHAW, J.L.; DEL SHERLOCK. Bugs and faces in the two visual fields: the analytic/holistic processing dichotomy and task sequencing. *Cortex*, 1982, *18*, 211-226.
(85) BRADSHAW, J.L.; NETTLETON, N.C.; PATTERSON, K. Identification of mirror-reversed and nonreversed facial profiles in same and opposite visual fields. *J. Exp. Psychol.*, 1973, *99*, 42-48.

(86) BRADSHAW, J.L.; TAYLOR, M.J.; PATTERSON, K.; NETTLETON, N.C. Upright and inverted faces, and housefronts, in the two visual fields: a right and a left hemisphere contribution. *J. Clin. neuropsychol.*, 1980, *2*, 245-257.
(87) BRAIN, R. *cité in* HECAEN, H. *et al.*, 1952.
(88) BROCHADO, A. Le syndrome de Capgras. *Ann. Méd. Psych.*, 1936, *15*, 706-717.
(89) BROMAN, M. Reaction-time differences between the left and right hemispheres for face and letter in children and adults. *Cortex*, 1978, *14*, 578-591.
(90) BROOKS, R.M.; GOLDSTEIN, A.G. Recognition by children of inverted photographs of faces. *Child. Dev.*, 1963, *34*, 1033-1040.
(91) BROSGOLE, L.; KURUCZ, J.; PLAHOVINSAK, T.J.; GUMIELA, E. On the mechanism underlying facial-affective agnosia in senile demented patients. *Intern. J. Neuroscience*, 1981, *15*, 207-215.
(92) BRUCE, C. Face recognition by monkeys: absence of an inversion effect. *Neuropsychologia*, 1982, *20*, 515-521.
(93) BRUCE, V. Searching for politicians: an information-processing approach to face recognition. *Quart. J. Exp. Psychol.*, 1979, *31*, 373-396.
(94) BRUCE, V. Changinf faces: visual and non-visual coding processes in face recognition. *Brit. J. Psychol.*, 1982, *73*, 105-116.
(95) BRUDER, G.; SUTTON, S.; BERGER-GROSS, P.; QUITKIN, F.; DAVIES, S. Lateralized auditory processing in depression: dichotic click detection. *Psychiat. Res.*, 1981, *4*, 253-266.
(96) BRUNET, O.; LEZINE, I. Psychologie de la première enfance: une contribution du groupe des jeunes parents. *Enfance*, 1949, *4*, 355-363.
(97) BRUNSWIK, E.; REITER, L. Eindrucks-charactere schematiserter Gesichter. *Zeitschr. Psychol.*, 1938, *142*, 67-134.
(98) BRUTSCHE, J.; CISSE, A.; DELEGLISE, D.; FINET, A.; SONNET, P.; TIBERGHIEN, G. Effets de contexte dans la reconnaissance de visages non familiers. *Cahiers Psychol. Cognit.*, 1981, *1*, 85-90.
(99) BRUYER, R. Le cerveau et la reconnaissance visuelle du visage humain. *Acta Psychiat. Belg.*, 1979, *79*, 113-143.
(100) BRUYER, R. Perception du visage humain et différences cérébrales hémisphériques chez le sujet normal. *L'année Psychol.*, 1980, *80*, 631-653.
(101) BRUYER, R. Lésion cérébrale et perception du visage: rôle des parties du visage. *Psychol. Méd.*, 1980, *12*, 1261-1270.
(102) BRUYER, R. Lésion cérébrale et perception du visage: étude de la symétrie faciale. *J. Psychol. Norm. Pathol.*, 1980, 85-98.
(103) BRUYER, R. Lésion cérébrale et perception de visages flous: différences hémisphériques. *L'année Psychol.*, 1980, *80*, 379-390.
(104) BRUYER, R. Implication différentielle des hémisphères cérébraux dans les conduites émotionnelles. *Acta Psychiat. Belg.*, 1980, *80*, 266-280.
(105) BRUYER, R. *Cortex cérébral et perception visuelle du visage humain: études neuropsychologiques*. Université de Louvain, thèse de doctorat en psychologie, 1981.
(106) BRUYER, R. Art et fonctionnement cérébral: approche neuropsychologique du mystère de la Joconde. *Psychol. Belg.*, 1981, *21*, 17-20.
(107) BRUYER, R. L'asymétrie du visage humain: état de la question. *Psychol. Belg.*, 1981, *21*, 7-15.
(108) BRUYER, R. Perception d'expressions faciales émotionnelles et lésion cérébrale: influence de la netteté du stimulus. *Intern. J. Psychol.*, 1981, *16*, 87-94.
(109) BRUYER, R. Reconnaissance de visages célèbres et lésions cérébrales: effet du langage. *Le Langage et l'Homme*, 1981, *46*, 3-8.

(110) BRUYER, R. Asymmetry of facial expression in brain damaged subjects. *Neuropsychologia*, 1981, *19*, 615-624.
(111) BRUYER, R. Rôle du langage et de la mémoire visuelle dans la perception des visages: effet des lésions cérébrales unilatérales. *Psychol. Française*, 1982, 146-157.
(112) BRUYER, R. Est-il utile d'établir une connexion entre la neuropsychologie et le concept de «dépendance à l'égard du champ»? *Cahiers Psychol. Cognit.*, 1982, *2*, 91-98.
(113) BRUYER, R. A propos du statut de la neuropsychologie. *Louvain Médical*, 1983, *102*, 37-44.
(114) BRUYER, R.; GADISSEUX, C. La reconnaissance du visage chez l'enfant normal: comparaison avec l'adulte cérébrolésé. *Enfance*, 1980, *3*, 95-106.
(115) BRUYER, R.; VELGE, V. Lésions cérébrales et reconnaissance visuelle du visage humain: une étude préliminaire. *Psychol. Belg.*, 1980, *20*, 125-139.
(116) BRUYER, R.; VELGE, V. Lésion cérébrale unilatérale et trouble de la perception des visages: spécificité du déficit? *Acta Neurol. Belg.*, 1981, *81*, 321-332.
(117) BRUYER, R.; LATERRE, C.; SERON, X.; FEYEREISEN, P.; STRYPSTEIN, E.; PIERRARD, E.; RECTEM, D. A case of prosopagnosia with some preserved covert remembrance of familiar faces. 1983 (*sous presse*).
(118) BRYDEN, M.P.; LEY, R.G.; SUGARMAN, J.H. A left-ear advantage for identifying the emotional quality of tonal sequences. *Neuropsychologia*, 1982, *20*, 83-87.
(119) BUCHTEL, H.; CAMPARI, F.; DERISIO, C.; ROTA, R. Hemispheric differences in discriminative reaction time to facial expressions. *Ital. J. Psychol.*, 1978, *5*, 159-169.
(120) BUCK, R. A theory of spontaneous and symbolic expression: implications for facial lateralization. *Texte d'une communic.*, Intern. Neuropsychol. Soc., Pittsburgh, 1982.
(121) BUCK, R.; DUFFY, R.J. Nonverbal communication of affect in brain-damaged patients. *Cortex*, 1980, *16*, 351-362.
(122) BUCKHOUT, R. Eyewitness testimony. *Scient. Amer.*, 1974, *231*, 23-31.
(123) BUFFERY, A.W.H. Asymmetrical lateralization of cerebral functions and the effects of unilateral brain surgery in epileptic patients. *In*: DIMONT and BEAUMONT (*eds.*), *Hemisphere function in the human brain*, London: Elek Science, 1974.
(124) BUHLER, Ch. Die Reaktionen des Säuglings auf das menschliche Gesicht. *Z. Psychol.*, 1934, *132*, 1-17.
(125) BULLARD, P.; KUCHLER, C.; THARP, G.; TUCKER, D. Affective factors in right lesioned CVA patients. *Communication*, Intern. Neuropsychol. Soc., Atlanta, 1981.
(126) BURGESS, J.W.; SPOOR, D. Seven faces in a crowd: parallel or serial information processing. *Intern. J. Neuroscience*, 1981, *12*, 21-23.
(127) BURWEN, L.S.; CAMPBELL, D.T. The generality of attitudes toward authority and nonauthority figures. *J. Abn. Soc. Psychol.*, 1957, *54*, 24-31.
(128) BUSHNELL, I.W.R. Discrimination of faces by young infants. *J. Exp. Child. Psychol.*, 1982, *33*, 298-308.
(129) BUZBY, D.E. The interpretation of facial expressions. *Amer. J. Psychol.*, 1924, *35*, 602-604.
(130) CACIOPPO, J.T.; PETTY, R.E. Lateral asymmetry in the expression of cognition and emotion. *J. Exp. Psychol.: Hum. Percept. Perform.*, 1981, *7*, 333-341.
(131) CACIOPPO, J.T.; PETTY, R.E.; SNYDER, C.W. Cognitive and affective res-

ponse as a function of relative hemispheric involvement. *Intern. J. Neuroscience,* 1979, *9*, 81-89.
(132) CAMPBELL, R. Asymmetries in interpreting and expressing a posed facial expression. *Cortex,* 1978, *14*, 327-342.
(133) CAMPBELL, R. Left-handers smiles - asymmetries in the projection of a posed facial expression. *Cortex,* 1979, *15,* 571-579.
(134) CAMPBELL, R. Asymmetries in moving faces. *Brit. J. Psychol.,* 1982, *73*, 95-103.
(135) CAMPBELL, R. The lateralization of emotion: a critical review. *Intern. J. Psychol.,* 1982, *17*, 211-229.
(136) CAMPER. *Discours sur le moyen de représenter les diverses passions. Dissertation physique sur les différents traits du visage.* Utrecht, 1791, posthume.
(137) CAPGRAS, J.; REBOUL-LACHAUX, J. L'illusion des «sosies» dans un délire systématisé chronique. *Soc. Clin. Méd. Ment.,* 1923, 6-17.
(138) CAPGRAS, J.; CARETTE, P. Illusion des sosies et complexe d'Œdipe. *Ann. Méd. Psych.,* 1924, *2*, 48-68.
(139) CAPGRAS, J.; LUCCHINI, P.; SCHIFF, P. Du sentiment d'étrangeté à l'illusion des sosies. *Soc. Clin. Méd. Ment.,* 1924, 210-217.
(140) CAREY, S. A case study: face recognition. *In:* WALKER *(ed.) Explorations in the biology of language.* Hassocks: Harvester, 1978, pp. 175-201.
(141) CAREY, S. The development of face perception. *In:* DAVIES, ELLIS et SHEPERD (eds.) Perceiving and remembering faces, London: Academic Press, 1981, pp. 9-38.
(142) CAREY, S.; DIAMOND, R. From piecemeal to configurational representation of faces. *Science,* 1977, *195,* 312-314.
(143) CAREY, S.; DIAMOND, R. Maturational determination of the developmental course of face encoding. *In:* CAPLAN. D. *(ed.) Biological bases of mental processes,* Cambridge: MIT Press, 1980.
(144) CAREY, S.; DIAMOND, R.; WOODS, B. Development of face recognition. A maturational component? *Develop. Psychol.,* 1980, *16*, 257-269.
(145) CARGNELLO, D.; DELLA BEFFA, A. L'illusione del Sosia. *Arch. Psicol. Neurol. Psichiat.,* 1955, *2*, 173.
(146) CARMON, A.; NACHSHON, I.I. Ear asymmetry in perception of emotional non verbal stimuli. *Acta Psychol.,* 1973, *37*, 351-357.
(147) CARON, A.J.; CARON, R.F.; CALDWELL, R.C.; WEISS, S.J. Infant perception of the structural properties of the face. *Develop. Psychol.,* 1973, *9*, 385-399.
(148) CARPENTER, G.C. Visual regard of moving and stationary faces in early infancy. *Merrill-Palmer Quart.,* 1974, *20*, 181-194.
(149) CARPENTER, G.C.; TECCE, J.J.; STECHLER, G.; FRIEDMAN, S. Differential visual behaviour to human and humanoid faces in early infancy. *Merrill-Palmer Quart.,* 1970, *16*, 91-108.
(150) CASEY, V.; FENNELL, E. Emotional consequences of brain injury: effects of litigation, sex and laterality of lesion. *Texte d'une communic.,* Intern. Neuropsychol. Soc., Atlanta, 1981.
(151) CENAC-THALY, H.; FRELOT, C.; GUINARD, M.; TRICOT, J.C.; LACOUR, M. L'illusion des sosies. *Ann. Méd. Psych.,* 1962, *II*, 481-494.
(152) CHANCE, J. GOLDSTEIN, A.G. Recognition of faces and verbal labels. *Bull. Psychon. Soc.,* 1976, *7*, 384-386.
(153) CHANCE, J.E.; GOLDSTEIN, A.G. Reliability of face recognition performance. *Bull. Psychon. Soc.,* 1979, *14*, 115-117.
(154) CHANCE, J.; GOLDSTEIN, A.G.; SCHICHT, W. Effects of acquaintance and

friendship on children's recognition of classmates' faces. *Psychon. Sci.*, 1967, *7*, 223-224.
(155) CHANCE, J.; GOLDSTEIN, A.G.; Mc BRIDE, L. Differential experience and recognition memory for faces. *J. Social Psychol.*, 1975, *97*, 243-253.
(156) CHARCOT, J.M. Un cas de suppression brusque et isolée de la vision mentale des signes et des objets (formes et couleurs). *Progrès Médical*, 1883, *11*, 568.
(157) CHAURASIA, B.D.; GOSWAMI, H.K. Functional asymmetry in the face. *Acta anat.*, 1975, *91*, 154-160.
(158) CHI, M.T.H. Age differences in memory span. *J. Exp. Child. Psychol.*, 1977, *23*, 266-281.
(159) CHLENOV, L.G.; BEYN, E.S. *Zh. Nevropat. Psikiat.*, 1958, *58*, 914.
(160) CHRISTIE, D.F.M.; ELLIS, H.D. Photofit constructions versus verbal descriptions of faces. *J. Appl. Psychol.*, 1981, *66*, 358-363.
(161) CHRISTODOULOU, G.N. Delusional hyper-identifications of the Frégoli type. *Acta Psych. Scand.*, 1976, *54*, 305-314.
(162) CHRISTODOULOU, G.N. The syndrome of Capgras. *Brit. J. Psychiat.*, 1977, *130*, 559-564.
(163) CICONE, M.; WAPNER, W.; GARDNER, H. Sensitivity to emotional expressions and situations in organic patients. *Cortex*, 1980, *16*, 145-158.
(164) CLARKE, H.M. Recall and recognition for faces and names. *J. Appl. Psychol.*, 1934, *18*, 757-763.
(165) COGAN, D.G. Visuospatial dysgnosia. *Amer. J. Ophtalmol*, 1979, *88*, 361-368.
(166) COHEN, G. Theoretical interpretations of lateral asymmetries. In: BEAUMONT (ed.) *Divided visual field studies of cerebral organization*, London: Academic Press, 1982, pp. 87-111.
(167) COHEN, L.B.; DELOACHE, J.S.; PEARL, R.A. An examination of interference effects in infants' memory for faces. *Child. Develop.*, 1977, *48*, 88-96.
(168) COHEN, M.R.; NISKA, R.W. Localized right cerebral hemisphere dysfunction and recurrent mania. *Amer. J. Psychiat.*, 1980, *137*, 847-848.
(169) COHN, R.; NEUMANN, M.A.; WOOD, D.H. Prosopagnosia: a clinicopathological study. *Ann. Neurol.*, 1977, *1*, 177-182.
(170) COLE, M.; PEREZ-CRUET, J. Prosopagnosia. *Neuropsychologia*, 1964, *2*, 237-246.
(171) COLEMAN, J.C. Facial expression of emotion. *Psychol. Monogr.*, 1949, *63*, 1-36.
(172) COLEMAN, S.M. Misidentification and non-recognition. *J. Ment. Sci.*, 1933, *79*, 42-51.
(173) CONSOLI, S. Les sosies de Claire. *Topique*, 1975, *16*, 81-114.
(174) COOK, M. Eye movements during recognition of faces. In: GRUNEBERG, M.M.; MORRIS, P.E. and SYKES, R.N. (eds.), *Practical aspects of memory*, New York: Academic Press, 1978.
(175) CORNELL, E.H. Infants' discrimination of photographs of faces following redundant presentations. *J. Exp. Child. Psychol.*, 1974, *18*, 98-106.
(176) CORRAZE, J. *Les communications non verbales*, Paris: Presses Universitaires de France, 1980.
(177) COURBON, P.; FAIL, G. Syndrome «d'illusion de Frégoli» et schizophrénie. *Bull. Soc. Clin. Méd. Ment.*, 1927, *15*, 121-124.
(178) COURBON, P.; TUSQUES, J. Illusions d'intermétamorphose et de charme. *Ann. Méd. Psych.*, 1932, *90*, 401-405.
(179) COURTOIS, M.R.; MUELLER, J.H. Processing multiple physical features in facial recognition. *Bull. Psychon. Soc.*, 1979, *14*, 74-76.

(180) CRIDER, B. The identification of emotions in advertising illustrations. *J. Appl. Psychol.*, 1936, *20*, 748-750.
(181) CRITCHLEY, M. Prosopagnosia. *In*: CRITCHLEY, M., *The parietal lobes*, New York: Mc Millan, 1953, pp. 291-298.
(182) CROSS, J.F.; CROSS, J.; DALY, J. Sex, race, age and beauty as factors in recognition of faces. *Percept. Psychoph.*, 1971, *10*, 393-396.
(183) CUCELOGLU, D.M. Perception of facial expressions in three different cultures. *In:* WELFORD, A.T. and HOUSSIADAS, L. *(eds.)*, *Contemporary problems in perception,* London: Taylor and Francis, 1972.
(184) DAMASIO, A.R.; CHUI, H.C.; CORBETT, J.; KASSEL, N. Posterior callosal section in a non-epileptic patient. *J. Neurol. Neurosurg. Psychiat.*, 1980, *43*, 351-356.
(185) DAMASIO, A.R.; DAMASIO, H.; VAN HOESEN, G.W. Prosopagnosia: anatomic basis and behavioral mechanisms. *Neurology*, 1982, *32*, 331-34.
(186) DARWIN, C. *The expression of the emotions in man and animals,* London: John Murry, 1872.
(187) DASHIELL, J.F. A new method of measuring reactions to facial expression of emotion. *Psychol. Bull.*, 1927, *24*, 174-175.
(188) DAVIDOFF, J. Prosopagnosia: a defect in feature integration. *Communication,* Intern. Neuropsychol. Soc., Bergen, 1981.
(189) DAVIDSON, G.M. Syndrome of Capgras. *Psychiat. Quart.*, 1941, *15*, 513.
(190) DAVIDSON, G.M. The syndrome of Capgras. *Psychiat. Quart.*, 1945, *19*, 513-521.
(191) DAVIDSON, G.M.; SCHWARTZ, G.E. Patterns of cerebral lateralization during cardiac biofeedback versus the self-regulation of emotion: sex differences. *Psychophysiology,* 1976, *13*, 62-68.
(192) DAVIDSON, R.J.; SCHWARTZ, G.E.; SARON, C.; BENNETT, J.; GOLEMAN, D.J. Frontal versus parietal EEG asymmetry during positive and negative affect. *Psychophysiology,* 1979, *16*, 202.
(193) DAVIES, G.M. Face recognition: issues and theories. *In:* GRUNEBERG, M., MORRIS, P. and SYKES, R. *(eds)*, *Practical aspects of memory,* New York: Academic Press, 1978, pp. 247-254.
(194) DAVIES, G.M. Face recall systems. *In:* DAVIES, ELLIS et SHEPHERD *(eds.) Perceiving and remembering faces,* London: Academic Press, 1981, pp. 227-250.
(195) DAVIES, G.M.; ELLIS, H.D.; SHEPHERD, J.W. Cue saliency in faces as assessed by the photofit technique. *Perception,* 1977, *6*, 263-269.
(196) DAVIES, G.M.; ELLIS, H.; SHEPHERD, J. Face recognition accuracy as a function of mode of presentation. *J. Appl. Psychol.*, 1978, *63*, 180-187.
(197) DAVIES, G.M.; SHEPHERD, J.W.; ELLIS, H.D. Remembering faces: acknowledging our limitations. *J. Forens. Sci. Soc.*, 1978, *18*, 19-24.
(198) DAVIES, G.M.; ELLIS, H.D.; SHEPHERD, J.W. Face identification: the influence of delay upon accuracy of photofit construction. *J. Pol. Sci. Admin.*, 1978, *6*, 35-42.
(199) DAVIES, G.M.; SHEPHERD, J.W.; ELLIS, H.D. Similarity effects in face recognition. *Amer. J. Psychol.*, 1979, *92*, 507-523.
(200) DAVIES, G.M.; SHEPHERD, J.; ELLIS, H. Effects of interpolated mugshot exposure on accuracy of eyewitness identification. *J. Appl. Psychol.*, 1979, *64*, 232-237.
(201) DAVIES, G.M.; SHEPHERD, J.W.; ELLIS, H.D. Whats in a face ? A project in forensic psychology, *Pol. Res. Bull.*, 1979, *31*, 34-38.

(202) DAVIES, G.; ELLIS, H.; SHEPHERD, J. (eds.) Perceiving and remembering faces, London: Academic Press, 1981.
(203) DAVIS, R.C. The specificity of facial expression. *J. Gen. Psychol.*, 1934, *10*, 42-58.
(204) DAW, P.S.; PARKIN, A.J. Observations on the efficiency of two different processing strategies for remembering faces. *Canad. J. Psychol.*, 1981, *35*, 351-355.
(205) DE BUSSCHER, J.; HOFFMANN, G.; KLUYSKENS, J. Agnosie visuelle temporaire pour les personnes et optico-spatiale pour les objets à la suite d'un ictus unique. *Acta Neurol. Psychiat. Belg.*, 1956, *56*, 162-176.
(206) DEFFENBACHER, K.A.; HORNEY, J. Psycho-legal aspects of face identification. *In:* DAVIES, ELLIS et SHEPERD (eds.) Perceiving and remembering faces, London: Academic Press, 1981, pp. 201-226.
(207) DEFFENBACHER, K.A.; CARR, T.H.; LEU, J.R. Memory for words, pictures and faces: retroactive interference, forgetting and reminiscence. *J. Exp. Psychol.: Hum. Learn. Mem.* 1981, *7*, 299-305.
(208) DEKOSKY, S.T.; HEILMAN, K.M.; BOWERS, D.; VALENSTEIN, E. Recognition and discrimination of emotional faces and pictures. *Brain and Language*, 1980, *9*, 206-214.
(209) DELAY, J.; PERRIER, F.; SCHMITZ, B. Action de diverses thérapeutiques de choc sur un syndrome d'illusion de sosies. *Ann. Méd. Psych.*, 1952, *II*, 235-238.
(210) DELGADO, J.M.R. Le conditionnement du cerveau et la liberté de l'esprit. Bruxelles: Dessart, 1972 (trad.).
(211) DELLA PORTA, G.B.N. *Della fisonomia dell'huomo. (Libri sei)*, Padova, 1627.
(212) DELMAS, A. Le signe du miroir dans la démence précoce. *Ann. Méd. Psych.*, 1929, *I*, 227-233.
(213) DEREGOWSKI, J.B.; ELLIS, H.D.; SHEPHERD, J. A cross-cultural study of recognition of pictures of faces and cups. *Intern. J. Psychol.*, 1973, *8*, 269-273.
(214) DE RENZI, E.; SPINNLER, H. Facial recognition in brain damaged patients. An experimental approach. *Neurology*, 1966, *16*, 145-152.
(215) DE RENZI, E.; FAGLIONI, P.; SPINNLER, H. The performance of patients with unilateral brain damage on face recognition tasks. *Cortex*, 1968, *4*, 17-34.
(216) DEROMBIES, M. *L'illusion de sosie, forme particulière de la méconnaissance systématique*. Thèse, Paris, 1935.
(217) DE WITTE, P.; BRUYER, R. Self-stimulation behavior: methods evaluating intracranial reward and their relations with motivational states. *Physiol. Psychol.*, 1980, *8*, 386-394.
(218) DIAMOND, R.; CAREY, S. Developmental changes in the representation of faces. *J. Exp. Child. Psychol.*, 1977, *23*, 1-22.
(219) DIETRICH, H. Capgras' syndrom und Déjà vu. *Fortschr. Neurol. Psychiat.*, 1962, *30*, 617-625.
(220) DIMONT, S.J. *Neuropsychology*, London: Butterworths, 1980.
(221) DIMONT, S.J.; FARRINGTON, l. Emotional response to films shown to the right or left hemisphere of the brain measured by heart rate. *Acta Psychol.*, 1977, *41*, 255-260.
(222) DIMONT, S.J.; FARRINGTON, L.; JOHNSON, P. Differing emotional response from right and left hemispheres. *Nature*, 1976, *261*, 690-692.
(223) DION, K.; BERSCHEID, E.; WALSTER, E. What is beautiful is good. *J. Pers. Soc. Psychol.*, 1972, *24*, 285-290.
(224) DIRKS, J.; GIBSON, E. Infants' perception of similarity between live people and their photographs. *Child. devel.*, 1977, *48*, 124-130.
(225) DISERTORI, B.; PIAZZA, M. La sindrome di Capgras o illusione del sosia: il complesso d'Alcmena. *Giorn. Psichiat. Neuropat.*, 1967, *95*, 175-185.

(226) DONINI, F. Su un caso di aprasia construttiva con grave disorientamento esospaziale e perdita della facoltà del riconoscimento della personne. *Note Psichiatre*, 1939, *68*, 469-485.
(227) DOTY, R.W.; OVERMAN, W.H.; NEGRAO, N. Role of forebrain commissures in hemispheric specialisation and memory in macaques. *In:* STEELE RUSSEL, I. VAN HOF, M.W. and BERLUCCHI, G. *(eds.)*, *Structure and function of cerebral commissures*, London: Mac Millan, 1979, pp. 333-342.
(228) DRICKER, J.; BUTTERS, N.; BERMAN, G.; SAMUELS, I.; CAREY, S. The recognition and encoding of faces by alcoholic Korsakoff and right hemisphere patients. *Neuropsychologia*, 1978, *16*, 683-695.
(229) DUCHENNE DE BOULOGNE. *Le mécanisme de la physionomie humaine*, Paris, 1862.
(230) DUFFY, R.J.; BUCK, R.W. A study of the relationship between propositional (pantomine) and subpropositional (facial expression) extraverbal behaviors in aphasics. *Folia phoniatria*, 1979, *31*, 129-136.
(231) DUMAS, G. La mimique des aveugles. *Bull. Acad. Méd. Paris*, 1932, *107*, 607-610.
(232) DUMEZIL, C. *L'agnosie des physionomies*. Thèse de Paris, 1961.
(233) DUMONT, I.; GRIGGIO, A.; DUPONT, H.; JACQUY, J. A propos d'un cas d'agnosie visuelle avec prosopagnosie et agnosie des couleurs. *Acta psychiat. Belg.*, 1981, *81*, 25-45.
(234) DUNLAP, K. A project for investigating the facial signs of personality. *Amer. J. Psychol.*, 1927, *39*, 158-161.
(235) DUNLAP, K. The role of eye-muscles and mouth-muscles in the expression of emotions. *Genet. Psychol. Monogr.*, 1927, *2*, 199-233.
(236) DUPOUY, R.,; MONTASSUT, M. Un cas « syndrome de sosies » chez une délirante hallucinée par interprétation des troubles psychosensoriels. *Ann. Méd. Psych.*, 1924, *II*, 341-345.
(237) EBERT, V. Commonality of error types, on reproduction of the Rey-Taylor figure, between right hemisphere and depressed patients and between left hemisphere and hysterical patients. *Communication*, Intern. Neuropsychol. Soc., Atlanta, 1981.
(238) EHRLICHMAN, H.; WIENER, M.S. EEG asymmetry during covert mental activity. *Psychophysiology*, 1980, *17*, 228-235.
(239) EHRLICHMAN, H.; WEINBERGER, A. Lateral eye movements and hemispheric asymmetry: a critical review. *Psychol. Bull.*, 1978, *85*, 1080-1101.
(240) EKMAN, P. *Darwin and facial expression*, New York: Academic Press, 1973.
(241) EKMAN, P. About brows: emotional and conversational signals. *In:* VON CRANACH, M., FOPPA, K., LEPENIES, W. and PLOOG, D. *(eds.)* *Human ethology*, Cambridge: 1979.
(242) EKMAN, P. L'expression des émotions. *La recherche*, 1980, *117*, 1408-1415.
(243) EKMAN, P.; OSTER, H. Facial expression of emotion. *Ann. Rev. Psychol.*, 1979, *30*, 527-554.
(244) EKMAN, P.; FRIESEN, W.V.; ELLSWORTH, P. *Emotion in the human face*, New York: Pergamon Press, 1972.
(245) EKMAN, P.; BRATTESANI, K.A.; O'SULLIVAN, M.; FRIESEN, W.V. Does image size affect judgments of the face? *J. Nonverb. Behav.*, 1979, *4*, 57-61.
(246) EKMAN, P.; FRIESEN, W.V.; O'SULLIVAN, M.; SCHERER, K. Relative importance of face, body, and speech in judgments of personality and affect. *J. Person. Soc. Psychol.*, 1980, *38*, 270-277.

(247) EKMAN, P.; HAGER, J.C.; FRIESEN, W.V. The symmetry of emotional and deliberate facial actions. *Psychophysiology*, 1981, *18*, 101-106.
(248) ELLIOT, E.S.; WILLS, E.J.; GOLDSTEIN, A.G. The effects of discrimination training on the recognition of white and oriental faces. *Bull. Psychon.Soc.*, 1973, *2*, 71-73.
(249) ELLIS, H.D. Recognising faces. *Brit. J. Psychol.*, 1975, *66*, 409-426.
(250) ELLIS, H.D. Theoretical aspects of face recognition. *In*: DAVIES, ELLIS et SHEPHERD (*eds*) *Perceiving and remembering faces*, London: Academic Press, 1981, pp. 171-197.
(251) ELLIS, H.D.; SHEPHERD, J. Recognition of upright and inverted faces presented in the left and right visual fields. *Cortex*, 1975, *11*, 3-7.
(252) ELLIS, H.D.; SHEPHERD, J.W.; BRUCE, A. The effects of age and sex upon adolescents' recognition of faces. *J. Genet. Psychol.*, 1973, *123*, 173-174.
(253) ELLIS, H.D.; DEREGOWSKI, J.B.; SHEPHERD, J.W. Description of white and black faces by white and black subjects. *Intern. J. Psychol.*, 1975, *10*, 119-123.
(254) ELLIS, H.; SHEPHERD, J.; DAVIES, G. An investigation of the use of the Photo-fit technique for recalling faces. *Brit. J. Psychol.*, 1975, *66*, 29-37.
(255) ELLIS, H.D., DAVIES, G.M.; SHEPHERD, J.W. Experimental studies of face identification. *Nat. J. Crimin. Defense*, 1977, *3*, 219-234.
(256) ELLIS, H.D.; DAVIES, G.M.; SHEPHERD, J.W. Remembering pictures of real and « unreal » faces. Some practical and theoretical considerations. *Brit. J. Psychol.*, 1978, *69*, 467-474.
(257) ELLIS, H.D.; DAVIES, G.M.; SHEPHERD, J.W. A critical examination of the photofit system for recalling faces. *Ergonomics*, 1978, *21*, 297-307.
(258) ELLIS, H.D.; SHEPHERD, J.W.; DAVIES, G.M. Identification of familiar and unfamiliar faces from internal and external features: some implications for theories of face recognition. *Perception*, 1979, *8*, 431-439.
(259) ELLIS, H.D.; DAVIES, G.M.; Mc MURRAN, M. Recall of white and black faces by white and black witnesses using the photofit system. *Hum. Factors.*, 1979, *21*, 55-59.
(260) ENGEN, T.; LEVY, N. Constant-sum judgments of facial expressions. *J. Exp. Psychol.*, 1956, *51*, 396-398.
(261) ENGEN, T.; LEVY, N.; SCHLOSBERG, H. A new series of facial expressions. *Amer. Psychol.*, 1957, *12*, 264-266.
(262) ENGEN, T.; LEVY, N.; SCHLOSBERG, H. The dimensional analysis of a new series of facial expressions. *J. Exp. Psychol.*, 1958, *55*, 454-458.
(263) ENOCH, M.D. The Capgras syndrome. *Acta Psych. Scand.*, 1963, *39*, 437-462.
(264) ENOCH, M.D.; TRETHOWAN, W.H.; BARKER, J.C. *Some uncommon psychiatric syndromes*, Bristol: John Wright and sons Ltd., 1967, pp. 1-12.
(265) ERLANDSON, G.L.; OSMON, D.C.; GOLDEN, C.J. Minnesota multiphasic personality inventory correlates of the Luria-Nebraska neuropsychological battery in a psychiatric population. *Intern. J. Neuroscience*, 1981, *13*, 143-154.
(266) FABER, R.; ABRAMS, R. Schizophrenia in a 47, XYY male. *Brit. J. Psychiat.*, 1975, *127*, 401-403.
(267) FAGAN, J.F. Infants' recognition memory for faces. *J. Exp. Child Psychol.*, 1972, *14*, 453-476.
(268) FAGAN, J.F. Infants' recognition of invariant features of faces. *Child. devel.*, 1976, *47*, 627-638.
(269) FAGAN, J.F. The origins of facial pattern recognition. *In*: BORNSTEIN, M.H. and KESSEN, W. (*eds*) *Psychological development from infancy*, New York: Wiley, 1979.

(270) FAIRWEATHER, H. Sex differences: little reason for females to play midfield. *In*: BEAUMONT (*ed.*) *Divided visual field studies of cerebral organization*, London: Academic Press, 1982.
(271) FANTZ, R.L. The origin of form perception. *Scient. Amer.*, 1961, *204*, 66-72.
(272) FANTZ, R.L. Maturation of pattern vision in infants during the first six months. *J. Comp. Physiol. Psychol.*, 1962, *55*, 907-917.
(273) FANTZ, R.L. Pattern vision in newborn infants. *Science*, 1963, *140*, 296-297.
(274) FAUST, C. Partielle Seelenblindheit nach Occipitalhirnverletzung mit besonderer Beeintrachtigung des Physiognomieerkenners. *Nervenartz*, 1947, *18*, 294-297.
(275) FAUST, C. *Nervenartz*, 1951, *22*, 176. Cité in HECAEN, H. *et al.*, 1952.
(276) FAUST, C. *Die zerebralen Herdstörungen bei Hinterhauptverletzungen und ihre Beurteilung*, Stuttgart: George Thieme, 1955.
(277) FEINMAN, S.; ENTWISLE, D.R. Children's ability to recognize other children's faces. *Child. devel.*, 1976, *47*, 506-510.
(278) FEKELEY, A.M. The expression of the emotions. *Psychol. Rev.*, 1914, *21*, 33-41.
(279) FENNELL, E.B.; MULHEIRA, M. Lateralized differences in recall of dichotic words and emotional tones. *Texte d'une communic.*, Intern. neuropsychol. Soc., Pittsburgh, 1982.
(280) FENNELL, E.B.; MOSKOWITZ, R.; BACKUS, D. Dichotic listening in schizophrenic and depressed patients. *Texte d'une communic.*, Intern. Neuropsychol. Soc., Pittsburgh, 1982.
(281) FERNBERGER, S.W. Can an emotion be accurately judged by its facial expression alone? *J. Amer. Inst. Criminal Law and Criminology*, 1930, *20*, 554-564.
(282) FEUCHTWANGER, E. *Zeits. Neur.*, 1934, 151. Cité in HECAEN, H. *et al.*, 1952.
(283) FEYERABEND, P. *Contre la méthode*, Paris: Seuil, 1975 (trad.).
(284) FIALKOV, M.J.; ROBINS, A.H. An unusual case of the Capgras syndrome. *Brit. J. Psychiat.*, 1978, *132*, 403-404.
(285) FINLAY, D.C.; FRENCH, J. Visual field differences in a facial recognition task using signal detection theory. *Neuropsychologia*, 1978, *16*, 103-107.
(286) FISHER, G.; COX, R. Recognising human faces. *Applied Ergonomics*, 1975, *6*, 104-109.
(287) FLEISHMAN, J.J.; BUCKLEY, M.L.; KLOSINSKY, M.J.; SMITH, N.; TUCK, B. Judged attractiveness in recognition memory of women's faces. *Percept. Mot. Skills*, 1976, *43*, 709-710.
(288) FLIN, R.H. Age effects in children's memory for unfamiliar faces. *Develop. Psychol.*, 1980, *16*, 373-374.
(289) FLOR-HENRY, P. On certain aspects of the localization of the cerebral systems regulating and determining emotion. *Biological Psychiatry*, 1979, *14*, 677-698.
(290) FLOR-HENRY, P. Commentary on theoretical issues and neuropsychological and electroencephalographic findings. *In*: GRUZELIER, J. and FLOR-HENRY, P. (*eds*) *Hemisphere asymmetry of function in psychopathology*, Amsterdam: Elsevier, 1979.
(291) FLOR-HENRY, P.; FROMM-AUCH, D.; TAPPER, M.; SCHOPFLOCHER, D. A neuropsychological study of the stable syndrome of hysteria. *Biol. Psychiat.*, 1981, *16*, 601-626.
(292) FLOR-HENRY, P.; FROMM-AUCH, D.; SCHOPFLOCHER, D. Neuropsychological patterns in psychopathology. *Communication*, Intern. Neuropsychol. Soc., Deauville, 1982.
(293) FORSYTH, G.A.; SHOR, R.E. An individual differences analysis of interdi-

mensional additivity in multidimensional scaling. *Percept. Psychoph.*, 1974, *15*, 563-567.
(294) FOX, N.; DAVIDSON, R. EEG asymmetry during the perception of positive and negative affect in ten month old infants: frontal versus parietal differences. *Communication*, Intern. Neuropsychol. Soc., Atlanta, 1981.
(295) FRANCK, D.B. *Zeits. Neur.*, 1934, 149. *Cité in* HECAEN, H. *et al.*, 1952.
(296) FRAPPA, J. *Les expressions de la physionomie humaine*. Paris, 1902.
(297) FREEDMAN, J.; HABER, R.N. One reason why we rarely forget a face. *Bull. Psychon. Soc.*, 1974, *3*, 107-109.
(298) FREUND, C.S. *Arch. Psychiat.*, 1889, 20. *Cité in* HECAEN, H. *et al.*, 1952.
(299) FREY, B.; MAUREL, M.; SPIELMANN, J.P. Sur une observation d'illusion de sosie. *Ann. Méd. Psych.*, 1956, *II*, 891-896.
(300) FRIEDMAN, A.; CAMPBELL-POLSON, M. Hemispheres as independant resource systems: limited-capacity processing and cerebral specialization. *J. Exp. Psychol.: Hum. Percept. Perf.*, 1981, *7*, 1031-1058.
(301) FRIEDMAN, M.P.; REED, S.K.; CARTERETTE, E.C. Feature saliency and recognition memory for schematic faces. *Percept. Psychoph.*, 1971, *10*, 47-50.
(302) FRIJDA, N.H. Facial expression and situational cues. *J. Abn. Soc. Psychol.*, 1958, *57*, 149-154.
(303) FRIJDA, N.H. Recognition of emotion. *In*: BERKOWITZ, L. (*ed.*) *Advances in experimental social psychology*, vol. 4, New York: Academic Press, 1969, pp. 167-223.
(304) FRIJDA, N.H.; VANDEGEER, J.P. Codability and recognition: an experiment with facial expressions. *Acta Psychol.*, 1961, *18*, 360-367.
(305) FRIJDA, N.H.; PHILIPSZOON, E. Dimensions of recognition of emotion. *J. Abn. Soc. Psychol.*, 1963, *66*, 45-51.
(306) FROIS-WITTMANN, J. The judgment of facial expression. *J. Exp. Psychol.*, 1930, *13*, 113-151.
(307) FULCHER, J.S. Voluntary facial expression in blind and seeing children. *Arch. Psychol.*, 1942, n° 272, 1-49.
(308) GAINOTTI, G. Réactions « catastrophiques » et manifestations d'indifférence au cours des atteintes cérébrales. *Neuropsychologia*, 1969, *7*, 195-204.
(309) GAINOTTI, G. Emotional behavior and hemisphere side of lesion. *Cortex*, 1972, *8*, 41-55.
(310) GAINOTTI, G. The relationships between emotions and cerebral dominance: a review of clinical and experimental evidence. *In*: GRUZELIER, J. and FLOR-HENRY, P. (*eds*), *Hemisphere asymmetry of function in psychopathology*, Amsterdam: Elsevier, 1979.
(311) GALIN, D. Implications for psychiatry of left and right cerebral specialization. *Arch. Gen. Psychiat.*, 1974, *31*, 572-583.
(312) GALIN, D.; DIAMOND, R.; BRAFF, D. Lateralization of conversion symptoms: more frequent on the left. *Am. J. Psychiat.*, 1977, *134*, 578-580.
(313) GALLI, G. Prosopagnosia und normale Gesichtwahrnehmung. *Wien Z. Nervenheilk.*, 1964, *22*, 28-37.
(314) GALLUP, G.G.Jr. Mirror-image stimulation. *Psychol. Bull.*, 1968, *70*, 782-793.
(315) GALLUP, G.G. Chimpanzees: self recognition. *Science*, 1970, *167*, 86-87.
(316) GALLUP G.G. Self-recognition in Primates. *Amer. Psychol.*, 1977, *32*, 329-338.
(317) GALLUP, G.G. Jr.; McLURE, M.K.; HILL, S.D.; BUNDY, R.A. Capacity for self-recognition in differentially reared chimpanzees. *Psychol. Record*, 1971, *21*, 69-74.
(318) GALPER, R.E. Recognition of faces in photographic negative. *Psychon. Sci.*, 1970, *19*, 207-208.

(319) GALPER, R.E. « Functional race membership » and recognition of faces. *Percept. Motor Skills*, 1973, *37*, 455-462.
(320) GALPER, R.E.; HOCHBERG, J. Recognition memory for photographs of faces. *Amer. J. Psychol.*, 1971, *84*, 351-354.
(321) GALPER, R.E.; COSTA, L. Hemispheric superiority for recognizing faces depends upon how they are learned. *Cortex*, 1980, *16*, 21-38.
(322) GARDNER, H.; KING, P.K.; FLAMM, L.; SILVERMAN, J. Comprehension and appreciation of humorous material following brain damage. *Brain*, 1975, *98*, 399-412.
(323) GASPARRINI, W.G.; SATZ, P.; HEILMAN, K.M.; COOLIDGE, F.L. Hemispheric asymmetries of affective processing as determined by the Minnesota multiphasic personality inventory. *J. Neurol. Neurosurg. Psychiat.*, 1978, *41*, 470-473.
(324) GATES, G.S. A test for ability to interpret facial expressions. *Psychol. Bull.*, 1925, *22*, 120.
(325) GAUTIER-SMITH, P.C. Atteinte des fonctions cérébrales et troubles du comportement sexuel. *Rev. Neurol.*, 1980, *136*, 311-319.
(326) GAZZANIGA, M.S. *Le cerveau dédoublé*, Bruxelles: Dessart et Mardaga, 1976 (trad.).
(327) GAZZANIGA, M.S. (ed.) *Handbook of behavioral neurobiology; 2: neuropsychology*, New York: Plenum Press, 1979.
(328) GAZZANIGA, M.S.; LEDOUX, J.E. *The Integrated mind*, New York: Plenum Press, 1978.
(329) GEFFEN, G.; BRADSHAW, J.L.; WALLACE, G. Interhemispheric effects on reaction times to verbal and non-verbal stimuli. *J. Exp. Psychol.*, 1971, *87*, 415-422.
(330) GENTILI, C.; LOPERFIDO, R.; EUTIZI, D. Della prosopagnosia. *Riv. Oto-Neuro-Oftal.*, 1960, *35*, 560-600.
(331) GEWIRTZ, J.L. The cause of smiling by groups of Israeli infants in the first 18 months of life. *Scripta Hierosolymilana*, 1965, *14*, 9-58.
(332) GILBERT, C. Strength of left-handedness and facial recognition ability. *Cortex*, 1973, *9*, 145-151.
(333) GILBERT, C. Non-verbal perceptual abilities in relation to left-handedness and cerebral lateralization. *Neuropsychologia*, 1977, *15*, 779-791.
(334) GILBERT, C.; BAKAN, P. Visual asymmetry in perception of faces. *Neuropsychologia*, 1973, *11*, 355-362.
(335) GLASTONES, W.H. A multidimensional study of facial expression of emotion. *Australian J. Psychol.*, 1962, *14*, 95-100.
(336) GLICK, S.D.; COX, R.D. Striatal asymmetry and morphine reinforcement. *Brain Res.*, 1980, *197*, 253-255.
(337) GLICK, S.D.; WEAVER, L.M.; MEIBACH, R.C. Lateralization of reward in rats: differences in reinforcing thresholds. *Science*, 1980, *207*, 1093-1095.
(338) GLONING, K.; QUATEMBER, R. Methodischer Beitrag zur Untersuchung der Prosopagnosie. *Neuropsychologia*, 1966, *4*, 133-141.
(339) GLONING, K.; HAUB, G.; QUATEMBER, R. Standarsierung einder Untersuchungsmethode der sogenannter « Prosopagnosie ». *Neuropsychologia*, 1967, *5*, 99-101.
(340) GLONING, I.; GLONING, K.; HOFF, H.; TSCHABITSCHER, H. Zur Prosopagnosie. *Neuropsychologia*, 1966, *4*, 113-132.
(341) GLONING, I.; GLONING, K.; JELLINGER, K.; QUATEMBER, R. A case of « Prosopagnosia » with necropsy findings. *Neuropsychologia*, 1970, *8*, 199-204.

(342) GLOWIC, C.; VIOLON, A. Un cas de prosopagnosie régressive. *Acta. neurol. belg.*, 1981, *81*, 86-97.
(343) GLUCKMAN, L.K. A case of Capgras syndrome. *Austr. New Zealand J. Psychiat.*, 1968, *2*, 39-43.
(344) GOING, M.; READ, J.D. Effects of uniqueness, sex of subject, and sex of photograph on facial recognition. *Percept. Mot. Skills*, 1974, *39*, 109-110.
(345) GOLDBLUM, M.C. La reconnaissance des expressions faciales émotionnelles et conventionnelles au cours des lésions corticales. *Rev. Neurol.*, 1980, *136*, 711-719.
(346) GOLDFARB, A.I.; WEINER, M.B. The Capgras syndrome as an adaptational maneuver in old age. *Amer. J. Psychiat.*, 1977, *134*, 1434-1436.
(347) GOLDSTEIN, A.G. Learning of inverted and normally oriented faces in children and adults. *Psychon. Sci.*, 1965, *3*, 447-448.
(348) GOLDSTEIN, A.G. Recognition of inverted photographs of faces by children and adults. *J. Genet. Psychol.*, 1975, *127*, 109-123.
(349) GOLDSTEIN, A.G. The fallibility of the eyewitness: psychological evidence. *In*: SALES *(ed.)*, *Psychology in the legal process*, Spectrum, 1977, pp. 223-247.
(350) GOLDSTEIN, A.G. Race-related variation of facial features: anthropometric data I. *Bull. Psychon. Soc.*, 1979, *13*, 187-190.
(351) GOLDSTEIN, A.G. Facial feature variation: anthropometric data II. *Bull. Psychon. Soc.*, 1979, *13*, 191-193.
(352) GOLDSTEIN, A.G.; CHANCE, J. Recognition of children's faces. *Child. devel.*, 1964, *35*, 129-136.
(353) GOLDSTEIN, A.G.; MACKENBERG, E. Recognition of human faces from isolated facial features. A developmental study. *Psychon. Sci.*, 1966, *6*, 149-150.
(354) GOLDSTEIN, A.G.; CHANCE, J.E. Visual recognition memory for complex configurations. *Percept. Psychoph.*, 1971, *9*, 237-241.
(355) GOLDSTEIN, A.G.; CHANCE, J. Do «foreign» faces really look alike? *Bull. Psychon. Soc.*, 1979, *13*, 111-113.
(356) GOLDSTEIN, A.G.; CHANCE, J.E. Memory for faces and schema theory. *J. of Psychol.*, 1980, *105*, 47-59.
(357) GOLDSTEIN, A.; CHANCE, J. Laboratory studies of face recognition. *In*: DAVIES, ELLIS et SHEPHERD *(eds)* *Perceiving and remembering faces*, London: Academic Press, 1981, pp. 81-104.
(358) GOLDSTEIN, A.G.; STEPHENSON, B.; CHANCE, J. Face recognition memory: distribution of false alarms. *Bull. Psychon. Soc.*, 1977, *9*, 416-418.
(359) GOLDSTEIN, A.G.; JOHNSON, K.S.; CHANCE, J. Does fluency of face description imply superior face recognition? *Bull. Psychon. Soc.*, 1979, *13*, 15-18.
(360) GOLDSTEIN, K. *Language and language disturbances*, New York: Grune and Stratton, 1948.
(361) GOODENOUGH, F.L. Expression of the emotions in a blind-deaf child. *J. Abn. Soc. Psychol.*, 1932, *27*, 328-333.
(362) GOODENOUGH, F.L.; TINKER, M. The relative potency of facial expression and verbal description of stimulus in the judgment of emotion. *J. Comp. Psychol.*, 1931, *12*, 365-370.
(363) GOODGLASS, H.; GRAVES, R.; LANDIS, T. Le rôle de l'hémisphère droit dans la lecture. *Rev. Neurol.*, 1980, *136*, 669-673.
(364) GORDON, I.E.; HAYWARD, S. Second-order isomorphism of internal representation of familiar faces. *Percept. Psychoph.*, 1973, *14*, 334-336.
(365) GORDON, H.W.; GOLDSTEIN, G.; SABOL. W. Hemispheric asymmetries in chronic schizophrenia. *Texte d'une communic.*, Intern. Neuropsychol. Soc., Pittsburgh, 1982.

(366) GRATIOLET, P. *De la physionomie et des mouvements d'expression*, Paris: Hetzel, 1865.
(367) GRAVES, C.A.; NATALE, M. The relationship of hemispheric preference, as measured by conjugate lateral eye movements, to accuracy of emotional facial expression. *Motivation and Emotion*, 1979, *3*, 219-234.
(368) GRAVES, R.; LANDIS, T.; GOODGLASS, H. Laterality and sex differences for visual recognition of emotional and non-emotional words. *Neuropsychologia*, 1981, *19*, 95-102.
(369) GRAVES, R.; GOODGLASS, H.; LANDIS, T. Mouth asymmetry during spontaneous speech. *Neuropsychologia*, 1982, *20*, 371-381.
(370) GROENOUW, A. *Arch. Psychiat.*, 1891, 23. Cité in HECAEN, H. *et al.*, 1952.
(371) GRÜSSER, O.J.; KIRCHOFF, N. Face recognition and unilateral brain lesions. *Communication*, Intern. Neuropsychol. Soc., Deauville, 1982.
(372) GRUZELIER, J. Synthesis and critical review of the evidence for hemisphere asymmetries of function in psychopathology. *In*: GRUZELIER, J. and FLOR-HENRY, P. (*eds*), *Hemisphere asymmetry of function in psychopathology*, Amsterdam: Elsevier, 1979.
(373) GRUZELIER, J. FLOR-HENRY, P. (*eds*) *Hemisphere asymmetries of function in psychopathology*, Amsterdam: Elsevier, 1979.
(374) GUILFORD, J.P. An experiment in learning to read facial expression. *J. Abn. Soc. Psychol.*, 1929, *24*, 191-202.
(375) GUILFORD, J.P.; WILKE, M. A new model for the demonstration of facial expressions. *Amer. J. Psychol.*, 1930, *42*, 436-439.
(376) GUILLAUME, P. *L'imitation chez l'enfant*, Paris: Alcan, 1925 (pp. 107-109 et 137-142).
(377) HAAF, R.A. Complexity and facial resemblance as determinants of response to facelike stimuli by 5- and 10-week-old infants. *J. Exp. Child. Psychol.*, 1974, *18*, 480-487.
(378) HAAF, R.A. Visual response to complex facelike patterns by 15- and 20-week-old infants. *Devel. Psychol.*, 1977, *13*, 77-78.
(379) HAAF, R.A.; BELL, R.Q. A facial dimension in visual discrimination by human infants. *Child. Devel.*, 1967, *38*, 893-899.
(380) HAGER, J.C.; EKMAN, P. Long-distance transmission of facial affect signals. *Ethology and Sociobiology*, 1979, *1*, 77-82.
(381) HAGGARD, M.P.; PARKINSON, A.M. Stimulus and task factor as determinant of ear advantage. *Quart. J. Exp. Psychol.*, 1971, *23*, 168-177.
(382) HAITH, M.M.; BERGMAN, T.; MOORE, M.J. Eye contact and face scanning in early infancy. *Science*, 1977, *198*, 853-855.
(383) HALBERSTADT, G. Le syndrome d'illusion des sosies. *J. Psychol. Norm. Pathol.*, 1923, *20*, 728-733.
(384) HALL, K.R.L. Behavior of monkeys towards mirror-images. *Nature*, 1962, *196*, 1258-1261.
(385) HAMSHER, K. de S.; LEVIN, H.S.; BENTON, A.L. Facial recognition in patients with focal brain lesions. *Arch. Neurol.*, 1979, *36*, 837-839.
(386) HANAWALT, N.G. The role of the upper and lower parts of the face as a basis for judging facial expressions. I. In painting and sculpture. *J. Gen. Psychol.*, 1942, *26-27*, 331-346.
(387) HANAWALT, N.G. The role of the upper and lower parts of the face as the basis for judging facial expressions. II. In posed expressions and «candid camera» pictures. *J. Gen. Psychol.*, 1944, *31*, 23-36.
(388) HANNAY, H.J.; ROGERS, J.P. Individual differences and asymmetry effects in memory for unfamiliar faces. *Cortex*, 1979, *15*, 257-267.

(389) HANSCH, E.C.; PIROZZOLO, F.J. Task relevant effects on the assessment of cerebral specialization for facial emotion. *Brain and Language*, 1980, *10*, 51-59.
(390) HARMAN, D.W.; RAY, W.J. Hemispheric activity during affective verbal stimuli: an EEG study. *Neuropsychologia*, 1977, *15*, 457-460.
(391) HARMON, L.D. The recognition of faces. *Scient. Amer.*, 1973 (november), *229*, 71-82.
(392) HARPER, R.G.; WIERS, A.N.; MATARAZZO, J.D. *Non-verbal communication: the state of the art*. (Chapter 3: research on facial expression), New York: Wiley, 1978, pp. 77-118.
(393) HASLAM, M.T. A case of Capgras's syndrome. *Amer. J. Psychiat.*, 1973, *130*, 493-494.
(394) HASTORF, A.H.; OSGOOD, C.E.; ONO, H. The semantics of facial expressions and the prediction of the meaning of stereoscopically fused facial expressions. *Scand. J. Psychol.*, 1966, *7*, 179-188.
(395) HAY, D.C. Asymmetries in face processing: evidence for a right hemisphere perceptual advantage. *Quart. J. Exp. Psychol.*, *sous presse*.
(396) HAY, D.C.; ELLIS, H.D. Asymmetries in facial recognition: evidence for a memory component. *Cortex*, 1981, *17*, 357-368.
(397) HAY, D.C.; YOUNG, A.W. The human face. *In*: ELLIS, A.W. (*ed.*) *Normality and pathology in cognitive functions*, New York: Academic Press, 1982, pp. 173-202.
(398) HAY, G.G.; JOLLEY, D.J.; JONES, R.G. A case of the Capgras syndrome in association with pseudo-hypoparathyroidism. *Acta Psychiat. Scand.*, 1974, *50*, 73-77.
(399) HAYMAN, M.A.; ABRAMS, R. Capgras' syndrome and cerebral dysfunction. *Brit. J. Psychiat.*, 1977, *130*, 68-71.
(400) HECAEN, H. L'agnosie des visages. *In*: HECAEN, H., *Introduction à la neuropsychologie*, Paris: Larousse, 1972, pp. 197-202.
(401) HECAEN, H. The neuropsychology of face recognition. *In*: DAVIES, ELLIS et SHEPHERD (*eds*) *Perceiving and remembering faces*, London: Academic Press, 1981, pp. 39-54.
(402) HECAEN, H.; DAVID, M. Syndrome pariétal traumatique: asymbolie tactile et hémiasomatognosie paroxystique et douloureuse. *Rev. Neurol.*, 1945, *77*, 113-123.
(403) HECAEN, H.; ANGELERGUES, R. Etude anatomoclinique de 280 cas de lésions rétrorolandiques unilatérales des hémisphères cérébraux. *L'Encéphale*, 1961, *6*, 533-562.
(404) HECAEN, H.; ANGELERGUES, R. Agnosia for faces. *Arch. Neurol.*, 1962, *7*, 92-100.
(405) HECAEN, H.; TZAVARAS, A. Etude neuropsychologique des troubles de la reconnaissance des visages humains. *Bull. Psychol.*, 1968/69, *22*, 754-762.
(406) HECAEN, H.; ALBERT, M.L. *Human neuropsychology*, New York: Wiley, 1978, pp. 201-207 et 241.
(407) HECAEN, H.; AJURIAGUERRA, J. (de); MASSONET, J. Les troubles visuo-constructifs par lésion pariéto-occipitale droite. *L'encéphale*, 1951, *40*, 122-179.
(408) HECAEN, H.; AJURIAGUERRA, J. (de); MAGIS, C.; ANGELERGUES, R. Le problème de l'agnosie des physionomies. *L'Encéphale*, 1952, *4*, 322-355.
(409) HECAEN, H.; PENFIELD, W.; BERTRAND, C.; MALMO, R. The syndrome of apractognosia due to lesions of minor cerebral hemisphere. *Arch. Neurol. Psych.*, 1956, *75*, 400-434.
(410) HECAEN, H.; ANGELERGUES, R.; BERNHARDT, C.; CHIARELLI, J. Es-

sai de distinction des modalités cliniques de l'agnosie des physionomies. *Rev. Neurol.*, 1957, *96*, 125-144.
(411) HEGEL, G.W.F. *La Phénoménologie de l'Esprit*, 1807.
(412) HEGEL, G.W.F. *Encyclopédie des Sciences Philosophiques*, 3e édition, 1830, § 411, rem.
(413) HEIDENHAIN, A. Beitrag zur Kenntnis der Seelenblindheit. *Mschr. Psychiat. Neurol.*, 1927, *65*, 61-116.
(414) HEILMAN, K.M.; SCHOLER, R.; WATSON, R.T. Auditory affective agnosia. *J. Neurol. Neurosurg. Psychiat.*, 1975, *38*, 69-72.
(415) HEILMAN, K.M.; SCHWARTZ, H.D.; WATSON, R.T. Hypoarousal in patients with the neglect syndrome and emotional indifference. *Neurology*, 1978, *28*, 229-232.
(416) HELLER, W.; LEVY, J. Perception and expression of emotion in right-handers and left-handers. *Neuropsychologia*, 1981, *19*, 263-272.
(417) HERZ, E. Physiognomik und Mimik. *Fortschr. Neurol. Psychiat. Grenzgeb.*, 1931, *3*, 505-513.
(418) HICKS, R.E.; BRUNDAGE, R.M. Judgments of temporal duration while processing verbal and physiognomic stimuli. *Acta Psychol.*, 1974, *38*, 447-454.
(419) HILLIARD, R.D. Hemispheric laterality effects on a facial recognition task in normal subjects. *Cortex*, 1973, *9*, 246-258.
(420) HINES, D. Independent functioning of the two cerebral hemispheres for recognizing bilaterally presented tachistoscopic visual-half-field stimuli. *Cortex*, 1975, *11*, 132-143.
(421) HINES, D. Visual information processing in the left and right hemispheres. *Neuropsychologia*, 1978, *16*, 593-600.
(422) HIRSCHBERG, N.; JONES, L.E.; HAGGERTY, M. What's in a face: individual differences in face perception. *J. Res. Person.*, 1978, *12*, 488-499.
(423) HOCHBERG, J.; GALPER, R.E. Recognition of faces. I. An exploratory study. *Psychon. Sci.*, 1967, *9*, 619-620.
(424) HOCHBERG, J.; GALPER, R.E. Attribution of intention as a function of physiognomy. *Memory and Cognition*, 1974, *2*, 39-42.
(425) HOFF, H.; POTZL, O. Ueber eine optisch-agnostische Störung des « Physionomie-Gedächtnisses ». *Zeits. Ges. Neurol. Psych.*, 1937, *159*, 367-395.
(426) HOFFMAN, C.; KAGAN, S. Field dependence and facial recognition. *Percept. Mot. Skills*, 1977, *44*, 119-124.
(427) HOWELLS, T.H. A study of ability to recognize faces. *J. Abn. Soc. Psychol.*, 1938, *33*, 124-127.
(428) HOWIESON, D.; GOLPER, L.; RAU, M.; CHRISTENSEN, A.L. A study of facial recognition in a patient with visual object agnosia. *Communication*, Intern. Neuropsychol. Soc., Atlanta, 1981.
(429) HUBER, E. *Evolution of facial musculature and expression*, Baltimore: John Hopkins University Press, 1931.
(430) HUFSCHMIDT, H.J. Das rechts-links-Profil im kulturhistorischen Längsschnitt. *Arch. Psychiat. Nervenkr.*, 1980, *229*, 17-43.
(431) HUGHES, H. *Die Mimik des Menschen*, Frankfurt: Johannes Alt, 1900.
(432) HUGONENQ, H. Illusion des sosies et maladie de Parkinson post-encéphalitique. *Ann. Méd. Psych.*, 1969, *II*, 439.
(433) HUNT, T. The measurement of social intelligence. *J. Appl. Psychol.*, 1928, *12*, 317-334.
(434) HURWITZ, D.; WIGGINGS, N.; JONES, L. A semantic differential for facial attribution: the face differential. *Bull. Psychon. Soc.*, 1975, *6*, 370-372.

(435) HUTEAU, M. Un style cognitif: la dépendance-indépendance à l'égard du champ. *L'Année Psychol.*, 1975, *75*, 197-262.
(436) IRWIN, F.W. Thresholds for the perception of difference in facial expression and its elements. *Amer. J. Psychol.*, 1932, *44*, 1-17.
(437) ISAACSON, R.L. *The limbic system (chap. 2: the hypothalamus)*, New York: Plenum Press, 1974, pp. 59-106.
(438) JACKSON, H., 1876. *Cité in* HECAEN, H. *et al.*, 1952.
(439) JACKSON, H.J. On affections of speech from disease of the brain. *Brain*, 1879, *2*, 203-222.
(440) JACQUARD, A. *Eloge de la différence*, Paris: Seuil, 1978.
(441) JACQUARD, A. *Au péril de la science?*, Paris: Seuil, 1982.
(442) JARDEN, E.; FERNBERGER, S.W. The effect of suggestion on the judgment of facial expression of emotion. *Amer. J. Psychol.*, 1926, *3*, 565-570.
(443) JEANNEROD, M.; HECAEN, H. *Adaptation et restauration des fonctions nerveuses*, Paris: Simep, 1979.
(444) JEEVES, M.A. Some limits to interhemispheric integration in cases of callosal agenesis and partial commissurotomy. *In*: STEELE RUSSEL. I., VAN HOF, M.W. and BERLUCCHI, G. (*eds*), *Structure and function of cerebral commissures*, London: MacMillan, 1979.
(445) JENNESS, A.F. The recognition of facial expressions of emotion. *Psychol. Bull.*, 1932, *29*, 324-350.
(446) JOHANSON, M.; SILFVERSKIOLD, P.; HAGSTADIUS, S.; RISBERG, J. Regional cerebral blood flow in anxiety. *Communication*, Intern. Neuropsychol. Soc., Bergen, 1981.
(447) JOHANSON, M.; RISBERG, J.; SILFVERSKIOLD, P.; HAGSTADIUS, S.; SMITH, G. Regional cerebral blood flow in anxiety. *Texte d'une communic.*, Intern. Neuropsychol. Soc., Pittsburgh, 1982.
(448) JONES, A.C. Influence of mode of stimulus presentation on performance in facial recognition tasks. *Cortex*, 1969, *5*, 290-301.
(449) JONES, B. Lateral asymmetry in testing long-term memory for faces. *Cortex*, 1979, *15*, 183-186.
(450) JONES, B. Sex and visual field effects on accuracy and decision making when subjects classify male and female faces. *Cortex*, 1979, *15*, 551-560.
(451) JONES, B. Sex and handedness as factors in visual-field organization for a categorization task. *J. Exp. Psychol.: Human Perc. Perf.*, 1980, *6*, 494-500.
(452) JOSSMANN, P. Zur Psychopathologie der optisch-agnostischen Störungen. *Mschr. Psychiat. Neurol.*, 1929, *72*, 81-149.
(453) JULIAO, O.F.; ASSIS, L.M.; GOMES, J.P. Complicaçoes neurologicas no decurso de tratamento pelo ACTH. A proposito de un caso de agnosia visual. *Arquivos de Neuro-Psychiatria*, 1953, *11*, 413 et ss.
(454) KAESS, W.A.; WITRYOL, S.L. Memory for names and faces: a characteristic of social intelligence? *J. Appl. Psychol.*, 1955, *39*, 457-462.
(455) KAGAN, J.; LEWIS, M. Studies of attention in the human infant. *Merrill-Palmer Quart.*, 1965, *11*, 95-127.
(456) KAGAN, J.; HENKER, B.A.; HEN-TOV, A.; LEVINE, J.; LEWIS, M. Infants' differential reactions to familiar and distorted faces. *Child Devel.*, 1966, *37*, 519-532.
(457) KAILA, E. Die Reaktionen des Säuglings auf das menschliche Gesicht. *Ann. Univ. Aboensis, Ser. B.*, 1932, *17*, 1-114.
(458) KANNER, L. Judging emotions from facial expressions. *Psychol. Monographs*, 1931, *41*, (3, whole n° 186), 1-93.

(459) KARCH, G.R.; GRANT, C.W. Asymmetry in perception of the sides of the human face. *Percept. Mot. Skills*, 1978, *47*, 727-734.
(460) KATZ, P.A. Perception of racial cues in preschool children: a new look. *Develop. Psychol.*, 1973, *8*, 295-299.
(461) KATZ, P.A.; SEAVEY, C. Labels and children's perception of faces. *Child. Devel.*, 1973, *44*, 770-775.
(462) KAUFMANN, R.; KAUFMANN, F. The face schema in 3- and 4-month-old infants: the role of dynamic properties of the face. *Infant Behav. Devel.*, 1980, *3*, 331-339.
(463) KEEGAN, J.F. Hemispheric frequency analysis: facial recognition. *Texte d'une communic.*, Intern. Neuropsychol. Soc., Bergen, 1981.
(464) KING, D. The use of the photo-fit 1970-1971: a progress report. *Police Res. Bull.*, 1971, *18*, 40-44.
(465) KINSBOURNE, M. The cerebral basis of lateral asymmetries in attention. *Acta Psychol.*, 1970, *33*, 193-201.
(466) KIRIAKOS, R.; ANANTH, J. Review of 13 cases of Capgras syndrome. *Am. J. Psychiat.*, 1980, *137*, 1605-1607.
(467) KITSON, A.; DARNBOURGH, M.; SHIELDS, E. Lets face it. *Police Res. Bull.*, 1978, *30*, 7-13.
(468) KLEIN, D.; MOSCOVITCH, M.; VIGNA, C. Attentional mechanisms and perceptual asymmetries in tachistoscopic recognition of words and faces. *Neuropsychologia*, 1976, *14*, 55-66.
(469) KLEIN, R.; STACK, J.J. Visual agnosia and alternating dominance. Analysis of case. *J. Ment. Sci.*, 1953, *99*, 749-762.
(470) KNOWLES, P.L. Facial expressive cues in person perception. *Percept. Mot. Skills*, 1979, *48*, 119-122.
(471) KOCH, J. Conditioned orienting reactions to persons and things in 2-5 month old infants. *Human Develop.*, 1968, *11*, 81-91.
(472) KOFF, E.; BOROD, J.C.; WHITE, B. Asymmetries for hemiface size and mobility. *Neuropsychologia*, 1981, *19*, 825-830.
(473) KOGAN, N. Age differences in judgements of chronological age. *Amer. Psychol.*, 1960, *15*, 407.
(474) KOLB, B.; MILNER, B. Observations on spontaneous facial expression after focal cerebral excisions and after intracarotid injection of sodium amytal. *Neuropsychologia*, 1981, *19*, 505-514.
(475) KOLB, B.; MILNER, B. Performance of complex arm and facial movements after focal brain lesions. *Neuropsychologia*, 1981, *19*, 491-503.
(476) KOLB, B.; TAYLOR, L. Affective behavior in patients with localized cortical excisions: role of lesion site and side. *Science*, 1981, *214*, 89-91.
(477) KOOPMAN, P.R.; AMES, E.W. Infants' preferences for facial arrangements: a failure to replicate. *Child Devel.*, 1968, *39*, 481-487.
(478) KORNER, F.; REGLI, F.; HAYNAL, A. Eine durch Farbsinnstörung, Prosopagnosie, und Orientierungsstörung charakterisierte visuelle Agnosie. *Arch. Psychiatr. Nervenkr.*, 1967, *209*, 1-20.
(479) KREMIN, H. Recognition of faces, facial expressions, and symbolic gestures in brain damaged patients. *Communic.*, Intern. Neuropsychol. Soc., Chianciano, 1980.
(480) KURUCZ, J.; FELDMAR, G. Prosopo-affective agnosia as a symptom of cerebral organic disease. *J. Am. Geriat. Soc.*, 1979, *27*, 225-230.
(481) KURUCZ, J.; FELDMAR, G.; WERNER, W. Prosopo-affective agnosia associated with chronic organic brain syndrome. *J. Am. Geriat. Soc.*, 1979, *27*, 91-95.

(482) KUSHNER, R.I.; FORSYTH, G.A. Judgment of emotion in human face stimuli: an individual differences analysis. *J. Gen. Psychol.*, 1977, 96, 301-312.
(483) LADAVAS, E. Specializzazione emisferica ed emozioni. *In:* UMILTA *et al.* (*eds.*) *Neuropsicologia sperimentale,* Milano: Franco Angeli, 1982.
(484) LADAVAS, E.; UMILTA, C; RICCI-BITTI, P.E. Evidence for sex differences in right-hemisphere dominance for emotions. *Neuropsychologia,* 1980, 18, 361-366.
(485) LAEHR, H. *Die Literatur der Psychiatrie, Neurologie und Psychologie von 1459-1799,* Berlin, 1900.
(486) LANDIS, C. Studies of emotional reaction. I. A preliminary study of facial expression. *J. Exp. Psychol.*, 1924, 7, 325-341.
(487) LANDIS, C. Studies of emotional reactions. II. General behavior and facial expression. *J. Comp. Psychol.*, 1924, 4, 447-509.
(488) LANDIS, C. The interpretation of facial expression in emotion. *J. Gen. Psychol.*, 1929, 2, 59-72.
(489) LANDIS, T.; ASSAL, G.; PERRET, E. Opposite cerebral hemispheric superiorities for visual associative processing of emotional facial expressions and objects. *Nature,* 1979, 278, 739-740.
(490) LANDIS, T.; GRAVES, R.; GOODGLASS, H. Dissociated awareness of manual performance on two different visual associative tasks: a « split-brain » phenomenon in normal subjects? *Cortex,* 1981, 17, 435-440.
(491) LANGDELL, T. Recognition of faces: an approach to the study of autism. *J. Child. Psychol. Psychiat.*, 1978, 19, 255-268.
(492) LANGFELD, H.S. The judgment of emotions from facial expressions. *J. Abn. Soc. Psychol.*, 1918, 13, 172-184.
(493) LANGFELD, H.S. Judgment of facial expression and suggestion. *Psychol. Rev.*, 1918, 25, 488-494.
(494) LANSKY, M.R., Delusions in a patient with Capgras' syndrome. *Bull. Menninger Clin.*, 1974, 38, 360-364.
(495) LARRIVE, E.; JASIENSKI, J. L'illusion des sosies. Une nouvelle observation du syndrome de Capgras. *Ann. Méd. Psych.*, 1931, II, 501-507.
(496) LAUGHERY, K.R.; ALEXANDER, J.F.; LANE, A.B. Recognition of human faces: effects of target exposure time, target position, pose position and type of photograph. *J. Appl. Psychol.*, 1971, 55, 477-483.
(497) LAUGHERY, K.R.; FESSLER, P.K.; LENOROVITZ, D.R.; YOBLICK, D.A. Time delay and similarity effects in facial recognition. *J. Appl. Psychol.*, 1974, 59, 490-496.
(498) LAVATER. *Fragments de Physiognomonie,* Leipzig, 1775-78.
(499) LAVATER, J.C. *Physiognomy,* London: W. Tegg, 1827.
(500) LAVRAKAS, P.J.; BURI, J.R.; MAYZNER, M.S. A perspective on the recognition of other-race faces. *Percept. Psychoph.*, 1976, 20, 475-481.
(501) LAWSON, N.C. Inverted writing in right- and left-handers in relation to lateralization of face recognition. *Cortex,* 1978, 14, 207-211.
(502) LECOURS, A.R.; LHERMITTE, F. (*eds*), *L'Aphasie,* Paris: Flammarion, 1979.
(503) LEEHEY, S.C.; CAHN, A. Lateral asymmetries in the recognition of words, familiar faces and unfamiliar faces. *Neuropsychologia,* 1979, 17, 619-635.
(504) LEEHEY, S.; CAREY, S.; DIAMOND, R.; CAHN, A. Upright and inverted faces: the right hemisphere knows the difference. *Cortex,* 1978, 14, 411-419.
(505) LEGER, J.M.; GAROUX, R.; GAROUX, V. La reconnaissance d'autrui et sa pathologie: à propos d'un cas clinique d'illusion de sosie. *Ann. Méd. Psych.*, 1967, I, 454-463.

(506) LEMOINE, A. *De la physionomie et de la parole*, Paris: Baillière, 1865.
(507) LEVI, P.G., *Neuropsichiat.*, 1959, cité in BIEDER, 1973.
(508) LEVIN, H.S.; PETERS, B.H. Neuropsychological testing following head injuries: prosopagnosia without visual field defect. *Dis. Nerv. Syst.*, 1976, *37*, 68-71.
(509) LEVIN H.S.; BENTON, A.L. Facial recognition in « pseudoneurological » patients. *J. Nerv. Ment. Dis.*, 1977, *164*, 135-138.
(510) LEVIN, H.S.; HAMSHER, K. de S; BENTON, A.L. A short form of the test of facial recognition for clinical use. *J. Psychol.*, 1975, *91*, 223-228.
(511) LEVIN, H.S.; GROSSMAN, R.G.; KELLY, P.J. Impairment of facial recognition after closed head injuries of varying severity. *Cortex*, 1977, *13*, 119-130.
(512) LEVINE, D.N., Prosopagnosia and visual object agnosia: a behavioral study. *Brain and Language*, 1978, *5*, 341-365.
(513) LEVINE, S.C. Developmental changes in right hemisphere involvement in face recognition. *A paraître*.
(514) LEVINE, S.C.; KOCH-WESER, M.P. Right hemisphere superiority in the recognition of famous faces. *Brain and Cognition*, 1982, *1*, 10-22.
(515) LEVY, J.; TREVARTHEN, C.; SPERRY, R.W. Perception of bilateral chimeric figures following hemisphere deconnexion. *Brain*, 1972, *95*, 61-78.
(516) LEVY-VALENSI, J. L'illusion des sosies. *Gaz. Hop. Paris*, 1929, 10 juillet.
(517) LEWINSOHN, P.M.; DANAHER, B.G.; KIKEL, S. Visual imagery as a mnemonic aid for brain-injured persons. *J. Consult. Clin. Psychol.*, 1977, *45*, 717-723.
(518) LEWIS, M. Infants' responses to facial stimuli during the first year of life. *Develop. Psychol.*, 1969, *1*, 75-86.
(519) LEY, R.G. An archival examination of an asymmetry of hysterical conversion symptoms. *J. Clin. Neuropsychol.*, 1980, *2*, 61-70.
(520) LEY, R.G.; BRYDEN, M.P. Hemispheric differences in processing emotions and faces. *Brain and Language*, 1979, *7*, 127-138.
(521) LHERMITTE, F.; BEAUVOIS, M.F. A visual-speech disconnexion syndrome. *Brain*, 1973, *96*, 695-714.
(522) LHERMITTE, F.; PILLON, B. La prosopagnosie. Rôle de l'hémisphère droit dans la perception visuelle. *Rev. Neurol.*, 1975, *131*, 791-812.
(523) LHERMITTE, F.; CHAIN, F.; ESCOUROLLE, R.; DUCARNE, B.; PILLON, B. Etude anatomo-clinique d'un cas de prosopagnosie. *Rev. Neurol.*, 1972, *126*, 329-346.
(524) LICHTENBERG. *Uber Physiognomik*, 2 Aufl., Göttingen, 1788.
(525) LIGGET, J. *The human face*, London: Constable, 1974.
(526) LINDZEY, G.; PRINCE, B.; WRIGHT, H.K. A study of facial asymmetry. *J. Pers.*, 1952, *21*, 68-84.
(527) LISSAUER, W. Ein Fall von Seelenblindheit nebst einen Beitrag zur Theorie Derselben. *Arch. Psychiatr.*, 1890, *21*, 222-270.
(528) LUAUTE, J.P.; BIDAULT, E.; THIONVILLE, M. Syndrome de Capgras et organicité cérébrale. A propos d'une malade étudiée par un test de reconnaissance des visages et par la scanographie. *Ann. Méd. Psych.*, 1978, *136*, 803-815.
(529) LUCE, T.S. Blacks, whites and yellows: they all look alike to me. *Psychology Today*, 1974, *8*, 105-108.
(530) LURIA, A.R. *Higher cortical functions in man*, New York: Plenum Press, 1966.
(531) LURIA A.R. *The Working Brain*, New York: Basic Books, 1973.
(532) LURIA, S.M.; STRAUSS, M.S. Comparison of eye movements over faces in photographic positives and negatives. *Perception*, 1978, *7*, 349-358.
(533) MacLEAN, P.D. Mirror display in the squirrel monkey. *Science*, 1964, *146*, 950-952.

(534) MACRAE, D.; TROLLE, E. The defect of function in visual agnosia. *Brain*, 1956, *79*, 94-110.
(535) MADAKASIRA, S.; HALL, T.B., Capgras syndrome in a patient with myxedema. *Am. J. Psychiat.*, 1981, *138*, 1506-1508.
(536) MALONE, D.R.; MORRIS, H.H.; KAY, M.C.; LEVIN, H.S. A case of resolving prosopagnosia: assessment procedures and results. *Texte d'une communic.*, Intern. Neuropsychol. Soc., Atlanta, 1981.
(537) MALPASS, R.S. Training in face recognition *In:* DAVIES, ELLIS et SHEPHERD (*eds*) *Perceiving and remembering faces*, London: Academic Press, 1981, pp. 271-285.
(538) MALPASS, R.S.; KRAVITZ, J. Recognition for faces of own and other race. *J. Person. Soc. Psychol.*, 1969, *13*, 330-334.
(539) MALPASS, R.S.; LAVIGUEUR, H.; WELDON, D. Verbal and visual training in face recognition. *Percept. Psychoph.*, 1973, *14*, 285-292.
(540) MANN, V.A.; DIAMOND, R.; CAREY S. Development of voice recognition: parallels with face recognition. *J. Exp. Child. Psychol.*, 1979, *27*, 153-165.
(541) MANTEGAZZA, P. *Physiognomy and expression*, London, 1890.
(542) MARCEL, T.; RAJAN, P. Lateral specialization for recognition of words and faces in good and poor readers. *Neuropsychologia*, 1975, *13*, 489-497.
(543) MARCINIAK, R.D.; LUCKINS, D.J. Neuropsychologic deficits and Capgras syndrome. *Am. J. Psychiat.*, 1981, *136*, 856-857.
(544) MARIN, R.S.; TUCKER, G.J. Psychopathology and hemispheric dysfunction. *J. Nerv. Ment. Dis.*, 1981, *169*, 546-557.
(545) MARSLEN-WILSON, W.D.; TEUBER, H.L. Memory for remote events in anterograde amnesia: recognition of public figures from newsphotographs. *Neuropsychologia*, 1975, *13*, 353-364.
(546) MARTIMOR, E.; JOUANNAIS, S. Un cas d'illusion de sosie. Polynévrite et sclérose médullaire chez une alcoolique. *Ann. Méd. Psych.*, 1939, *I*, 785-791.
(547) MARZI, C.A. A quale stadio percettivo nascono le differenze emisferiche? *In:* UMILTA *et al.* (*eds.*) *Neuropsicologia sperimentale*, Milano: Franco Angeli, 1982.
(548) MARZI, C.A.; BERLUCCHI, G. Right visual field superiority for accuracy of recognition of famous faces in normals. *Neuropsychologia*, 1977, *15*, 751-756.
(549) MARZI, C.A.; BRIZZOLARA, D.; RIZZOLATTI, G.; UMILTA, C.; BERLUCCHI, G. Left hemisphere superiority for the recognition of well known faces. *Brain Res.*, 1974, *66*, 358.
(550) MASHAYEKHI, N.; BERGER-GROSS, P. Affective and behavioral aspects of lateralized migraine. *Texte d'une communic.*, Intern. Neuropsychol. Soc., Pittsburgh, 1982.
(551) MATTHEWS, M.L. Discrimination of identikit constructions of faces: evidence for a dual processing strategy. *Percept Psychoph.*, 1978, *23*, 153-161.
(552) MAURER, D.; SALAPATEK, P. Developmental changes in the scanning of faces by young infants. *Child Devel.*, 1976, *47*, 523-527.
(553) MAYES, A.; MEUDELL, P.; NEARY, D. Do amnesics adopt inefficient encoding strategies with faces and random shapes? *Neuropsychologia*, 1980, *18*, 527-540.
(554) MAZZUCCHI, A.; FERRARI, A.; MORELLI, G., Prevalente frequenza della prosopagnosia nel sesso maschile. *Riv. Neurol.*, 1977, *47*, 453-464.
(555) McCALL, R.B.; KAGAN, J. Attention in the infant: effects of complexity, contour, perimeter, and familiarity. *Child Devel.*, 1967, *38*, 939-952.
(556) McCALLUM, W.A.G. Capgras symptoms with an organic basis. *Brit. J. Psychiat.*, 1973, *123*, 639-642.

(557) McCURDY, H.G. Experimental notes on the asymmetry of the human face. *J. Abn. Soc. Psychol.*, 1949, *44*, 553-555.
(558) McGLONE, J. Sex differences in human brain asymmetry: a critical survey. *Behav. Brain Sci.*, 1980, *3*, 215-226.
(559) McKEEVER, W.F.; DIXON, M.S. Right-hemisphere superiority for discriminating memorized from nonmemorized faces: affective imagery, sex, and perceived emotionality effects. *Brain and Language*, 1981, *12*, 246-260.
(560) McKELVIE S.J. The meaningfulness and meaning of schematic faces. *Percept. Psychoph.*, 1973, *14*, 343-348.
(561) McKELVIE, S. The effects of verbal labelling on recognition memory for schematic faces. *Quart. J. Exp. Psychol.*, 1976, *28*, 459-474.
(562) McKELVIE, S.J. The role of eyes and mouth in recognition memory for faces. *Amer. J. Psychol.*, 1976, *89*, 311-323.
(563) McKELVIE, S.J. Sex differences in facial memory. *In*: GRUNEBERG, M.M., MORRIS, P.E. and SYKES, R.,. (*eds.*), *Practical aspects of memory*, New York: Academic Press, 1978.
(564) McKELVIE, S.J. Sex differences in memory for faces. *J. of Psychol.*, 1981, *107*, 109-125.
(565) MEADOWS, J.C. The anatomical basis of prosopagnosia. *J. Neurol. Neurosurg. Psychiat.*, 1974, *37*, 489-501.
(566) MERRIN, E.L.; SILBERFARB, P.M. The Capgras phenomenon. *Arch. Gen. Psychiat.*, 1976, *33*, 965-968.
(567) MESSICK, S.; DAMARIN, F. Cognitive styles and memory for faces. *J. Abn. Soc. Psychol.*, 1964, *69*, 313-318.
(568) MEUDELL, P.R.; NORTHEN, B.; SNOWDEN, J.S.; NEARY, D. Long term memory for famous voices in amnesic and normal subjects. *Neuropsychologia*, 1980, *18*, 133-139.
(569) MEULDERS, M.; BOISACQ-SCHEPENS, N. *Abrégé de Neuropsychophysiologie*, Paris: Masson, 1978, tome 2, pp. 39-64.
(570) MICHEL, F. Self-recognition on a T.V. screen. *In:* BUSER, P.A. and ROUGEUL-BUSER, A. (*eds.*) *Cerebral correlates of conscious experience*, Amsterdam: North-Holland Publishing Co., 1978, pp. 299-309.
(571) MILLIAN, G. Cécité morphologique. *Bull. Acad. Méd.*, 1932, *107*, 664-666.
(572) MILNER, A.D.; DUNNE, J.J. Lateralised perception of bilateral chimaeric faces by normal subjects. *Nature*, 1977, *268*, 175-176.
(573) MILNER, A.D.; JEEVES, M.A. A review of behavioral studies of agenesis of the corpus callosum. *In:* STEELE RUSSEL, I., VAN HOF, M.W. and BERLUCCHI, G. (*eds.*), *Structure and function of cerebral commissures*, London: MacMillan, 1979.
(574) MILNER, B. Visual recognition and recall after right temporal lobe excision in man. *Neuropsychologia*, 1968, *6*, 191-209.
(575) MISTSCHENKA, M.N. Ueber die mimische Gesichtmotorik der Blinden. *Folia Neuropath. Estoniania*, 1933, *13*, 24-43.
(576) MITA, T.H.; DERMER, M.; KNIGHT, J. Reversed facial images and the mere-exposure hypothesis. *J. Pers. Soc. Psychol.*, 1977, *35*, 597-601.
(577) MORIN, G. *Physiologie du système nerveux central*, Paris: Masson, 1974 (6e éd.).
(578) MORRIS, P.E.; JONES, S.; HAMPSON, P. An imagery mnemonic for the learning of people's names. *Brit. J. Psychol.*, 1978, *69*, 335-336.
(579) MORROW, L.; VRTUNSKI, P.B.; KIM, Y.; BOLLER, F. Arousal responses to emotional stimuli and laterality of lesion. *Neuropsychologia*, 1981, *19*, 65-71.
(580) MOSCOVITCH, M. Information processing and the cerebral hemispheres. *In:*

GAZZANIGA, M. (*ed.*), *Handbook of behavioral neurobiology; 2: neuropsychology*, New York: Plenum Press, 1979.
(581) MOSCOVITCH, M.; KLEIN, D. Material-specific perceptual interference for visual words and faces: implications for models of capacity limitations, attention and laterality. *J. Exp. Psychol.: Hum. Percept. Perf.*, 1980, *6*, 590-604.
(582) MOSCOVITCH, M.; OLDS, J. Right-hemisphere superiority in controlling the production of spontaneous facial expressions. *Communic.*, Intern. Neuropsychol. Soc., Noordwijkerhout, 1979.
(583) MOSCOVITCH, M.; OLDS, J. Asymmetries in spontaneous facial expressions and their possible relation to hemispheric specialization. *Neuropsychologia*, 1982, *20*, 71-81.
(584) MOSCOVITCH, M.; SCULLION, D.; CHRISTIE, D. Early vs. late stages of processing and their relation to functional hemispheric asymmetries in face recognition. *J. Exp. Psychol.: Hum. Percept. Perf.*, 1976, *2*, 401-416.
(585) MOSCOVITCH, M.; STRAUSS, E.; OLDS, J. Children's production of facial expressions. *Unpubl. paper*, 1980.
(586) MOSCOVITCH, M.; STRAUSS, E.; OLDS, J. Handedness and dichotic listening performance in patients with unipolar endogenous depression who received ECT. *Am J. Psychiat.*, 1981, *138*, 988-990.
(587) MOSCOWITZ, J.A. Capgras syndrome in modern dress. *Int. J. Child Psychother.*, 1972, *1*, 45-64.
(588) MOSS, F.A. Do you know how to get along with people? Why some people get ahead in the world while others do not. *Sci. Amer.*, 1926, *135*, 26-27.
(589) MOSS, F.A.; HUNT, T. Are you socially intelligent? An analysis of the scores of 7000 persons on the George Washington University Social Intelligence Test. *Sci. Amer.*, 1927, *137*, 108-110.
(590) MOUSTY, P.; BERTELSON, P.; KURRELS, V. Effect of reading hand in one-handed apprehension of braille. *Texte d'une communic.*, Intern. Neuropsychol. Soc., Deauville, 1982.
(591) MUELLER, J.H., CARLOMUSTO, M.; GOLDSTEIN, A.G. Orienting task and study time in facial recognition. *Bull. Psychon. Soc.*, 1978, *11*, 313-316.
(592) MUELLER, J.H.; BAILIS, K.L.; GOLDSTEIN, A.G. Depth of processing and anxiety in facial recognition. *Brit. J. Psychol.*, 1979, *70*, 511-515.
(593) MUELLER, J.H.; COURTOIS, M.R. BAILIS, K.L. Self-reference in facial recognition. *Bull. Psychon. Soc.*, 1981, *17*, 85-88.
(594) MUNN, N.L., The effect of knowledge of the situation upon judgment of emotion from facial expressions. *J. Abn. Soc. Psychol.*, 1940, 324-338.
(595) MURRAY, J.R. A case of Capgras' syndrome in the male. *J. Ment. Sci.*, 1936, *82*, 63.
(596) MURRAY, F.S.; McGUINN, P.K. Discrimination of features and orientations of schematic faces by children. *Bull. Psychon. Soc.*, 1977, *10*, 283-286.
(597) MURRAY, F.S.; STANLEY, R.L. Perceptual learning of cartoon faces by young children. *Bull. Psychon. Soc.*, 1980, *16*, 367-370.
(598) NARDELLI, E.; BUONANNO, F.; COCCIA, G.; FIASCHI, A.; TERZIAN, H.; RIZZUTO, N. Prosopagnosia: report of four cases. *Europ. Neurol.*, 1982, *21*, 289-297.
(599) NATALE, M.; GUR, R. Differential hemispheric lateralization of positive and negative emotions in normals. *Communic.*, Intern. Neuropsychol., Soc., Chianciano, 1980.
(600) NATALE, M.; GUR, R. Hemispheric lateralization of emotional processes. *Communic.*, Intern. Neuropsychol. Soc., Atlanta, 1981.

(601) NEUMAN, C.J.; HILL, S.D. Self-recognition and stimulus preference in autistic children. *Develop. Psychobiol.*, 1978, *11*, 571-578.
(602) NEWCOMBE, F.; RUSSELL, W.R. Dissociated visual perceptual and spatial deficits in focal lesions on the right hemisphere. *J. Neurol. Neurosurg. Psychiat.*, 1969, *32*, 73-81.
(603) NEWLIN, D.B.; CARPENTER, B.; GOLDEN, C.J. Hemispheric asymmetries in schizophrenia. *Biol. Psychiat.*, 1981, *16*, 561-581.
(604) NEWMAN, J.P. Induced anxiety and stroop color-word test performance: hemispheric processing implications. *Intern. J. Neuroscience*, 1981, *12*, 63-66.
(605) NIELSEN, J.M. Unilateral cerebral dominance as related to mind blindness: minimal lesion capable of causing visual agnosia for objects. *A.M.A. Arch. Neurol. Psychiat.*, 1937, *38*, 108-135.
(606) NILSSON, R.; PERRIS, C. The Capgras syndrome: a case report. *Acta Psych. Scand., Suppl.*, 1971, *221*, 53-58.
(607) NORTH, P.; CREMEL, N. Observation d'un cas de prosopagnosie chez un enfant. *Communication*, Soc. de Neuropsychol. de Langue Franç., Paris, 1981.
(608) NOTON, D.; STARK, L. Eye movements and visual perception. *Scientif. Amer.*, 1971, *224*, *june*, 34-43.
(609) NOTON, D.; STARK, L. Scanpaths in saccadic eyes movements whilst viewing and recognising patterns. *Vision Res.*, 1971, *11*, 929-942.
(610) NUMMENMAA, T. *The language of the face*, Jyväskylä, Finland: Jyväskylän Yliopistoyhdistys, 1964.
(611) NUMMENAA, T.; KAURANNE, U. Dimensions of facial expressions. *Rep. Dep. Psychol.*, Univ. Jyväskylä, 1958.
(612) ODOM, R.D.; LEMOND, C.M. Developmental differences in the perception and production of facial expressions. *Child Devel.*, 1972, *43*, 359-369.
(613) ODOM, R.D., LEMON, C.M. Children's use of component patterns of faces in multidimensional recall problems. *Child Devel.*, 1974, *45*, 527-531.
(614) OLTMAN, P.K.; EHRLICHMAN, H.; COX, P.W. Field independence and laterality in the perception of faces. *Percept Mot. Skills*, 1977, *45*, 255-260.
(615) ORNSTEIN, R.; JOHNSTONE, J.; HERRON, J.; SWENCIONIS, C. Differential right hemisphere engagement in visuospatial tasks. *Neuropsychologia*, 1980, *18*, 49-64.
(616) OSGOOD, C.E. Dimensionality of the semantic space for communication via facial expressions. *Scand. J. Psychol.*, 1966, *7*, 1-30.
(617) OSTER, H.; EKMAN, P. Facial behavior in child development. *In:* COLLINS, A. (ed). *Minnesota Symposia on child psychology, vol. 11*, Hillsdale: Lawrence Erlbaum Ass., 1978.
(618) OVERMAN, W.H.; DOTY, R.W. Hemispheric specialization of facial recognition in man but not in macaque. *Soc. Neurosci. Abstr.*, 1978, *4*, 78.
(619) OVERMAN, W.H.; DOTY, R.W. Hemispheric specialization displayed by man but not macaques for analysis of faces. *Neuropsychologica*, 1982, *20*, 113-128.
(620) PALLIS, C.A. Impaired identification of faces and places with agnosia for colors. Report of a case due to cerebral embolism. *J. Neurol. Neurosurg. Psychiat.*, 1955, *18*, 218-224.
(621) PATTERSON, K.E., Person recognition: more than a pretty face. *In:* GRUNEBERG *et al.* (eds.) *Practical aspects of memory*, New York: Academic Press, 1978.
(622) PATTERSON K.; BRADSHAW, J. Differential hemispheric mediation of nonverbal visual stimuli. *J. Exp. Psychol.: Hum. Percept. Perf.*, 1975, *1*, 246-252.
(623) PATTERSON, K.E.; BADDELEY, A.D. When face recognition fails. *J. Exp. Psychol.: Hum. Learn. Mem.*, 1977, *3*, 406-417.

(624) PERETZ, I.; MORAÏS, J. Analytic processing of melodies in nonmusicians. *Texte d'une communic.*, Intern. Neuropsychol. Soc., Deauville, 1982.
(625) PEREZ, E.; MAZZUCCHI, A.; RIZZOLATI, G. Tempi di reazione discriminativi alla presentazione di materiale fisiognomico in soggetti maschili e femminili normali. *Boll. Soc. Ital. Biol. Sperim.* 1975, *51*, 1445-1450.
(626) PETERS, A. Gefühl und Wiedererkennen. *Fortschr. Psychol.*, 1917, *4*, 120-133.
(627) PEVZNER, S.; BORNSTEIN, B.; LOEWENTAL, M. Prosopagnosia. *J. Neurol. Neurosurg. Psychiat.*, 1962, *25*, 336-338.
(628) PHILLIPS, R.J. Why are faces hard to recognize in photographic negative? *Percept. Psychoph.*, 1972, *12*, 425-426.
(629) PHILLIPS, R.J. Recognition, recall and imagery of faces. *In:* GRUNEBERG, M.M., MORRIS, P.E. and SYKES, R.N. (eds.) *Practical aspects of memory*, New York: Academic Press, 1978.
(630) PHILLIPS, R.J. Some exploraty experiments on memory for photographs of faces. *Acta Psychol.*, 1979, *43*, 39-56.
(631) PHILLIPS, R.J.; RAWLES, R.E. Recognition of upright and inverted faces: a correlational study. *Perception*, 1979, *8*, 577-583.
(632) PHILLIPS, R.J.; ZAHRA, C.M. Undergraduates' immediate memory span for faces is three. *Percept. Mot. Skills*, 1979, *48*, 1098.
(633) PHIPPARD, D. Hemifield differences in visual perception in deaf and hearing subjects. *Neuropsychologia*, 1977, *15*, 555-561.
(634) PIAZZA, D.M. The influence of sex and handedness in the hemispheric specialization of verbal and nonverbal tasks. *Neuropsychologia*, 1980, *18*, 163-176.
(635) PICHLER, E. *Z. Neurol.*, 1943. Cité in HECAEN, H. *et al.*, 1952.
(636) PICK, A. *Arb. psychiatr. Klin.*, Prag, 1908. Cité in HECAEN, H. *et al.*, 1952.
(637) PIDERIT, T. *Mimik und Physiognomik*, Detmold: Meyers, 1859.
(638) PIDERIT, T. *Wissenschaftliches System der Mimik und Physiognomik*, Detmold, 1867.
(639) PINTNER, R. Intelligence as estimated from photographs. *Psychol. Rev.*, 1918, *25*, 286-296.
(640) PIROZZOLO, F. J.; RAYNER, K. Hemispheric specialization in reading and word recognition. *Brain and Language*, 1977, *4*, 248-261.
(641) PIROZZOLO, F.J.; RAYNER, K. Cerebral organization and reading disability. *Neuropsychologia*, 1979, *17*, 485-491.
(642) PITTENGER, J.B.; SHAW, R.E. Aging faces as viscal-elastic events: implications for a theory of nonrigid shape perception. *J. Exp. Psychol.: Hum. Percept. Perf.*, 1975, *1*, 374-382.
(643) PIZZAMIGLIO, L.; ZOCCOLOTTI, P. Sex and cognitive influence on visual hemifield superiority for face and letter recognition. *Cortex*, 1981, *17*, 215-226.
(644) PIZZAMIGLIO, L.; ZOCCOLOTTI, P. Differenze individuali: struttura cerebrale e caratteristiche cognitive. *In:* UMILTA *et al.* (eds.) *Neuropsicologia sperimentale*, Milano: Franco Angeli, 1982.
(645) POPPELREUTER, W. *Die psychischen Schädigungen durch Kopfschuss*. 1 und 2 Aufl., Leipzig, 1917-18. Cité in BODAMER, 1947.
(646) PORTNOFF, L.A.; GOLDEN, C.J.; SNYDER, T.J.; GUSTAVSON, J.L. Deficits of ideokinetic praxis in chronic schizophrenics on a modified version of the Luria-Nebraska motor scale. *Intern. J. Neuroscience*, 1982, *16*, 151-158.
(647) POSTEL, J. Les troubles de la reconnaissance spéculaire de soi au cours des démences tardives. *Evol. Psychiat.*, 1968, *33*, 605-648.
(648) POTZL, O. Zur Agnosie des Physionomiegedächtnisses. *Wien Z. Nervenheil.*, 1953, *6*, 335-354.
(649) PREILOWSKI, B. Facial self-recognition after separate right and left hemis-

phere stimulation in two patients with complete cerebral commissutomy. *Exp. Brain Res.*, 1975, *23*, *suppl.*, 165.
(650) PREILOWSKI, B. Consciousness after complete surgical section of the forebrain commissures in man. *In:* STEELE RUSSEL, I., VAN HOF, M.W. and BERLUCCHI, G. (*eds*), *Structure and function of cerebral commissures*, London: MacMillan, 1979.
(651) PREMACK, D. Putting a face together (chimpanzees and children reconstruct and transform disassembled figures). *Science*, 1975, *188*, 228-236.
(652) PRESKORN, S.H.; REVELEY, A. Pseudohypoparathyroidism and Capgras syndrome. *Brit. J. Psychiat.*, 1978, *133*, 34-37.
(653) PREYER, W. *L'âme de l'enfant*, Paris: Alcan (2e éd. trad.), 1887, pp. 243-269.
(654) PRIGATANO, G.P., Perception and memory of facial affect following brain injury. *Percept. Mot. Skills*, 1982, *54*, 859-869.
(655) PROBST, M. *Mschr. Psychiat.*, 1910, *9*. Cité in HECAEN, H. et al., 1952.
(656) PROUDFOOT, R.E. Hemispheric asymmetry for face recognition: some effects of visual masking, hemiretinal stimulation and learning task. *Neuropsychologia*, 1982, *20*, 129-144.
(657) QUAGLINO, A. *Gi. Oftalmolgia*, 1867. Cité in BODAMER, 1947.
(658) RAPACZYNSKI, W.; EHRLICHMAN, H. Opposite visual hemifield superiorities in face recognition as a function of cognitive style. *Neuropsychologia*, 1979, *17*, 645-652.
(659) RAPACZYNSKI, W.; EHRLICHMAN, H. EEG asymmetries in recognition of faces: comparison with a tachistoscopic technique. *Biol. Psychol*, 1979, *9*, 163-170.
(660) RAPPEPORT, M.; FRIENDLY, M. Facial asymmetry in emotion: observer and stimulus differences. *Communic.*, Canad. Psychol. Assoc., Ottawa, 1978.
(661) READ, J.D. Rehearsal and recognition of human faces. *Amer. J. Psychol.*, 1979, *92*, 71-85.
(662) REED, S.K. Pattern recognition and categorization. *Cognitive Psychol.*, 1972, *3*, 382-407.
(663) REICHARDT, M. *Allgemeine und spezielle Psychiatrie*, Jena, 1918. Cité in BODAMER, 1947.
(664) REINHARDT. *Arch. Psychiat.*, 1887, *18*. Cité in HECAEN, H. et al. 1952.
(665) REITAN, R.M. Neurological and physiological bases of psychopathology. *Ann. Rev. Psychol.*, 1976, *27*, 1976, *27*, 189-216.
(666) REUTER-LORENZ, P.; DAVIDSON, R. Differential contributions of the two cerebral hemispheres to the perception of happy and sad faces. *Neuropsychologia*, 1981, *19*, 609-613.
(667) REYNOLDS, D.M.; JEEVES, M.A. Developmental study of hemisphere specialization for recognition of faces in normal subjects. *Cortex*, 1978, *14*, 511-520.
(668) RIME, B. Les déterminants du regard en situation sociale. *L'Année Psychol.*, 1977, *77*, 497-523.
(669) RINN, W.E.; FRIEDMAN, C.; MELLER, P. An investigation of personality correlates of lateral gaze preference and facial asymmetry. *Texte d'une communic.*, Intern. Neuropsychol. Soc., Pittsburgh, 1982.
(670) RIZZOLATTI, G.; BUCHTEL, H.A. Hemispheric superiority in reaction time to faces: a sex difference. *Cortex*, 1977, *13*, 300-305.
(671) RIZZOLATTI, G.; UMILTA, C.; BERLUCCHI, G. Opposite superiorities of the right and left cerebral hemispheres in dicriminative reaction time to physiognomical and alphabetical material. *Brain*, 1971, *94*, 431-442.
(672) ROBINSON, R.G. Differential behavioral and biochemical effects of right and left hemispheric cerebral infarction in the rat. *Science*, 1979, *205*, 707-710.

(673) ROBINSON, R.G.; BENSON, D.F. Depression in aphasic patients: frequency, severity, and clinical-pathological correlations. *Brain and Language*, 1981, *14*, 282-291.
(674) ROBINSON, R.G.; STITT, T.G. Intracortical 6-hydroxydopamine induces an asymmetrical behavioral response in the rat. *Brain Res.*, 1981, *213*, 387-395.
(675) ROBINSON, R.G., SZETELA, B. Mood change following left hemispheric brain injury. *Ann. Neurol.*, 1981, *9*, 447-453.
(676) ROCK, I. The perception of disoriented figures. *Sci. Amer.*, 1974, *230*, 78-85.
(677) ROHRACHER, H. The psychological institute of the University of Vienna. *Acta Psychol.*, 1951, *8*, 201-223.
(678) ROLLS, E.T. *The brain and reward*, Oxford: Pergamon Press, 1975.
(679) RONDOT, P.; TZAVARAS, A. La prosopagnosie après vingt années d'études cliniques et neuropsychologiques. *J. Psychol. Norm. Pathol.*, 1969, *2*, 133-165.
(680) RONDOT, P.; TZAVARAS, A.; GARCIN, R. Sur un cas de prosopagnosie persistant depuis quinze ans. *Rev. Neurol.*, 1967, 117, 424-428.
(681) ROSA, L.A. *Expressioni e mimica*, Milan: Hoepli, 1929.
(682) ROSENBERG, S.; GORDON, A. Identification of facial expressions from affective description: a probabilistic choice analysis of referential ambiguity. *J. Pers. Soc. Psychol.*, 1968, *10*, 157-166.
(683) ROSENFELD, S.A.; VAN HOESEN, G.W. Face recognition in the rhesus monkey. *Neuropsychologia*, 1979, *17*, 503-509.
(684) ROSENSTOCK, H.A.; VINCENT, K.R. Capgras syndrome: case report of an adolescent and review of literature. *J. Clin. Psychiat.*, 1978, *39*, 71-74.
(685) ROSS, E.D. Sensory-specific and fractional disorders of recent memory in man. I. Isolated loss of visual recent memory. *Arch. Neurol.*, 1980, *37*, 193-200.
(686) ROSS, E.D. The aprosodias. *Arch. Neurol.*, 1981, *38*, 561-569.
(687) ROSS, E.D.; MESULAM, M.M. Dominant language functions of the right hemisphere? Prosody and emotional gesturing. *Arch. Neurol.*, 1979, *36*, 144-148.
(688) ROSS, P.; TURKEWITZ, G. Individual differences in cerebral asymmetries for facial recognition. *Cortex*, 1981, *17*, 199-214.
(689) RUBIN, D.A.; RUBIN, R.T. Differences in asymmetry of facial expression between left- and right-handed children. *Neuropsychologia*, 1980, *18*, 373-377.
(690) RUCKMICH, C.A. A preliminary study of the emotions. *Psychol. Monogr.*, 1921, *30*, n° 136, 29-35.
(691) RUTKOWSKI, E. (Von). Die Wurzeln moderner Populär-physiognomik in der älteren medizinischen Psychologie une Konstitutionslehre. *Allgem. zeitschr. Psychiat.*, 1928, *89*, 20.
(692) SACKEIM, H.A.; GUR, R.C. Lateral asymmetry in intensity of emotional expression. *Neuropsychologia*, 1978, *16*, 473-481.
(693) SACKEIM, H.A.; GUR, R.C. Facial asymmetry and the communication of emotion. *In:* CACIOPPO et PETTY (*eds.*) *Social Psychophysiology*, New York: Guilford Press, 1982 (*sous presse*).
(694) SACKEIM, H.A.; GUR, R.C.; SAUCY, M.C. Emotions are expressed more intensely on the left side of the face. *Science*, 1978, *202*, 434-436.
(695) SACKEIM, H.; WEIMAN, A.L.; GUR, R.C.; GREENBERG, M.S.; HUNGERBUHIER, J.P. Functional brain asymmetry in the regulation of positive and negative emotion: lateralization of insult in cases of uncontrollable emotional outbursts. *Communication*, Intern. Neuropsychol. Soc., Chianciano, 1980.
(696) SACKEIM, H.A.; DECINA, P.; EPSTEIN, D.; BRUDER, G.E.; MALITZ, S. Possible reversed affective lateralization in a case of bipolar disorder. *Texte d'une communic.*, Intern. Neuropsychol. Soc., Pittsburgh, 1982.
(697) SACKEIM, H.A.; GREENBERG, M.S.; WEINMAN, A.L.; GUR, R.C.;

HUNGERBUHLER, J.P.; GESCHWIND, N. Hemispheric asymmetry in the expression of positive and negative emotions. Neurologic evidence. *Arch. Neurol.*, 1982, *39*, 210-218.
(698) SAFER, M.A. Sex and hemisphere differences in access to codes for processing emotional expressions and faces. *J. Exp. Psychol.: general*, 1981, *110*, 86-100.
(699) SAFER, M.; LEVENTHAL, H. Ear differences in evaluating emotional tones of voice and verbal content. *J. Exp. Psychol.: Hum. Percept. Perform.*, 1977, *3*, 75-82.
(700) SALORIO, D.B.; SALORIO, J.L.B.; Y CERCOS, C.L. Prosopagnosia. Estudio de 3 casos. *Rev. Espan. oto-oftalm. Neurocir.*, 1967, *26*, 1-7.
(701) SALTZ, E.; SIGEL. I.E. Concept overdiscrimination in children. *J. Exp. Psychol.*, 1967, *73*, 1-8.
(702) SALZEN, E.A. Perception of emotion in faces. *In*: DAVIES, ELLIS et SHEPHERD (*eds*) *Perceiving and remembering faces*, London: Academic Press, 1981, pp. 133-169.
(703) SAMSON, S. Troubles de la reconnaissance des physionomies. *In: Les syndromes visuels associatifs*, Paris: Masson, 1974.
(704) SAMUELS, M.R. Judgment of faces. *Charact. Person.*, 1939, *8*, 18-27.
(705) SARBIN, T.R.; HARDYCK, C.D. Conformance in role perception as a personality variable. *J. Consult. Psychol.*, 1955, *19*, 109-111.
(706) SAXBY, L.N.; BRYDEN, M.P. Left-ear superiority in children for processing auditory emotional material. *Texte d'une communic.*, Inter. Neuropsychol. Soc., Pittsburgh, 1982.
(707) SCAPINELLO, K.F.; YARMEY, A.D. The role of familiarity and orientation in immediate and delayed recognition of pictorial stimuli. *Psychon. Sci.*, 1970, *21*, 329-331.
(708) SCARONE, S.; GARAVAGLIA, P.F.; CAZZULLO, C.L. Further evidence of dominant hemisphere dysfunction in chronic schizophrenia. *Brit. J. Psych.*, 1981, *138*, 354-355.
(709) SCHACHTER, M. Auto-prosopagnosie paroxystique et épilepsie. *Arch. Suisses Neurol. Neurochir. Psych.*, 1976, *119*, 167-176.
(710) SCHILL, T.R. Effects of approval motivation and varying conditions of verbal reinforcement on incidental memory for faces. *Psychol. Rep.*, 1966, *19*, 55-60.
(711) SCHLANGER, B.B.; SCHLANGER, P.; GERTSMAN, L.J. The perception of emotionally toned sentences by right hemisphere damaged and aphasic subjects. *Brain and Language*, 1976, *3*, 396-403.
(712) SCHLESINGER, L.B. Physiognomic sensitivity: its development and modification. *J. Genet. Psychol.*, 1979, *134*, 107-123.
(713) SCHLESINGER, L.B. Physiognomic perception: empirical and theoretical perspectives. *Genet. Psychol. Monogr.*, 1980, *101*, 71-97.
(714) SCHLOSBERG, H. A scale for judgment of facial expressions. *J. Exp. Psychol.*, 1941, *29*, 497-510.
(715) SCHLOSBERG, H. A description of facial expressions in terms of two dimensions. *J Exp. Psychol.*, 1952, *44*, 229-237.
(716) SCHLOSBERG, H. Three dimensions of emotion. *Psychol. Rev.*, 1954, *61*, 81-88.
(717) SCHWARTZ, G.E.; DAVIDSON, R.J.; MAER, F. Right hemisphere lateralization for emotion in the human brain: interactions with cognition. *Science*, 1975, *190*, 286-288.
(718) SCHWARTZ, G.E.; AHERN, G.L.; BROWN, S.L. Lateralized facial muscle response to positive and negative emotional stimuli. *Psychophysiology*, 1979, *16*, 561-571.

(719) SCHWARTZ, M.; SMITH, M.L. Visual asymmetries with chimeric faces. *Neuropsychologia*, 1980, *18*, 103-106.
(720) SECORD, P.F. The role of facial features in interpersonal perception. *In*: TAGIURI and PETRULLO (*eds*) *Person perception and interpersonal behavior*, Stanford: Stanford Univ. Press, 1958, pp. 300-315.
(721) SECORD, P.F.; MUTHARD, J.E. Individual differences in the perception of women's faces. *J. Abn. Soc. Psychol.*, 1955, *50*, 238-242.
(722) SECORD, P.F.; MUTHARD, J. Personalities in faces: IV. A descriptive analysis of the perception of women's faces, and the identification of some physiognomic determinants. *J. Psychol.*, 1955, *39*, 269-278.
(723) SECORD, P.F.; DUKES, W.F.; BEVAN, W. Personalities in faces: I. An experiment in social perceiving. *Genet. Psychol. Monogr.*, 1954, *49*, 231-279.
(724) SECORD, P.F.; BEVAN W.; KATZ, B. The negro stereotype and perceptual accentuation. *J. Abn. Soc. Psychol.*, 1956, *53*, 78-83.
(725) SEINEN, M.; VANDERWERFF, J.J. De waarneming van asymmetrie in het gelaat. *Ned. tijdschr. psychol.*, 1969, *24*, 551-558.
(726) SERGENT, J. Theoretical and methodological consequences of variations in exposure duration in visual laterality studies. *Percept. Psychoph.*, 1982, *31*, 451-461.
(727) SERGENT, J. About face: left-hemisphere involvement in processing physiognomies. *J. Exp. Psychol.: Hum. Percept. Perf.*, 1982, *8*, 1-14.
(728) SERGENT, J. The cerebral balance of power: confrontation or cooperation? *J. Exp. Psychol.: Hum. Percept. Perf.*, 1982, *8*, 253-272.
(729) SERGENT, J.; BINDRA, D. Differential hemispheric processing of faces: methodological considerations and reinterpretation. *Psychol. Bull.*, 1981, *89*, 541-554.
(730) SERON, X. Conduites perturbées. *In*: RICHELLE, M. et DROZ, R. (*eds*) *Manuel de Psychologie. Introduction à la psychologie scientifique*, Bruxelles: Dessart et Mardaga, 1976, pp. 431-485.
(731) SERON, X. *Aphasie et neuropsychologie: approches thérapeutiques*, Bruxelles: Mardaga, 1980.
(732) SERON, X. ; VANDERLINDEN, M. Vers une neuropsychologie humaine des conduites émotionnelles? *L'Année Psychol.*, 1979, *79*, 229-252.
(733) SERON, X.; LATERRE, C. (*eds*) *Rééduquer le cerveau?*, Bruxelles: Mardaga, 1982.
(734) SERON, X.; LAMBERT, J.L.; VANDERLINDEN, M. *La modification du comportement*, Bruxelles: Dessart et Mardaga, 1977.
(735) SERON, X.; VANDERLINDEN, M.; VANDERKAA-DELVENNE, M. The operant school of aphasia rehabilitation. *In*: LEBRUN et HOOPS (*eds*) *Neurolinguistics; 8: The management of aphasia*, Amsterdam: Swets and Zeitlinger, 1978, pp. 76-96.
(736) SERON, X. et al. Non publié. Cité in FEYEREISEN, P. et SERON, X. Nonverbal communication and aphasia. *Brain and Language*, 1982, *16*, 191-212 et 213-236.
(737) SHALLICE, T. Case study approach in neuropsychological research. *J. Clin. Neuropsychol.*, 1979, *1*, 183-211.
(738) SHENTOUB, S.A.; SOULAIRAC, A.; RUSTIN, E. Comportement de l'enfant arriéré devant le miroir. *Enfance*, 1954, *7*, 333-340.
(739) SHEPHERD, J. A multidimensional scaling approach to facial recognition. *Texte d'une communic.*, Ann. Conference of the Brit. Psychol. Soc., Exeter, 1977.
(740) SHEPHERD, J. Social factors in face recognition. *In*: DAVIES, ELLIS et

SHEPHERD (eds) *Perceiving and remembering faces*, London: Academic Press, 1981, pp. 55-79.
(741) SHEPHERD, J.; ELLIS, H.D. The effect of attractiveness on recognition memory for faces. *Amer. J. Psychol.*, 1973, *86*, 627-633.
(742) SHEPHERD, J.W.; DEREGOWSKI, J.B.; ELLIS, H.D. A cross-cultural study of recognition memory for faces. *Int. J. Psychol.*, 1974, *9*, 205-212.
(743) SHEPHERD, J.W.; DAVIES, G.M.; ELLIS, H.D. How best shall a face be described? *In*: GRUNEBERG, M.M., MORRIS, P.E. and SYKES, R.N. (eds) *Pratical aspects of memory*, New York: Academic Press, 1978.
(744) SHEPHERD, J.W.; ELLIS, H.D.; McMURRAN, M.; DAVIES, G.M. Effect of character attribution on photofit construction of a face. *Eur. J. Soc. Psychol.*, 1978, *8*, 263-268.
(745) SHEPHERD, J.; DAVIES, G.; ELLIS, H. Studies of cue saliency. *In*: DAVIES, ELLIS et SHEPHERD (eds) *Perceiving and remembering faces*, London: Academic Press, 1981, pp. 105-131.
(746) SHERMAN, M. The differentiation of emotional responses in infants. I. Judgments of emotional responses from motion picture views and from actual observation. *J. Comp. Psychol.*, 1927, *7*, 265-284.
(747) SHRABERG, D.; WEITZEL, W.D. Prosopagnosia and the Capgras syndrome. *J. Clin. Psychiatry*, 1979, *40*, 313-316.
(748) SHUMSKII, N.G. Illusions of false recognition (illusions of doubles, the Capgras syndrome) in paranoïd schizophrenia. *Zh. Nevropat. Psikhiat.*, 1964, *64*, 883-889 (in russian). *Excerpta Medica*, sect. VIII, *18*, 4074, 821-822.
(749) SIMION, F.; BAGNARA, S. Le principali dicotomie proposte per la spiegazione delle asimmetrie emisferiche. *In*: UMILTA *et al.* (eds) *Neuropsicologia sperimentale*. Milano: Franco Angeli, 1982, pp. 161-177.
(750) SIMS, A.; WHITE, A. Coexistence of the Capgras and de Clerambault syndromes: a case history. *Brit. J. Psychiat.*, 1973, *123*, 635-637.
(751) SJOBERG, L. Unidimensional scaling of multidimensional facial expressions. *J. Exp. Psychol.*, 1968, *78*, 429-435.
(752) SKINNER, B.F. *Science and human behavior*, New York: MacMillan, 1953.
(753) SMITH, A. Dominant and nondominant hemispherectomy. *In*: KINSBOURNE and SMITH (eds) *Hemispheric disconnection and cerebral function*, Illinois: Charles C. Thomas, 1974.
(754) SMITH, A.D.; WINOGRAD, E. Adult age differences in remembering faces. *Develop. Psychol.*, 1978, *14*, 443-444.
(755) SMITH, E.E.; NIELSEN, G.D. Representations and retrieval process in short-term memory: recognition and recall of faces. *J. Exp. Psychol.*, 1970, *85*, 397-405.
(756) SOLSO, R.L.; McCARTHY, J.E. Prototype formation of faces: a case of pseudo-memory. *Brit. J. Psychol.*, 1981, *72*, 499-503.
(757) SORCE, J.F.; CAMPOS, J.J. The role of expression in the recognition of a face. *Amer J. Psychol.*, 1974, *87*, 71-82.
(758) SOULAIRAC, A.; SHENTOUB, S.A.; RUSTIN, E. Analyse des réactions de l'enfant arriéré devant le miroir. *Ann. Méd. Psych.*, 1954, *1*, 694-700.
(759) SPERRY, R.W.; ZAIDEL, E.; ZAIDEL, D. Self recognition and social awareness in the deconnected minor hemisphere. *Neuropsychologia*, 1979, *17*, 153-166.
(760) SPITZ, R.A.; WOLF, K. The smiling response: a contribution to the ontogenesis of social relations. *Genet. Psychol. Monogr.*, 1946, *34*, 57-125.
(761) SPYDELL, J.D.; FORD, M.R.; SHEER, D.E. Task dependent cerebral lateralization of the 40 Herz EEG rhythm. *Psychophysiology*, 1979, *16*, 347-350.

(762) STATON, R.D.; WILSON, H.K.; CHRISTOFERSON, L.A.; BRUMBACK R.A. Psychosis and personality change following right temporal lobe atrophy. *Communication*, Intern. Neurophychol. Soc., Noordwijkerhout, 1979.
(763) STAUFFENBERG, V. *Z. Neurol.*, 1918, *39*. Cité in HECAEN, H. *et al.*, 1952.
(764) STERN, D.B. Handedness and the lateral distribution of conversion reactions. *J. Nerv. Ment. Dis.*, 1977, *164*, 122-128.
(765) STERN, K.; MACNAUGHTON, D. Capgras' syndrome, peculiar illusionary phenomenon, considered with special reference to Rorschach findings. *Psychiat. Quart.*, 1945, *19*, 139-163.
(766) ST. JOHN, R.C. Lateral asymmetry in face perception. *Canad. J. Psychol.*, 1981, *35*, 213-223.
(767) STOLLREITER-BUTZON, L. Zur Frage der Prosopagnosie. *Arch. Psych. Nervenkr.*, 1950, *184*, 1-27.
(768) STRAUSS, E.; KAPLAN, E. Lateralized asymmetries in self-perception. *Cortex*, 1980, *16*, 289-293.
(769) STRAUSS, E.; MOSCOVITCH, M. Perception of facial expressions. *Brain and Language*, 1981, *13*, 308-332.
(770) STRAUSS, E.; MOSCOVITCH, M.; OLDS, J. Children's production of facial expressions. *Communic.*, Intern. Neuropsychol. Soc., Chianciano, 1980.
(771) STRAUSS, E.; RISSER, A.; JONES, M. Fear responses in patients with epilepsy. *Arch. Neurol.*, 1982, *sous presse*.
(772) STRAUSS, E.; WADA, J.; KOSAKA, B. Spontaneous facial expressions occuring at onset of focal seizure activity. *A paraître*.
(773) STRINGER, P.; MAY, P. Attributional asymmetries in the perception of moving, static, chimeric and hemisected faces. *J. Nonverbal Behav.*, 1981, *5*, 238-252.
(774) STRNAD, B.N.; MUELLER, J.H. Levels of processing in facial recognition memory. *Bull. Psychon. Soc.*, 1977, *9*, 17-18.
(775) SUBERI, M.; McKEEVER, W.F. Differential right hemispheric memory storage of emotional and non-emotional faces. *Neuropsychologia*, 1977, *15*, 757-768.
(776) SWASH, M. Released involuntary laughter after temporal lobe infarction. *J. Neurol. Neurosurg. Psychiat.*, 1972, *35*, 198-213.
(777) SZATMARI, A. *Arch. Psychiat.*, 1938, *107*. Cité in HECAEN, H. *et al.*, 1952.
(778) TAYLOR, D.C.; MARSH, S. The influence of sex and side of operation on personality questionnaires responses after temporal lobectomy. *In* : GRUZELIER, J. and FLOR-HENRY, P. (eds) *Hemisphere asymmetry of function in psychopathology*, Amsterdam: Elsevier, 1979.
(779) TAYLOR, M.A.; REDFIELD, J.; ABRAMS, R. Neuropsychological dysfunction in schizophrenia and affective disease. *Biol. Psychiat.*, 1981, *16*, 467-478.
(780) TERZIAN, H. Behavioural and EEG effects of intracarotid sodium amytal injections. *Acta. Neurochir.*, 1964, *12*, 230-239.
(781) TEUBER, H.L. The brain and human behavior. *Actes du XXIe congrès international de psychologie* (Paris), Paris : Presses Universitaires de France, 1976.
(782) THOMAS, H. Visual-fixation responses of infants to stimuli of varying complexity. *Child Devel.*, 1965, *36*, 629-638.
(783) THOMPSON, D.H.; MELTZER, L. Communication of emotional intent by facial expression. *J. Abn. Soc. Psychol.*, 1964, *68*, 129-135.
(784) THOMPSON, J. The development of expressions of emotion in blind and seeing children. *Arch. Psychol.*, 1941, *n° 264*, 1-47.
(785) THOMPSON, M.I.; SILK, K.R. Reply. *Amer. J. Psychiat.*, 1981, *138*, 857.
(786) THOMPSON, M.I.; SILK, K.R.; HOVER, G.L. Misidentification of a city:

delimiting criteria for Capgras syndrome. *Amer. J. Psychiat.*, 1980, *137*, 1270-1272.
(787) THOMPSON, P. Margaret Thatcher: a new illusion. *Perception*, 1980, *9*, 483-484.
(788) THORNDIKE, R.L.; STEIN, S. An evaluation on the attempt to measure social intelligence. *Psychol. Bull.*, 1937, *34*, 275-285.
(789) TIEGER, T.; GANZ, L. Recognition of faces in the presence of two-dimensional sinusoidal masks. *Percept. Psychoph.*, 1979, *26*, 163-167.
(790) TODD, J. The syndrome of Capgras. *Psychiat. Quart.*, 1957, *31*, 250-265.
(791) TODD, J.; DEWHURST, K. The double: its psycho-pathology and psychophysiology. *J. Nerv. Ment. Dis.*, 1955, *122*, 47-55.
(792) TODD, J.; DEWHURST, K.; WALLIS, G. The syndrome of Capgras. *Brit. J. Psychiat.*, 1981, *139*, 319-327.
(793) TUCKER, D.M. Lateral brain function, emotion and conceptualization. *Psychol. Bull.*, 1981, *89*, 19-46.
(794) TUCKER, D.M.; WATSON, M.D.; HEILMAN, K.M. Discrimination and evocation of affective intoned speech in patients with right parietal disease. *Neurology*, 1977, *27*, 947-950.
(795) TUCKER, D.M.; ROTH, R.S.; ARNESON, B.A.; BUCKINGHAM, V. Right hemisphere activation during stress. *Neuropsychologia*, 1977, *15*, 697-700.
(796) TUCKER, D.M.; STENSLIE, C.E.; ROTH, R.S.; SHEARER, S.L. Right frontal lobe activation and right hemisphere performance. *Arch. Gen. Psychiat.*, 1981, *38*, 169-174.
(797) TVERSKY, B. Pictorial and verbal encoding in a short-term memory task. *Percept. Psychoph.*, 1969, *6*, 225-233.
(798) TVERSKY, A.; KRANTZ, D.H. Similarity of schematic faces: a test of interdimensional additivity. *Percept. Psychoph.*, 1969, *5*, 124-128.
(799) TYLER, S. The relationship between anxiety and left versus right hemisphere cognitive performance. *Communication*, Intern. Neuropsychol. Soc., Atlanta, 1981.
(800) TZAVARAS, A. La reconnaissance du visage humain et les lésions hémisphériques. *In*: HECAEN, H. (*ed.*) *Neuropsychologie de la perception visuelle*, Paris: Masson, 1972, pp. 251-264.
(801) TZAVARAS, A.; HECAEN, H.; LEBRAS, H. Le problème de la spécificité du déficit de la reconnaissance du visage humain lors des lésions hémisphériques unilatérales. *Neuropsychologia*, 1970, *8*, 403-416.
(802) TZAVARAS, A.; HECAEN, H.; LEBRAS, H. Troubles de la reconnaissance du visage humain et latéralisation hémisphérique lésionnelle chez les sujets gauchers. *Neuropsychologia*, 1971, *9*, 475-477.
(803) TZAVARAS, A.; MERIEENE, L.; MASARE, M.C. Prosopagnosie, amnésie et troubles du langage par lésion temporale gauche chez un sujet gaucher. *L'Encéphale*, 1973, *62*, 382-394.
(804) UMILTA, C.A. (*ed.*) *Neuropsicologia sperimentale*, Milano: Franco Angeli, 1982.
(805) UMILTA, C.; BRIZZOLARA, D.; TABOSSI, P.; FAIRWEATHER, H. Factors affecting face recognition in the cerebral hemispheres: familiarity and naming. *In*: REQUIN, J. (*ed.*) *Attention and Performance VII*, New York: Wiley, 1978.
(806) VALENSTEIN, E.S. *Brain control*, New York: Wiley, 1973.
(807) VALENSTEIN, E.S. (*ed.*) *The psychosurgery debate*, USA: Freeman, 1980.
(808) VAN LANCKER, D.R.; CANTER, G.J. Impairment of voice and face recognition in patients with hemispheric damage. *Brain and Cognition*, 1982, *1*, 185-195.

(809) VIE, J. Un trouble de l'identification des personnes, l'illusion des sosies. *Ann. Méd. Psych.*, 1930, *1*, 214-237.
(810) VIE, J. Les méconnaissance systématiques. *Ann. Méd. Psych.*, 1944, *1*, 229-252.
(811) VILKKI, J.; LAITINEN, L.V. Differential effects of left and right ventrolateral thalamotomy on receptive and expressive verbal performances and face-matching. *Neuropsychologia*, 1974, *12*, 11-19.
(812) VILKKI, J.; LAITINEN, L.V. Effects of pulvinotomy and ventrolateral thalamotomy on some cognitive functions. *Neuropsychologia*, 1976, *14*, 67-78.
(813) VOGEL, B.F. The Capgras syndrome ant its psychopathology. *Amer. J. Psychiat.*, 1974, *131*, 922-924.
(814) VON KNORRING, L.; GOLDSTEIN, L. Quantitative hemispheric EEG differences between healthy volunteers and depressed patients. *Res. Comm. Psychol. Psychiat. Behav.*, 1982, *7*, 57-67.
(815) VURPILLOT, E. Données expérimentales récentes sur le développement des perceptions visuelles chez le nourrisson. *L'Année Psychol.*, 1966, *66*, 213-230.
(816) WADA, J.; RASMUSSEN, T. Intracarotid injection of sodium amytal for the lateralization of cerebral speech dominance. *J. Neurosurg.*, 1960, *17*, 266-282.
(817) WAGHRAY, S. Capgras' syndrome and cerebral dysfunction. *Brit. J. Psychiat.*, 1978, *133*, 285.
(818) WALKER, E.; HOPPES, E.; EMORY, E. A reinterpretation of findings on hemispheric dysfuntion in schizophrenia. *J. Nerv. Ment. Dis.*, 1981, *169*, 378-380.
(819) WALKER-SMITH, G.J. Memorizing facial identity, expression and orientation. *Brit. J. Psychol.*, 1980, *71*, 415-424.
(820) WALKER-SMITH, G.J.; GALE, A.G.; FINDLAY, J.M. Eye movement strategies in face perception. *Perception*, 1977, *6*, 313-326.
(821) WALLACE, G.; COLTHEART, M.; FORSTER, K.I. Reminiscence in recognition memory for faces. *Psychon. Sci.*, 1970, *18*, 335-336.
(822) WALLON, H. Kinesthésie et image visuelle du corps propre chez l'enfant. *Enfance*, 1959, *3-4*, 252-263.
(823) WARRINGTON, E.; JAMES, M. An experimental investigation of facial recognition in patients with unilateral cerebral lesions. *Cortex*, 1967, *3*, 317-326.
(824) WARRINGTON, E.K.; TAYLOR, A.M. Immediate memory for faces: long- or short-term memory? *Quart. J. Exp. Psychol.*, 1973, *25*, 316-322.
(825) WARRINGTON, E.K.; ACKROYD, C. The effect of orienting tasks on recognition memory. *Memory and Cognition*, 1975, *3*, 140-142.
(826) WASSERSTEIN, J.; ZAPPULLA, R.; ROSEN, J.; GERSTMAN, L. Differentiation of right hemisphere functions: a study of eight cases. *Texte d'une communic.*, Intern. Neuropsychol. Soc., Deauville, 1982.
(827) WATKINS, M.J.; HO, E.; TULVING, E. Context effects in recognition memory for faces. *J. Verb. Learn. Verb. Behav.*, 1976, *15*, 505-517.
(828) WATSON, J.S. Perception of object orientation in infants. *Merrill-Palmer Quart.*, 1966, *12*, 73-94.
(829) WAYLAND, S.; TAFLIN, J.E. Nonverbal categorization in fluent and nonfluent anomic aphasics. *Brain and Language*, 1982, *16*, 87-108.
(830) WECHSLER, A.F. The effect of organic brain disease on recall of emotionally charged versus neutral narrative texts. *Neurology*, 1973, *23*, 130-135.
(831) WERNICKE, C. *Lehrbuch der Gehirnkrankheiten*, Kassel, 1881. Cité in BODAMER, 1947.
(832) WESTON, J.; WHITLOCK, F.A. The Capgras' syndrome following head injury. *Brit. J. Psychiat.*, 1971, *119*, 25-31.
(833) WEXLER, B.E. Cerebral laterality and psychiatry: a review of the literature. *Amer. J. Psychiat.*, 1980, *137*, 279-291.

(834) WHITELEY, A.M.; WARRINGTON, E.K. Prosopagnosia: a clinical, psychological, and anatomical study of three patients. *J. Neurol. Neurosurg. Psychiat.*, 1977, *40*, 395-403.
(835) WHITELEY, A.; WARRINGTON, E.K. Category specific deficits of visual memory and visual perception. *Communication*, Intern. Neuropsychol. Soc., Noordwijkerhout, 1979.
(836) WIET, S.G. The prevalence and duration of quantitative hemispheric EEG measures reflecting the affective and academic differences among a group of first year university students. *Res. Comm. Psychol. Psychiat. Behav.*, 1981, *6*, 83-101.
(837) WILBRAND, H. Ein Fall von Seelenblindheit und Hemianopie mit Sectionsbefund. *Dtsch. Zsch. Nervenheilk.*, 1892, *2*, 361-387.
(838) WILCOX, B.M.; CLAYTON, F.L. Infant visual fixation on motion pictures of the human face. *J. Exp. Child. Psychol.*, 1968, *6*, 22-32.
(839) WILSON, R.S.; KASZNIAK, A.W.; BACON, L.D.; FOX, J.H.; KELLY, M.P. Facial recognition memory in dementia. *Cortex, sous presse.*
(840) WINOGRAD, E. Recognition memory for faces following nine different judgments. *Bull. Psychon. Soc.*, 1976, *8*, 419-421.
(841) WINOGRAD, E. Encoding operations which facilitate memory for faces across the life span. *In*: GRUNEBERG, M.M., MORRIS, P.E. and SYKES, R.N. (*eds*) *Practical Aspects of Memory*, New York: Academic Press, 1978.
(842) WINOGRAD, E.; RIVERS-BULKELEY, N.T. Effects of changing context on remembering faces. *J. Exp. Psychol.: Hum. Learn. Mem.*, 1977, *3*, 397-405.
(843) WISE, R.A. Catecholamine theories of reward: a critical review. *Br. Res.*, 1978, *152*, 215-247.
(844) WISEMAN, S.; NEISSER, U. Perceptual organization as a determinant of visual recognition memory. *Amer. J. Psychol.*, 1974, *87*, 675-681.
(845) WITRYOL. S.L.; KAESS, W.A. Sex differences in social memory tasks. *J. Abn. Soc. Psychol.*, 1957, *54*, 343-346.
(846) WOLFF, W. The experimental study of forms of expression. *Charact. and Person.*, 1933, *2*, 168-176.
(847) WOODROW, H. The common factors in fifty-two mental tests. *Psychometrika*, 1939, *4*, 99-108.
(848) YARBUS, A.L. *Eye movements and vision*, New York: Plenum Press, 1967.
(849) YARMEY, A.D. Recognition memory for familiar «public» faces: effects of orientation and delay. *Psychon. Sci.*, 1971, *24*, 286-288.
(850) YARMEY, A.D. Proactive interference in short-term retention of human faces. *Canad. J. Psychol.*, 1974, *28*, 333-338.
(851) YIN, R.K. Looking at upside-down faces. *J. Exp. Psychol.*, 1969, *81*, 141-145.
(852) YIN, R. *Face recognition: a special process?* Unpubl. doctoral dissertation, M.I.T., Psychology Department, Boston, 1970.
(853) YIN, R.K. Face recognition by brain-injured patients: a dissociable ability? *Neuropsychologia*, 1970, *8*, 395-402.
(854) YIN, R.K. Face perception: a review of experiments with infants, normal adults, and brain-injured persons. *In*: HELD, R., LEIBOWITZ, H.W. and TEUBER, H.L. (*eds*) *Handbook of sensory physiology, vol. VIII: perception*, New York: Springer-Verlag, 1978, pp. 593-608.
(855) YOUNG, A.W.; ELLIS, H.D. An experimental investigation of developmental differences in ability to recognise faces presented to the left and right cerebral hemispheres. *Neuropsychologia*, 1976, *14*, 495-498.
(856) YOUNG, A.W.; BION, P.J. Absence of any developmental trend in right hemisphere superiority for face recognition. *Cortex*, 1980, *16*, 213-221.

(857) YOUNG, A.W.; BION, P.J. Accuracy of naming laterally presented known faces by children and adults. *Cortex*, 1981, *17*, 97-106.
(858) YOZAWITZ, A.; BRUDER, G.; SUTTON, S.; SHARPE, L.; GURLAND, B.; FLEISS, J.; COSTA, L. Dichotic perception: evidence for right hemisphere dysfuntion in affective psychosis. *Brit. J. Psychiat.*, 1979, *135*, 224-237.
(859) ZAZZO, R. Images du corps et conscience de soi. *Enfance*, 1948, *1*, 29-43.
(860) ZAZZO, R. La genèse de la conscience de soi (La reconnaissance de soi dans l'image du miroir). *In*: ZAZZO R., *Psychologie de la connaissance de soi*, Paris: Presses Universitaires de France, 1975, pp. 145-198.
(861) ZAZZO, R. Image spéculaire et conscience de soi. *In: Psychologie expérimentale et comparée. Hommage à Paul Fraisse*, Paris: Presses universitaires de France, 1977, pp. 325-338.
(862) ZAZZO, R. Image spéculaire et image anti-spéculaire. Expérience sur la construction de l'image de soi. *Enfance*, 1977, 223-229.
(863) ZAZZO, R. Des enfants, des singes et des chiens devant le miroir. *Rev. Psychol. Appl.*, 1979, *29*, 235-246.
(864) ZENHAUSERN, R.; PARISI, I. Brain dis-integration in schizophrenia and depression. *Communication*, Intern. Neuropsychol. Soc., Atlanta, 1981.
(865) ZENHAUSERN, R.; NOTARO, J.; GROSSO, J.; SCHIANO, P. The interaction of hemispheric preference, laterality, and sex in the perception of emotional tone and verbal context. *Intern. J. Neuroscience*, 1981, *13*, 121-126.
(866) ZOCCOLOTTI, P. Lo svillupo ontogenetico della lateralizzazione emisferica. *In*: UMILTA, C. (*ed.*) *Neuropsicologia sperimentale*, Milano: Franco Angeli, 1982, pp. 227-252.
(867) ZOCCOLOTTI, P.; OLTMAN, P.K. Field dependance and lateralization of verbal and configurational processing. *Cortex*, 1978, *14*, 155-168.
(868) ZOCCOLOTTI, P.; SCABINI, D.; VIOLANI, C. Electrodermal responses in patients with unilateral brain damage. *J. Clin. Neuropsychol.*, 1982, *4*, 143-150.
(869) ZOCCOLOTTI, P.; MAMMUCARI, A.; CESARONI, R.; PIZZAMIGLIO, L. The influence of sex and cognitive style on perception of lateralized neutral and emotional faces. *Communication*, Intern. Neuropsychol. Soc., Pittsburgh, 1982.

Table des matières

Introduction 7

PREMIERE PARTIE: LES PARTICIPANTS 9

Chapitre I. Le cerveau, du point de vue neuropsychologique 11

Introduction 11

I. L'approche neuropsychologique du comportement 11
   1. Analyse du comportement 11
   2. Neurologie, psychophysiologie, neurophysiologie, neuropsychologie .. 12
   3. La neuropsychologie 13

II. Le cerveau, structure et fonction 15

   1. Constituant élémentaire du système nerveux: le neurone 15
   2. Système nerveux central et périphérique; nerfs 16
   3. Structure du cerveau 17
   4. Structure du cortex cérébral 18
   5. Description fonctionnelle du cortex 19
   6. Pathologie 22

Chapitre 2. Le visage et la perception du visage 23

Introduction 23

I. Variables 25

   1. Variables du stimulus 27
   2. Variables du sujet 41
   3. Variables de procédure 46

II. La perception et la reconnaissance du visage: bilan provisoire	55
Introduction	55
1. Compétences et limites du système	55
2. Reconnaissance	57
3. Perception	58
4. Spécificité	63
Conclusion	65
III. La perception de soi	66
Conclusions	68
IV. Diverses pathologies de la reconnaissance du visage	68
1. Troubles instrumentaux et psychiatrie infantile	69
2. Psychiatrie de l'adulte: le syndrome de Capgras	69
3. Autres pathologies	71
V. Etudes chez l'animal	71
1. Perception du visage	71
2. Reconnaissance de soi dans le miroir	72

Chapitre 3. A propos des conduites émotionnelles 75

DEUXIEME PARTIE: LES INTERACTIONS BINAIRES 81

Introduction 81

Chapitre 4. Visage et émotion: l'expression faciale émotionnelle 83

Introduction	83
I. L'expression faciale	84
1. Ontogénèse	85
2. Analyses structurales	88
3. Dimensions et catégories	91
Conclusions	93
II. Perception de l'expression faciale	94
1. Stimuli: type d'expression et substrat	94
2. Le sujet qui perçoit	95
3. La procédure	97
Conclusions	100
Bilan et discussion	101

Chapitre 5. Cerveau et émotion 103

I. Données neurophysiologiques	103
II. Le cerveau humain et les conduites émotionnelles	105

1. Hypothalamus, formation réticulée, système limbique	106
2. Structures néocorticales	106
3. Une asymétrie hémisphérique des conduites émotionnelles?	106
4. Eléments de différenciation de cette asymétrie	111

Chapitre 6. Le cerveau perçoit le visage 113

Introduction 113

I. Un étrange symptôme 114
    1. Une agnosie visuelle parmi d'autres 114
    2. Historique 114
    3. La prosopagnosie 116
    4. Troubles associés 117
    5. Anatomie 117
    6. Interprétations 118

II. Recherches chez les sujets avec lésions cérébrales 120
    1. Perception de visages 121
    2. Mémorisation et reconnaissance de visages 122
    3. La question de la spécificité 122
    4. Autres études 123

III. Recherches chez les sujets normaux 126
    1. Note méthodologique préalable 126
    2. Tendance générale des résultats 128
    3. Exceptions à la règle 129
    4. Variables du sujet 131
    Conclusions 133

TROISIEME PARTIE: TRAITEMENT CEREBRAL DES EXPRESSIONS FACIALES 141

Introduction 141

I. Asymétrie hémisphérique pour la perception des expressions faciales émotionnelles 142
    1. Données cliniques 142
    2. Recherches chez les patients cérébrolésés 142
    3. Sujets normaux 144
    4. Conclusion 147

II. Asymétrie hémisphérique pour la production d'expressions faciales émotionnelles 148
    1. Données cliniques 148
    2. Etudes chez les patients cérébrolésés 148
    3. Sujets normaux 149

III. Précisions et conclusions 152

Conclusions 155

1. Hémisphère droit et conduites émotionnelles 157
   2. Hémisphère droit et perception du visage humain 158
   3. Asymétrie fonctionnelle cérébrale 159
   4. Neuropsychologie 162

Epilogue 165

Notes 167

Lectures conseillées 175

Bibliographie 177

Table des matières 215

PSYCHOLOGIE ET SCIENCES HUMAINES
collection publiée sous la direction de MARC RICHELLE

1. Dr Paul Chauchard
   LA MAITRISE DE SOI, 9ᵉ éd.
5. François Duyckaerts
   LA FORMATION DU LIEN SEXUEL, 9ᵉ éd.
7. Paul-A. Osterrieth
   FAIRE DES ADULTES, 16ᵉ éd.
9. Daniel Widlöcher
   L'INTERPRETATION DES DESSINS D'ENFANTS, 9ᵉ éd.
11. Berthe Reymond-Rivier
    LE DEVELOPPEMENT SOCIAL DE L'ENFANT ET DE L'ADOLESCENT, 9ᵉ éd.
12. Maurice Dongier
    NEVROSES ET TROUBLES PSYCHOSOMATIQUES, 7ᵉ éd.
15. Roger Mucchielli
    INTRODUCTION A LA PSYCHOLOGIE STRUCTURALE, 3ᵉ éd.
16. Claude Köhler
    JEUNES DEFICIENTS MENTAUX, 4ᵉ éd.
21. Dr P. Geissmann et Dr R. Durand
    LES METHODES DE RELAXATION, 4ᵉ éd.
22. H. T. Klinkhamer-Steketée
    PSYCHOTHERAPIE PAR LE JEU, 3ᵉ éd.
23. Louis Corman
    L'EXAMEN PSYCHOLOGIQUE D'UN ENFANT, 3ᵉ éd.
24. Marc Richelle
    POURQUOI LES PSYCHOLOGUES?, 6ᵉ éd.
25. Lucien Israel
    LE MEDECIN FACE AU MALADE, 5ᵉ éd.
26. Francine Robaye-Geelen
    L'ENFANT AU CERVEAU BLESSE, 2ᵉ éd.
27. B.F. Skinner
    LA REVOLUTION SCIENTIFIQUE DE L'ENSEIGNEMENT, 3ᵉ éd.
28. Colette Durieu
    LA REEDUCATION DES APHASIQUES
29. J.C. Ruwet
    ETHOLOGIE : BIOLOGIE DU COMPORTEMENT, 3ᵉ éd.
30. Eugénie De Keyser
    ART ET MESURE DE L'ESPACE
32. Ernest Natalis
    CARREFOURS PSYCHOPEDAGOGIQUES
33. E. Hartmann
    BIOLOGIE DU REVE
34. Georges Bastin
    DICTIONNAIRE DE LA PSYCHOLOGIE SEXUELLE
35. Louis Corman
    PSYCHO-PATHOLOGIE DE LA RIVALITE FRATERNELLE
36. Dr G. Varenne
    L'ABUS DES DROGUES
37. Christian Debuyst, Julienne Joos
    L'ENFANT ET L'ADOLESCENT VOLEURS
38. B.-F. Skinner
    L'ANALYSE EXPERIMENTALE DU COMPORTEMENT, 2ᵉ éd.
39. D.J. West
    HOMOSEXUALITE
40. R. Droz et M. Rahmy
    LIRE PIAGET, 3ᵉ éd.
41. José M.R. Delgado
    LE CONDITIONNEMENT DU CERVEAU ET LA LIBERTE DE L'ESPRIT
42. Denis Szabo, Denis Gagné, Alice Parizeau
    L'ADOLESCENT ET LA SOCIETE, 2ᵉ éd.
43. Pierre Oléron
    LANGAGE ET DEVELOPPEMENT MENTAL, 2ᵉ éd.
44. Roger Mucchielli
    ANALYSE EXISTENTIELLE ET PSYCHOTHERAPIE PHENOMENO-STRUCTURALE
45. Gertrud L. Wyatt
    LA RELATION MERE-ENFANT ET L'ACQUISITION DU LANGAGE, 2ᵉ éd.
46. Dr. Etienne De Greeff
    AMOUR ET CRIMES D'AMOUR
47. Louis Corman
    L'EDUCATION ECLAIREE PAR LA PSYCHANALYSE
48. Jean-Claude Benoit et Mario Berta
    L'ACTIVATION PSYCHOTHERAPIQUE
49. T. Ayllon et N. Azrin
    TRAITEMENT COMPORTEMENTAL EN INSTITUTION PSYCHIATRIQUE
50. G. Rucquoy
    LA CONSULTATION CONJUGALE
51. R. Titone
    LE BILINGUISME PRECOCE
52. G. Kellens
    BANQUEROUTE ET BANQUEROUTIERS
53. François Duyckaerts
    CONSCIENCE ET PRISE DE CONSCIENCE

54 Jacques Launay, Jacques Levine et Gilbert Maurey
    LE REVE EVEILLE-DIRIGE ET L'INCONSCIENT
55 Alain Lieury
    LA MEMOIRE
56 Louis Corman
    NARCISSISME ET FRUSTRATION D'AMOUR
57 E. Hartmann
    LES FONCTIONS DU SOMMEIL
58 Jean-Marie Paisse
    L'UNIVERS SYMBOLIQUE DE L'ENFANT ARRIERE MENTAL
59 Jacques Van Rillaer
    L'AGRESSIVITE HUMAINE
60 Georges Mounin
    LINGUISTIQUE ET TRADUCTION
61 Jérôme Kagan
    COMPRENDRE L'ENFANT
62 Michael S. Gazzaniga
    LE CERVEAU DEDOUBLE
63 Paul Cazayus
    L'APHASIE
64 X. Seron, J.L. Lambert, M. Van der Linden
    LA MODIFICATION DU COMPORTEMENT
65 W. Huber
    INTRODUCTION A LA PSYCHOLOGIE DE LA PERSONNALITE, 2ᵉ éd.
66 Emile Meurice
    PSYCHIATRIE ET VIE SOCIALE
67 J. Château, H. Gratiot-Alphandéry, R. Doron et P. Cazayus
    LES GRANDES PSYCHOLOGIES MODERNES
68 P. Sifnéos
    PSYCHOTHERAPIE BREVE ET CRISE EMOTIONNELLE
69 Marc Richelle
    B.F. SKINNER OU LE PERIL BEHAVIORISTE
70 J.P. Bronckart
    THEORIES DU LANGAGE
71 Anika Lemaire
    JACQUES LACAN, 2ᵉ éd. revue et augmentée
72 J.L. Lambert
    INTRODUCTION A L'ARRIERATION MENTALE
73 T.G.R. Bower
    DEVELOPPEMENT PSYCHOLOGIQUE DE LA PREMIERE ENFANCE
74 J. Rondal
    LANGAGE ET EDUCATION
75 Sheila Kitzinger
    PREPARER A L'ACCOUCHEMENT
76 Ovide Fontaine
    INTRODUCTION AUX THERAPIES COMPORTEMENTALES
77 Jacques-Philippe Leyens
    PSYCHOLOGIE SOCIALE, 2ᵉ éd.
78 Jean Rondal
    VOTRE ENFANT APPREND A PARLER
79 Michel Legrand
    LE TEST DE SZONDI
80 H.J. Eysenck
    LA NEVROSE ET VOUS
81 Albert Demaret
    ETHOLOGIE ET PSYCHIATRIE
82 Jean-Luc Lambert et Jean A. Rondal
    LE MONGOLISME
83 Albert Bandura
    L'APPRENTISSAGE SOCIAL
84 Xavier Seron
    APHASIE ET NEUROPSYCHOLOGIE
85 Roger Rondeau
    LES GROUPES EN CRISE ?
86 J. Danset-Léger
    L'ENFANT ET LES IMAGES DE LA LITTERATURE ENFANTINE
87 Herbert S. Terrace
    NIM, UN CHIMPANZE QUI A APPRIS LE LANGAGE GESTUEL
88 Roger Gilbert
    BON POUR ENSEIGNER ?
89 Wing, Cooper et Sartorius
    GUIDE POUR UN EXAMEN PSYCHIATRIQUE
90 Jean Costermans
    PSYCHOLOGIE DU LANGAGE
91 Françoise Macar
    LE TEMPS, PERSPECTIVES PSYCHOPHYSIOLOGIQUES
92 Jacques Van Rillaer
    LES ILLUSIONS DE LA PSYCHANALYSE
93 Alain Lieury
    LES PROCEDES MNEMOTECHNIQUES
94 Georges Thinès
    PHENOMENOLOGIE ET SCIENCE DU COMPORTEMENT
95 Rudolph Schaffer
    COMPORTEMENT MATERNEL

96 Daniel Stern
MERE ET ENFANT, LES PREMIERES RELATIONS
97 R. Kempe & C. Kempe
L'ENFANCE TORTUREE
98 Jean-Luc Lambert
ENSEIGNEMENT SPECIAL ET HANDICAP MENTAL
99 Jean Morval
INTRODUCTION A LA PSYCHOLOGIE DE L'ENVIRONNEMENT
100 Pierre Oleron et al.
SAVOIRS ET SAVOIR-FAIRE PSYCHOLOGIQUES CHEZ L'ENFANT
101 Bernard I. Murstein
STYLES DE VIE INTIME
102 Rondal/Lambert/Chipman
PSYCHOLINGUISTIQUE ET HANDICAP MENTAL
103 Brédart/Rondal
L'ANALYSE DU LANGAGE CHEZ L'ENFANT
104 David Malan
PSYCHODYNAMIQUE & PSYCHOTHERAPIE INDIVIDUELLE
105 Philippe Muller
WAGNER PAR SES REVES
106 John Eccles
LE MYSTERE HUMAIN
107 Xavier Seron
REEDUQUER LE CERVEAU
108 Moreau/Richelle
L'ACQUISITION DU LANGAGE
109 Georges Nizard
ANALYSE TRANSACTIONNELLE ET SOIN INFIRMIER
110 Howard Gardner
GRIBOUILLAGES ET DESSINS D'ENFANTS, LEUR SIGNIFICATION
111 Wilson/Otto
LA FEMME MODERNE ET L'ALCOOL
112 Edwards
DESSINER GRACE AU CERVEAU DROIT
113 Rondal
L'INTERACTION ADULTE-ENFANT
114 Blancheteau
L'APPRENTISSAGE CHEZ L'ANIMAL
115 Boutin
FORMATION ET DEVELOPPEMENTS
116 Húsen
L'ECOLE EN QUESTION
117 Ferrero/Besse
L'ENFANT ET SES COMPLEXES

Hors collection

Paisse
PSYCHOPEDAGOGIE DE LA LUCIDITE
Paisse
ESSENCE DU PLATONISME
Collectif
SYSTEME AMDP
Boulangé/Lambert
LES AUTRES, L'EXPRESSION ARTISTIQUE CHEZ LES HANDICAPES MENTAUX

Manuels et Traités

2 Thinès
PSYCHOLOGIE DES ANIMAUX
3 Paulus
LA FONCTION SYMBOLIQUE ET LE LANGAGE
4 Richelle
L'ACQUISITION DU LANGAGE
5 Paulus
REFLEXES-EMOTIONS-INSTINCTS
Droz-Richelle
MANUEL DE PSYCHOLOGIE
Hurtig-Rondal
MANUEL DE PSYCHOLOGIE DE L'ENFANT (Tome 1)
Hurtig-Rondal
MANUEL DE PSYCHOLOGIE DE L'ENFANT (Tome 2)
Hurtig-Rondal
MANUEL DE PSYCHOLOGIE DE L'ENFANT (Tome 3)
Rondal-Seron
LES TROUBLES DU LANGAGE (DIAGNOSTIC ET REEDUCATION)